Der Einsatz von Finanzderivaten unter
einer modernisierten Schuldenstrukturpolitik
des Bundes

FINANZWISSENSCHAFTLICHE SCHRIFTEN

Herausgegeben von den Professoren
Albers (†), Krause-Junk, Littmann, Oberhauser, Pohmer, Schmidt

Band 106

PETER LANG
Frankfurt am Main · Berlin · Bern · Bruxelles · New York · Oxford · Wien

Jan-Paul Ritscher

Der Einsatz von Finanzderivaten unter einer modernisierten Schuldenstrukturpolitik des Bundes

PETER LANG
Europäischer Verlag der Wissenschaften

Die Deutsche Bibliothek - CIP-Einheitsaufnahme

Ritscher, Jan-Paul:

Der Einsatz von Finanzderivaten unter einer modernisierten Schuldenstrukturpolitik des Bundes / Jan-Paul Ritscher. - Frankfurt am Main ; Berlin ; Bern ; Bruxelles ; New York ; Oxford ; Wien : Lang, 2002
(Finanzwissenschaftliche Schriften ; Bd. 106)
Zugl.: Hamburg, Univ., Diss., 2001
ISBN 3-631-38331-2

D 18
ISSN 0170-8252
ISBN 3-631-38331-2

www.peterlang.de

Meinen Eltern

Vorwort

Lange bevor die Schaffung einer Agentur zur Optimierung der staatlichen Schulden durch den Bundesfinanzminister zur Debatte stand, lieferte die Überlegung, inwieweit eine eher traditionell geprägte, öffentliche Institution mithilfe moderner, betriebswirtschaftlicher Instrumente gesteuert werden kann, den Anstoß zu der vorliegenden Untersuchung. Hier bot sich für mich die Gelegenheit zu einem interdisziplinär angelegten Thema, das mit der Zeit an Aktualität stetig zunahm. Für die weitere Forschung soll diese Schrift Gedankenansätze bieten, auch jenseits rein pragmatischer Überlegungen zur Gestaltung der öffentlichen Schuldenstruktur, die Ziele und Prinzipien der hiermit verbundenen Risikoentscheidungen zu hinterfragen.

Entstanden ist diese Arbeit während meiner Tätigkeit als Wissenschaftlicher Mitarbeiter am Institut für Finanzwissenschaft der Universität Hamburg. Danken möchte ich an dieser Stelle Prof. Dr. Gunther Engelhardt, dessen Plöner Oberseminar mir ein willkommenes Forum für konstruktive Kritik und neue Impulse war. Sehr herzlich danke ich in diesem Zusammenhang Peter Dörsam, Sandra Greiner, Dr. Horst Hegmann und Birger Nerré, die meine Dissertation über die meiste Zeit interessiert verfolgt und besonders zu ihrem Fortschreiten beigetragen haben. Prof. Dr. Gerold Krause-Junk und Prof. Dr. Hartmut Schmidt sage ich Danke für die bereitwillige Übernahme ihrer Aufgaben in der Promotionskommission.

Mein besonderer Dank gilt allein meinem Doktorvater Prof. Dr. Christian Scheer, der mir von Beginn bis zum Abschluß meiner Promotion das unterstützende Vertrauen und den Freiraum geschenkt hat, die die Arbeit in der vorliegenden Form erst ermöglich haben.

Inhalt

Abbildungsverzeichnis

Abkürzungsverzeichnis

AER	American Economic Review
AFG	Arbeitsförderungsgesetz
BGBl	Bundesgesetzblatt
BHO	Bundeshaushaltsordnung
BMF	Bundesministerium der Finanzen
BMJ	Bundesministerium der Justiz
BSP	Bruttosozialprodukt
BTAN	Bons du Trésor à taux fixe et intérêts annuels
CBOT	Chicago Board of Trade
DTB	Deutsche Terminbörse
DVBl	Deutsches Verwaltungs-Blatt
EG	Europäische Gemeinschaft
EU	Europäische Union
EWU	Europäische Währungsunion
EZB	Europäische Zentralbank
FAZ	Frankfurter Allgemeine Zeitung
GG	Grundgesetz
HdF	Handbuch der Finanzwissenschaft
HdWW	Handwörterbuch der Wirtschaftswissenschaft
HGrG	Haushaltsgrundsätzegesetz
Jg.	Jahrgang
KO	Konkursordnung
KWG	Kreditwesengesetz
LIBOR	London Interbank Offered Rate
LIFFE	London International Financial Futures and Options Exchange
NBER	National Bureau of Economic Research
o.V.	ohne Verfasser
OAT	Obligations assimilables du Trésor
OECD	Organisation for Economic Cooperation and Development
OTC	Over-the Counter

RSchO	Reichsschuldenordnung
RVO	Reichsversicherungsordnung
StabWG	Stablitäts- und Wachstumsgesetz
WiSt	Wirtschaftswissenschaftliches Studium
ZfgK	Zeitschrift für die gesamte Kreditwirtschaft
ZfU	Zeitschrift für Umweltpolitik

Symbolverzeichnis

b	Menge des gehandelten Basiswerts
B_t	Wert des Kassakontrakts in t
$E(K)$	Erwartungswert der Kreditkosten
f_t	Preis des Futures in t
FF	Isofundierungskurve
F_t	Wert des Futures in t
fw_t	Preis des Forwards in t
FW_t	Wert des Forwards in t
K	Kreditkosten
KK	Isokostenkurve
K_k	Kreditkosten einer kurzfristigen (zinsvariablen) Verschuldung
K_l	Kreditkosten einer langfristigen (zinsfixierten) Verschuldung
LL	Isoliquiditätskurve
NV	Normalverteilung
O_t^C	Wert einer Call-Option in t
O_t^P	Wert einer Put-Option in t
OG	Obergrenze
OP	Optionspreis
p_s	Strike-Price (Ausübungspreis einer Option)
p_t^D	Im Derivatkontrakt festgeschriebener Preis des Basiswerts
p_t	Preis des Basiswerts in t
P_t	Wert des Portfolios in t
r^e	Erwartete Marktrendite
r_t	Marktrendite in t
RP( )	Risikoprofil der bezeichneten Zusammensetzung des Portfolios
S	Schuldenbetrag
t	Zeitpunktindex (t=0,...,T)

Kapitel 1 Einleitung

Verfolgt man die öffentliche und wissenschaftliche Diskussion über die Auswirkungen der Staatsverschuldung, so ist erkennbar, daß der Fokus der aufgeworfenen Fragestellungen bisher fast ausschließlich auf die Höhe der öffentlichen Verschuldung, ihre Auswirkungen und mögliche Mechanismen zu ihrer Begrenzung ausgerichtet war. Doch spätestens seit Beginn diesen Jahres, mit der vom Bundesfinanzminister ausformulierten Überlegung, den Bereich der Schuldenstrukturpolitik (Debt Management), d.h. der Schuldengestaltung des Bundes, einer privatwirtschaftlichen Gesellschaft zu übertragen[1], geraten auch Aspekte der *Zusammensetzung* der öffentlichen Schuld verstärkt in den Blickpunkt des Interesses. Unmittelbar in den Zusammenhang mit der Entscheidung für oder gegen eine Privatisierung der Schuldenstrukturpolitik wird der Abschluß von derivativen Finanzgeschäften gestellt[2], den vergleichsweise neuen Finanzinstrumenten, die beim Bund erst seit 1998 eine explizite und direkte Verwendung erfahren. Ein Einsatz dieser Zinsderivate ist aber weder unumstritten noch bis heute hinreichend auf seine wirtschaftspolitischen Auswirkungen hin untersucht worden. Selbst wenn im betriebswirtschaftlichen Bereich die Eigenschaften von Finanzderivaten bereits weitgehend analysiert und diskutiert worden sind, existieren kaum fundierte Aussagen darüber, inwiefern diese Instrumente auch für die Erreichung der besonderen schuldenstrukturpolitischen Zielsetzung des Staates geeignet sind. Statt dessen ist die politische Rezeption von Derivaten zwiespältig zum einen von einem starken Mißtrauen gekennzeichnet, wozu sicherlich nicht zuletzt vereinzelte, mißbräuchliche Nutzungen von Derivaten beigetragen haben, bei denen der Einsatz von Derivaten zu vielbeachteten, signifikanten Kapitalverlusten geführt hat (z.B. der beinahe bzw. vollzogene Zusammenbruch des Orange County Investment Pools[3] bzw. des Bankhauses Barings[4]).[5] Zum anderen bestehen aber auch Erwartungen oder zumindest unpräzisierte Hoffnungen, daß dem Staat mit Derivaten Instrumente zur Verfügung stehen, mit denen er neben anderen Vorteilen vor allem eine systematisch kostengünstigere Verschuldung durchsetzen könne[6].

---

1 Vgl. Pressemitteilung des BMF vom 16.02.2000

2 Vgl. o.V., Handelsblatt vom 16.03.2000, S.8

3 Vgl. hierzu Jorion, P. (1995)

4 Vgl. hierzu Fay, S. (1997)

5 Der schlechte Ruf der Derivate hat in Deutschland zudem geradezu eine „Tradition“: Bereits 1931 wurde der erste organisierte Terminhandel mit der Begründung verboten, daß Derivate „sittlich verwerflich [sind] und .. der Befriedigung der Spielsucht des homo ludens [dienen]. Sie führen zur Überschuldung und sozialer Bedürftigkeit“ (unbekannt, zitiert bei: Müller-Möhl, E. (1995), S.245).

6 Vgl. o.V., Handelsblatt vom 12.11.1997, S.4

Angesichts der weitgehenden Unsicherheit und Unklarheit über die Chancen und Probleme des Einsatzes von Derivaten ist es das Ziel dieser Arbeit, einen Teil der bestehenden Diskussionslücke zu schließen, indem ein differenziertes Bild erstellt wird, wie der Bund als der bedeutendste staatliche Kreditnehmer die neuen Finanzinstrumente im Sinne seiner schuldenstrukturpolitischen Zielsetzung nutzen kann. Die angestrebte Betrachtung wird sich dabei bewußt auf die Frage konzentrieren, inwiefern aus theoretischer Perspektive die Derivate der Durchsetzung von schuldenstrukturpolitischen Zielnormen dienen können. Die Einzelaspekte eine organisatorischen Implementierung von Derivaten in das Instrumentarium des Debt Managements sowie ihrer Kontrolle werden dagegen nicht gesondert problematisiert. Prinzipiell können die hierfür notwendigen Grundvoraussetzungen als erfüllt bzw. auf kurze Sicht als erfüllbar angesehen werden[7], und ob die vom Bundesfinanzminister angedachte Privatisierung oder ein Kompetenzaufbau innerhalb des Debt Managements in seiner gegenwärtigen Zuordnung die bestmögliche Organisationsstruktur darstellt, ist für die systematische Wirkung und grundsätzliche Beurteilung des Einsatzes von Derivaten eher von nachgeordneter Bedeutung.

Eine Auseinandersetzung mit der Nutzung von Derivaten in der Schuldenstrukturpolitik des Bundes ist allerdings nicht möglich, ohne zu problematisieren, welche Ziele mit ihnen überhaupt angestrebt werden, welches also die Kriterien und Maßstäbe sind, nach denen der Nutzen eines Derivateinsatzes zu beurteilen ist. Plausibel wäre eine Orientierung an der theoretisch fundierten Diskussion über die Wirkungsmechanismen der Schuldenstrukturpolitik und daraus folgend über die wirtschaftspolitische Zielverfolgung, die bis in den Anfang der achtziger Jahre stattgefunden hat. Über einen langen Zeitraum (und weitgehend bis heute) hat diese Diskussion die Sichtweise und Politik des Debt Managements geprägt, und sie bietet daher einen geeigneten Ansatzpunkt auch für eine zukünftige Auseinandersetzung mit den Wirkungszusammenhängen und Problemen der Schuldenstrukturpolitik. Eine ausschließliche Orientierung an den damaligen Schlußfolgerungen ist jedoch nicht unproblematisch. Zum einen bestanden bereits seinerzeit z.T. sehr divergierende Auffassungen über die schuldenstrukturpolitischen Ziele, selbst wenn stabilitätspolitische Empfehlungen die Diskussion dominierten. Zum anderen basieren die Begründungen für oder gegen ein bestimmtes Ziel nicht allein auf individuell differierenden Normen, sondern ebenso auf Unterschieden in den unterstellten Wirkungszusammenhängen und -stärken. Die Entscheidung für eine konkrete wirtschaftspolitische Zielverfolgung ist also nicht allein davon abhängig, welches Ziel erstrebenswert ist, sondern ebenso darin, welches Ziel erreichbar ist. Wenn aber bestehende Wirkungszusammenhänge die Zielwahl beeinflussen, dann ist zu

7 Vgl. Rickert, B./Müller, W. (1996), S.435f.

überprüfen, inwiefern aktuelle politische, institutionelle oder sonstige strukturelle Veränderungen im Umfeld des Debt Managements eine Anpassung der bisherigen schuldenstrukturpolitischen Ausrichtung erforderlich machen. In diesem Zusammenhang kommen insbesondere der Globalisierung von Kapitalmärkten und den mit ihr verbundenen Konsequenzen eine zentrale Bedeutung zu. Bezogen auf die Diskussion um die Schuldenstrukturpolitik bewirkt die Globalisierung vor allem, daß das bisherige Leitbild des Staates als der den Kapitalmarkt beherrschenden Schuldner für den Bund deutlich zu relativieren ist. Bevor eine Bewertung des Einsatzes von Derivaten im Debt Management vorgenommen werden kann, wird deshalb in dieser Arbeit überprüft werden, inwieweit ein modernisiertes Zielsystem für die Schuldenstrukturpolitik zu entwerfen ist und unter welcher modifizierten Zielausrichtung der Einsatz von Derivaten zu beurteilen sein wird.

Zu Beginn der Analyse der schuldenstrukturpolitischen Ziele und der Beschäftigung mit der Integration von Derivaten in die Schuldenstrukturpolitik wird in Kapitel 2 der Begriff „Debt Management" erörtert und festgelegt. Dieser Schritt ist notwendig, da durchaus unterschiedliche Abgrenzungen des Debt Management-Begriffs zu finden sind, insbesondere bezüglich der Frage, ob die Geldpolitik als Bestandteil der Schuldenstrukturpolitik anzusehen ist oder nicht. Zusätzlich werden die wichtigsten Merkmale erläutert, nach denen der Charakter der Schuldenstrukturpolitik gekennzeichnet werden kann. Die Ausprägungen der Strukturmerkmale sind nicht nur relevant, um eine Beschreibung einer existierenden Schuldenzusammensetzung vorzunehmen, sondern sie stellen zugleich die instrumentellen Ansatzpunkte dar, über die eine zielgerichtete Umstrukturierung erfolgen kann.

Kapitel 3 eröffnet die Auseinandersetzung mit den Zielen des Debt Managements, indem die Zielkategorien erläutert werden, die vom Debt Management grundsätzlich zu berücksichtigen sind. Neben der Deckung des staatlichen Kreditbedarfs als Primärziel sind in diesem Zusammenhang die wirtschaftspolitischen Ziele zu berücksichtigen, die das Debt Management als Untereinheit der öffentlichen Haushaltswirtschaft zu berücksichtigen hat. Letztere Gruppe von Zielen ist es vor allem, auf die durch eine Veränderung in der Schuldenzusammensetzung prinzipiell Einfluß genommen werden kann und die der wirtschaftspolitischen Dimension des Debt Managements erst eine Bedeutung geben. Faßt man die berücksichtigten Ziele zusammen, so kann man davon sprechen, daß sich das Debt Management an einem Zielsystem orientiert, dessen Teilglieder prinzipiell alle von Bedeutung für die Schuldenstrukturpolitik des Bundes sind. Ihr relatives Gewicht kann jedoch sehr unterschiedlich ausfallen. Wie die Erläuterung der Wirkungszusammenhänge zwischen den einzelnen Teilzielen darlegen wird, können aufgrund ihrer tendenziell begrenzten Wirkungszusammenhänge vor allem allokative und distributive

Ziele für die Schuldenstrukturpolitik nur eine untergeordnete, passive Rolle spielen. Im Zentrum der in der Literatur geführten Auseinandersetzungen über die Ausrichtung der Schuldenstrukturpolitik steht daher fast ausschließlich die Frage, ob das Debt Management primär stabilitätspolitische oder fiskalische Ziele verfolgen sollte.

Wie bereits angedeutet, hat seit den fünfziger bis in die siebziger Jahre eine intensive Auseinandersetzung mit der Schuldenstrukturpolitik sowie speziell der Schwerpunktsetzung in deren Zielsystem – stabilitätsbetont oder fiskalisch ausgerichtet – stattgefunden. Diese Auseinandersetzung wird in Kapitel 4 aufgegriffen, und es wird gezeigt, wie unterschiedlich die wirtschaftspolitischen Empfehlungen der Zielverfolgung in Abhängigkeit von den unterstellten konkreten Wirkungszusammenhängen ausfallen können. Die in dem bezeichneten Zeitraum entwickelten Modelle und gezogenen Schlußfolgerungen werden im folgenden zusammenfassend als *traditionelle Theorie* bezeichnet, die als Grundlage für das an die aktuellen Entwicklungen anzupassende Zielsystem dienen wird. Eine solche Zusammenfassung ist vertretbar, da trotz inhaltlich divergierender Forschungsergebnisse einheitliche Vorstellungen über die schuldenstrukturpolitischen Gestaltungsalternativen und das Handlungsumfeld des Debt Managements bestanden haben. Insbesondere basieren die angestellten Modellierungen auf der begründeten Auffassung, daß der Bund als bedeutendster Schuldner auf einem geschlossenen nationalen Kapitalmarkt anzusehen ist.

In welcher Weise diese Auffassung infolge der bereits angesprochenen Globalisierungstendenzen der Finanzmärkte einer Überprüfung bedarf und welche Konsequenzen daraus für die Zielsetzung im Debt Management folgen, ist Gegenstand von Kapitel 5. Es werden darin Begründungszusammenhänge erstellt, weshalb ein Übergang von der infolge der traditionellen Theorie zur Schuldenstrukturpolitik stark stabilitätspolitisch geprägten Zielausrichtung in eine primär fiskalische Orientierung geboten erscheint, und weshalb das fiskalische Ziel selber einer differenzierteren Betrachtung zu unterwerfen ist. Daß die entwickelten Anpassungsprozesse der Zielsysteme auch in praxi zu beobachten sind, verdeutlicht im zweiten Abschnitt von Kapitel 5 die Gegenüberstellung des deutschen, französischen und britischen Debt Managements. Selbst wenn die wirtschaftspolitischen Zielstrategien von diesen drei Institutionen nicht in gleicher Weise offengelegt werden, läßt sich gegenwärtig eine gleichgerichtete Umorientierung auf eine Politik der Zinskostenminimierung ohne hervorgehobene Beachtung stabilitätspolitischer Aspekte erkennen.

Nachdem mit der Festlegung auf eine primär fiskalische Zielausrichtung die Grundlage für die Beurteilung von Derivaten geschaffen worden ist, erfolgt in

Kapitel 6 die konkrete Auseinandersetzung mit den Möglichkeiten und Grenzen des Einsatzes dieser neuen Instrumente. Angesichts der Fülle von grundsätzlich verfügbaren Derivatformen und -kombinationen wird sich die Betrachtung weitestgehend auf die vier derivativen Grundformen (plain-vanilla-Derivate) konzentrieren, die im Bewußtsein, daß aus ihnen auch komplexere Gestaltungsvarianten entwickelt werden können. Im Anschluß an die Kennzeichnung der derivativen Grundformen wird veranschaulicht, welche neuen Gestaltungsmöglichkeiten dem Debt Management mit Derivaten im Gegensatz zu dem traditionellen Instrumentarium offen stehen und wie sie zu bewerten sind. Dabei wird im Vergleich zur traditionellen Theorie ein Perspektivenwechsel vorgenommen. Sowohl im Rahmen der traditionellen Theorie zur Schuldenstrukturpolitik als auch in den jüngeren Veröffentlichungen, die sich mit dem Themenkomplex der Schuldenstrukturgestaltung auseinandersetzen, wird entweder von einer sicheren Prognostizierbarkeit der Zinsentwicklung ausgegangen oder eine ex-post-Betrachtung angestellt – es wird also unter Kenntnis der tatsächlichen Entwicklung analysiert, welche Schuldenstrukturierung im nachhinein optimal gewesen wäre. Für eine Abbildung der schuldenstrukturpolitischen Entscheidungssituation ist eine solche Vorgehensweise jedoch nicht sachgerecht. Da zum Zeitpunkt der Entscheidung über eine bestimmte Schuldengestaltung keine Informationen über die zukünftige Zinsentwicklung existieren, werden in einem für die Schuldenstrukturpolitik neuen Zinskostenbegriff Risikoelemente integriert, die mitentscheidend für die Bewertung von Schuldenstrukturen und Finanzinstrumenten sein können. Die Bewertung unterschiedlicher Schuldenstrukturen gewinnt also eine zusätzliche Dimension und führt so dazu, daß die Entscheidungssituation komplexer wird. Komplex vor allem auch deshalb, weil nur wenige objektive Anhaltspunkte dafür gefunden werden können, welcher Risikoeinstellung Entscheidungen öffentlicher Institutionen zu unterwerfen sind. Um dennoch qualitative Aussagen über den möglichen Nutzen des Einsatzes von Derivaten im Debt Management des Bundes treffen zu können, wird im letzten Abschnitt dieses Kapitels untersucht, inwiefern sich neben den direkten rechtlichen Grenzen, die einen Einsatz von Finanzinstrumenten an bestimmte Voraussetzungen knüpfen, risikopolitische Normen für die Schuldenstrukturpolitik aufstellen lassen. Diese Leitlinien, die bestimmte Gestaltungsvarianten mit Derivaten untersagen oder gebieten können, werden dabei aus den Haushaltsgesetzen abgeleitet, die als positiver Ausdruck dauerhafter Normen aufgefaßt werden.

Vor dem Hintergrund der verbleibenden Bewertungsspielräume, die in die diskretionären Handlungskompetenz des Debt Managements fallen, werden die gewonnenen Ergebnisse in Kapitel 7 zusammengefaßt und bewertet. Darüber hinaus wird ein Ausblick gegeben, welche im Zusammenhang mit dem Einsatz von Derivaten stehenden Probleme einer gesonderten Untersuchung bedürfen, an welchen

Aspekten also eine weitergehende Auseinandersetzung mit diesem Themenkomplex ansetzen müßte.

Kapitel 2 Abgrenzung und Erfassung des Debt Managements

Bevor eine theoretisch fundierte Diskussion über Entwicklungen und neue Instrumente innerhalb des Debt Managements geführt werden kann, ist zu klären, wie sich dieser Verantwortungsbereich des Staates gegenüber anderen Tätigkeitsfeldern abgrenzen läßt. Da in der Literatur durchaus divergierende Auffassungen über die sachliche Abgrenzung des Debt Managements zu finden sind, ist die Entscheidung für eine Definition als Voraussetzung für eine systematische Geschlossenheit der Betrachtungen erforderlich. In einem zweiten Schritt wird weiter zu klären sein, welche Strukturmerkmale für die Erfassung und Kategorisierung schuldenstrukturpolitische Handelns als charakteristisch erachtet werden können. Neben der Erfaßbarkeit von Wirkungszusammenhängen wird dadurch die Identifikation instrumenteller Ansatzpunkte für ein zielgerichtetes Debt Management des Bundes möglich.

2.1 Definition

Aus dem englischen Sprachraum übernommen, wird der Begriff "Debt Management" in der Literatur durchgängig als Entsprechung der "Schuldenstrukturpolitik" aufgefaßt und bezeichnet damit die Institution bzw. den wirtschaftspolitischen Zweig, über den "die *zuständigen staatlichen Stellen* die *Struktur* einer *vorgegebenen* öffentlichen Schuld bestimmen"[1]. Die Schulden*struktur*politik ist ein Teilgebiet der staatlichen Schuldenpolitik, das klar von der Schulden*niveau*politik zu trennen ist. Während in den Verantwortungsbereich der Schuldenniveaupolitik alle Maßnahmen fallen, die unmittelbar auf die Höhe der Kreditverschuldung des Staates Einfluß nehmen, sind alle Maßnahmen, welche die Zusammensetzung der Staatsverschuldung bestimmen, der Schuldenstrukturpolitik zuzurechnen. Daher werden entsprechend der zitierten Definition die bestehende Schuldenhöhe und die Nettoneuverschuldung vom Debt Management als vorgegebene Parameter aufgefaßt, die bei einer Strukturierung der öffentlichen Schuld zu beachten sind. Während die Abgrenzung zur Schuldenniveaupolitik in der wissenschaftliche Literatur einheitlich erfolgt, sind im wesentlichen zwei unterschiedliche Interpretationen zu finden, welche öffentlichen Verpflichtungen unter den Schuldenbegriff zu subsumieren sind und welche Maßnahmen infolgedessen in den Handlungsbereich der Debt Managements fallen.

Nach der funktionellen Abgrenzung werden unter der Staatsschuld alle Verbindlichkeiten des Staates gegenüber anderen Sektoren der Volkswirtschaft gefaßt[2],

---

1 Andel, N./Kostitsis, N. (1982), S.735 (Hervorhebungen im Original)

2 Vgl. Rolph E.R. (1957), S.305

einschließlich der Verbindlichkeiten in Form von Zentralbankgeld als unverzinsliche Form von Schulden. Offenmarktoperationen der Zentralbank, deren Einsatz die Höhe der Gesamtschulden (nach funktioneller Abgrenzung) unangetastet läßt, stellen danach eine schuldenstrukturpolitische Maßnahme dar, als Tausch einer verzinslichen Schuld in eine unverzinslichen Schuld[3]. Besonders um der engen Substitutionsbeziehung zwischen Zentralbankgeld und sehr kurzfristigen Wertpapieren in geldpolitischer Hinsicht Rechnung zu tragen, wird bei der funktionellen Abgrenzung keine scharfe Trennung zwischen beiden Größen vorgenommen[4]. Implizit weist die darin enthaltene Betonung geldpolitischer Funktionen damit bereits darauf hin, daß bei der Anwendung dieser Abgrenzung in der Regel vor allem Liquiditätswirkungen der Schuldenverhältnisse zwischen Staat und privaten Akteuren einen zentralen Bestandteil des Erkenntnisziels der angestellten Betrachtung darstellen[5].

Die institutionelle Abgrenzung des Debt Managements gründet dagegen auf der Finanzautonomie der Gebietskörperschaften sowie der Eigenständigkeit der Geldpolitik[6], nach der die Einflußnahme auf verzinsliche und unverzinsliche Schulden von unterschiedlichen, in der Regel nicht koordinierten Trägern der Wirtschaftspolitik vorgenommen werden. Allein die verzinsliche Schuld, die von den Gebietskörperschaften zur Deckung ihres Finanzbedarfs ausgegeben wird, wird daher als Objekt des Debt Managements erfaßt. Für die spätere Zieldiskussion ist zu betonen, daß mit der institutionellen Abgrenzung die Verbindung zwischen Kapitalmarktschulden und Geldpolitik nicht von vornherein negiert wird, sie wird aber auch nicht hervorgehoben. Aufgrund der unterstellten Unabhängigkeit von Gebietskörperschaften und Zentralbank ist jedoch keine der Politiken der anderen untergeordnet und daher eine theoretische (prinzipiell wünschenswerte) Koordination von Geld- und Finanzpolitik in praxi nicht ohne weiteres erzwingbar. Vielmehr können Zentralbank und Debt Management ihre eigenen Ziele verfolgen, wobei das Verhalten des jeweils anderen Akteurs als exogen gegebene Politikvariable betrachtet werden kann[7] – eine Behandlung als geschlossene Hand-

---

3 Vgl. Milbradt, G. (1975), S.14
Die Schuldbeziehungen zwischen der Zentralbank und Gebietskörperschaften werden hier also gegeneinander aufgerechnet: "A debt of the Treasury to the Federal Reserve is a debt of the left hand to the right hand" (Tobin, J. (1963), S.380).

4 Vgl. Wissenschaftlicher Beirat beim BMF (1979), S.16

5 Vgl. Tobin, J. (1963), S.380

6 Besonders in Beiträgen, die sich auf das deutsche Debt Management beziehen, wird unter Hinweis auf die starke Unabhängigkeit der Bundesbank von der Finanzpolitik diese Auslegung häufig bevorzugt. (vgl. etwa Wissenschaftlicher Beirat beim BMF (1979), S.16f.)

7 Vgl. OECD (1993), S.45

lungseinheit wie nach der funktionellen Definition wird danach als der Problemstellung mitunter nicht angemessen angesehen.

Obwohl die funktionelle Abgrenzung analytische Vorteile bietet, da mit ihr theoretische first-best-Lösungen staatlichen Handels hergeleitet werden können, ohne auf die potentiellen Konflikte zwischen Geld- und Finanzpolitik gesondert Rücksicht nehmen zu müssen, orientieren sich die folgenden Betrachtungen an der institutionellen Definition des Debt Managements. Besonders die derzeitige Distanz zwischen der supranational ausgerichtete Geldpolitik der Europäischen Zentralbank und der national zuzuordnenden Steuerung der verzinslichen Schuld des Bundes, ist als Quelle einer Verschärfung von Koordinierungsproblemen und Zielkonflikten anzusehen, da die Diskrepanz zwischen den wirtschaftspolitischen Entscheidungsträgern noch nie deutlicher erkennbar gewesen ist. Im Sinne der Feststellung von Milbradt, der die Definitionswahl zwischen beiden Varianten als "reine Zweckmäßigkeitsentscheidung"[8] bezeichnet, erscheint die institutionelle Abgrenzung daher als realistischere Grundlage für eine Annäherung an die aktuellen Probleme und Ziele schuldenstrukturpolitischer Entscheidungen des Bundes.

2.2 Merkmale der Schuldenstruktur und wirtschaftspolitische Ansatzpunkte der Schuldengestaltung

Eine erste Gliederung der Schuldenstruktur des Bundes ist anhand der verfügbaren Schuldtitel möglich, wie sie als eine Variante in den Monatsberichten der Bundesbank zu finden ist[9]. Definiert werden die Schuldformen danach im wesentlichen (eine Ausnahme bilden z.B. die Altschulden des Bundes) über die Institutionen und Märkte, über welche die Kapitalbeschaffungsmaßnahme erfolgt ist[10] sowie über die absolute Laufzeit der Schuldenkontrakte. Einen Überblick über die aktuellen Schuldformen des Bundes sowie ihrer zentralen Merkmale liefert Tabelle 2.1. Eine Aufgliederung der Schuldenstruktur über diese Schuldformen wäre durch die absolute bzw. relativen Anteile der jeweiligen Schuldformen an der Gesamtverschuldung vorzunehmen. Eine grundsätzliche Analyse der Auswirkung einer Variation der Schuldenstruktur über die Schuldenformen ist jedoch problematisch: Um einen Vergleich zwischen der Schuldenstruktur unterschiedlicher Nationen (oder auch Gebietskörperschaften, wie zwischen Bundesländern oder zwischen Bund und Ländern) vorzunehmen, müßten die verglichenen Körperschaften auf identische Schuldformen zurückgreifen.

---

8 Milbradt, G. (1975), S.14

9 Vgl. Deutsche Bundesbank Monatsberichte, jeweils Tab. VIII, Nr. 7

10 Vgl. Dreißig, W. (1981), S.66

Tabelle 2.1 Übersicht der Schuldeninstrumente des Bundes

Schuldform	**Institutionen/Märkte**	**Absolute Laufzeit**
Direktausleihungen	Kreditinstitute	keine Angaben
Bundesanleihen	Bietergruppe Bundesemission	10 Jahre; z.T. 30 Jahre
Bundesobligationen	Tenderverfahren: Bietergruppe Bundesemission; Eingeschränkter Freihandverkauf	5,5 Jahre
Bundesschatzanweisungen	Bietergruppe Bundesemission	2 Jahre
Unverzinsliche Schatzanweisungen	Bietergruppe Bundesemission	6 Monate
Finanzierungsschätze	Freihandverkauf (keine Kreditinstitute)	ca. 1 und 2 Jahre
Bundesschatzbriefe	Eingeschränkter Freihandverkauf	Typ A: 6 Jahre Typ B: 7 Jahre
Altschulden	keine Angaben	keine Angaben
Sonstige Darlehen	u.a. Sozialversicherungen, Ausland	keine Angaben

Ein Vergleich der OECD-Länder läßt jedoch erkennen, daß die einzelnen Nationen über jeweils eigene, sehr spezifische Schuldeninstrumente verfügen[11]. Ebenso ist die Betrachtung der Entwicklung der Schuldenstruktur einer einzelnen Körperschaft bei isolierter Betrachtung der Schuldtitel schwierig, sofern das Instrumentenspektrum im Zeitablauf verändert wird. So ist, wie besonders deutlich das Beispiel Portugals belegt[12], das Instrumentenspektrum des nationalen Debt Managements im Laufe der letzten Jahre häufig sukzessive verändert und ergänzt worden, wodurch ein intertemporaler Strukturvergleich für das betreffende Land deutlich verkompliziert wird.

[11] Vgl. OECD (1993), S.159ff.
[12] Vgl. OECD (1993), S.168f.

Gebräuchlicher ist daher die Zerlegung der Schuldenstruktur nach Merkmalen, die sich in allen Schuldformen, wenn auch in unterschiedlichen Ausprägungen, wiederfinden lassen und zum Teil dynamischen Veränderungen unterworfen sind. Von zentraler Bedeutung für das Debt Management sind hierbei die *Laufzeit*, die angesprochenen *Gläubiger* und die *Marktfähigkeit* der öffentlichen Schuld[13]. Diese drei Strukturelemente bilden die instrumentellen Ansatzpunkte einer Schuldenstrukturpolitik, wobei zum Teil starke funktionelle Abhängigkeiten zwischen den einzelnen Merkmalen festzustellen sind.

Weitere in der Literatur zum Debt Management genannte Strukturmerkmale sind die Zinsausstattung und die Emissionsform[14]. Beide Merkmale sind für die Zielverfolgung des Debt Managements aber nur von nachrangiger bzw. ergänzender Bedeutung und finden daher in den anstehenden Betrachtungen keine gesonderte Beachtung. Speziell die Emissionsform ist genau genommen kein Merkmal der *Bestandsgröße* Schuldenstruktur. Zwar ist es richtig, daß die Emissionsform einen Einfluß auf verschiedene Ziele der Schuldenstrukturpolitik über die Art der Finanzmittelzuflüsse ausüben kann[15]. Für ein bestehendes Schuldenportfolio ist es jedoch letztlich unerheblich, über welchen Weg die enthaltenen Schuldpapiere emittiert worden sind.

2.2.1 Laufzeitenstruktur

Die Laufzeitenstruktur ergibt sich aus der Aggregation der Restlaufzeiten aller einzelnen Schuldtitel, zuweilen zusammengefaßt in der *durchschnittlichen Restlaufzeit* des Portfolios als einzelner Kennzahl[16]. Alternativ zu einem solchen einzelnen Indikator kann das gesamte Spektrum der möglichen Laufzeiten in zwei Kategorien, in kurz- und langfristige Schuldtitel, unterteilt werden[17].[18] Als Konvention für eine derartige Gliederung hat sich eine Orientierung an der Einteilung der Finanzmärkte für Fremdkapital in Geld- und Rentenmarkt etabliert. Unter den kurzfristigen Titeln werden alle Schuldverhältnisse zusammengefaßt, die eine Restlaufzeit von bis zu zwei Jahren aufweisen und damit Geldmarkttitel im weite-

---

13 Vgl. Dreißig, W. (1981), S.69

14 Vgl. Andel, N./Kostitsis, N. (1982), S.739 und Pampel, R. (1993), S.20f.

15 Vgl. Wissenschaftlicher Beirat beim BMF (1979), S.85

16 Vgl. Wissenschaftlicher Beirat beim BMF (1979), S.56

17 Vgl. z.B. Irmler, H. (1977), S.66 und Dreißig, W. (1981), S.68

18 An dieser Stelle kann eine deutliche Abgrenzung zur Gliederung der Staatsschulden nach den Monatsberichten der Bundesbank vorgenommen werden. Zwar orientiert sich auch dort die Aufgliederung der Schuldtitel erkennbar an den Laufzeiten, jedoch informieren diese Aufstellungen lediglich über die Gesamtlaufzeit der Schuldtitel. Die im Zeitablauf immanente Restlaufzeitenverkürzung der Schuldenstruktur ist hierbei nicht erkennbar.

ren Sinne darstellen (near-money-quality)[19]. Die begriffliche Zuordnung zu den Geldmarkttiteln verdeutlicht, daß kurzfristige Schuldtitel als Substitute für Primärliquidität betrachtet werden und für Schuldner wie Anleger quasi variabel verzinste Instrumente darstellen[20]. Langfristige Schuldformen werden dagegen dem Rentenmarkt zugeordnet und beinhalten, als Negativabgrenzung zu den Geldmarkttiteln, Laufzeiten von über zwei Jahren. Mitunter wird in dem Bemühen um eine differenziertere Laufzeiterfassung eine dritte Kategorie, die der mittleren Laufzeit, eingeführt[21]. Über eine genaue Abgrenzung dieser Kategorie besteht in der Literatur jedoch kein Konsens, so daß die mittlere Laufzeit teilweise dem Geldmarkt[22], teilweise dem Rentenmarkt[23] zugerechnet wird.

Im Prinzip ist eine Steuerung der Laufzeitenstruktur problemlos möglich. Aus statischer Perspektive kann durch den Rückkauf von beispielsweise langfristigen Schuldtiteln und durch die zeitgleiche Emission kurzfristiger Titel unmittelbar eine Verkürzung der durchschnittlichen Restlaufzeit erzeugt werden. Für eine dauerhafte Erreichung einer angestrebten Laufzeitenstruktur sind jedoch die systemimmanenten Veränderungen der Laufzeiten zu berücksichtigen. Aufgrund der Orientierung anhand der Restlaufzeiten vollzieht sich im Zeitablauf automatisch eine Laufzeitenverkürzung, sofern das Debt Management in den "Verjüngungsprozeß" nicht eingreift[24]. Umgekehrt impliziert eine Refinanzierung auslaufender Schuldtitel stets eine Verlängerung der bisherigen durchschnittlichen Restlaufzeit, da eine Schuld mit einer Restlaufzeit von Null durch einen Titel mit positiver Restlaufzeit ersetzt wird. Die Zusammensetzung der Laufzeiten stellt sich damit als inhärent-dynamisches Strukturmerkmal dar, dessen Stabilisierung über eine Feinsteuerung regelmäßige Eingriffe erfordern würde. Zusätzlich ist es möglich, daß sich die "Außenwirkung" der Laufzeitenstruktur, also die für gesamtwirtschaftliche Betrachtungen relevante Zusammensetzung, durch Refinanzierungsaktivitäten der Gläubiger verändern kann. Finanzintermediäre, die gezeichnete öffentliche Schuldformen durch andere Finanzinstrumente gegenfinanzieren, sind in der Lage, durch die freie Wahl ihrer Laufzeit die effektive Laufzeitenstruktur der Verschuldung des Bundes und seinen effektiven Gläubigern (d.h. der Personengruppe, der die vom Bund benötigten finanziellen Mittel "entzogen" werden) zu verändern.[25]

---

19 Vgl. Gablers Banklexikon (1995), S.695
20 Vgl. Irmler, H. (1977), S.66
21 Vgl. Leibfritz, W. (1980), S.247
22 Vgl. Gablers Banklexikon (1995), S.695
23 Vgl. OECD (1993), S.54f.
24 Vgl. Wallich, H.C. (1946), S.303
25 Vgl. Caspritz, K. (1972), S.160, Friedman, M. (1965), S.62

Die Bedeutung der Laufzeitenstruktur ist für die Schuldenstrukturpolitik besonders hoch einzuschätzen. Ihr kommt bezüglich der später ausführlich diskutierten Konflikte zwischen fiskalischen, allokativen und stabilitätspolitischen Zielen eine wichtige Rolle zu: Zum einen beeinflußt die Laufzeitenstruktur unmittelbar die Höhe der anfallenden Zinskosten durch das in der Regel auftretende Zinsgefälle zwischen kurzfristigen und langfristigen Zinssätzen[26]. Daneben können bei einem hohen Schuldenniveau des Bundes, in Verbindung mit einer Konzentration auf einzelne Schuldformen, Wirkungen auf die Zinsbildung der Finanzmärkte einsetzen, die, sofern das Angebotsverhalten der Gläubiger oder das Nachfrageverhalten der anderen Schuldner stabil bleibt[27], unweigerlich zu einer Verschiebung des Zinsgefüges führen. Auf die stabilitätspolitische Bedeutung der Laufzeitenstruktur weist neben den Zinseffekten die bereits dargestellte Einteilung der öffentlichen Schuld in Geld- und Rententitel hin. Über einen Wechsel zwischen Schuldtiteln mit unterschiedlichen Laufzeiten kann der Bund prinzipiell beeinflussen, wie hoch die Liquiditätsausstattung der Volkswirtschaft ist. Selbst wenn die Menge an liquidierbaren Titeln gleich bleibt, würde sich aber die qualitative Zusammensetzung der Liquidität verändern[28]. Ohne den folgenden Kapiteln vorgreifen zu wollen, läßt sich bereits aus diesen Andeutungen der vielfältigen Wirkungsrichtungen einer Laufzeitenpolitik erahnen, daß abhängig von den Zielformulierungen unterschiedliche Strukturierungsvarianten probat erscheinen können.

2.2.2 Gläubigerstruktur

Die Gläubigerstruktur der Staatsverschuldung wird bestimmt durch die Finanzierungsanteile der einzelnen Gläubigergruppen an der Gesamtverschuldung. Bei der Bestimmung der Gläubigergruppen wird in der Statistik der Monatsberichte der Bundesbank für Deutschland zwischen Bundesbank, Kreditinstituten, inländischen Nichtbanken und dem Ausland unterschieden[29]. Die Gruppe der inländischen Nichtbanken wird zwar noch in Sozialversicherungen und Sonstige untergliedert, eine wünschenswerte feinere Unterscheidung der durch Restwertberechnung ermittelten Gruppe der "Sonstigen" in private Haushalte, Unternehmen und Kapitalsammelstellen erfolgt für Deutschland jedoch nicht[30].

---

26 Vgl. Anker, P. (1993), S.25

27 Dies ist aufgrund geringer Mobilität des Kapitals zwischen den Teilmärkten realistisch. Ursache hierfür sind starke Präferenzen der Akteure für Anlagen bzw. Finanzmittel mit bestimmten Laufzeiten. (vgl. Wissenschaftlicher Beirat beim BMF (1979), S.43)

28 Vgl. Smith, W.L. (1966), S.426

29 Vgl. Deutsche Bundesbank Monatsberichte, Tab. VIII, Nr.8

30 Vgl. Koch, W.A.S. (1971), S.76 und Wissenschaftlicher Beirat beim BMF (1979), S.60

Eine Veränderung der Gläubigerstruktur ist auf direktem oder indirektem Wege möglich. Direkte Einflußnahme bedeutet in diesem Kontext, daß bestimmte Gläubigergruppen beim Ersterwerb einzelner staatlicher Schuldtitel bevorteilt oder diskriminiert werden, z.B. durch Ausschluß oder unterschiedliche Zuteilungen im Falle einer Überzeichnung der Schuldtitel[31]. Eine indirekte Einflußnahme auf die Gläubigerstruktur erfolgt über die Art und Ausstattung der jeweiligen Schuldtitel. Durch die spezifische Ausgestaltung der Schuldtitel ist es dem Debt Management möglich, gezielt einzelne Gläubigergruppen anzusprechen und somit die Gläubigerstruktur zu verändern. Welche Anlegergruppe welche Ausgestaltung präferiert, läßt sich aus den individuell unterschiedlichen Gewichtungen der Anlageprinzipien Liquidität, Rentabilität und Sicherheit ableiten[32].

Zweien der wichtigsten Gläubigergruppen, den Geschäftsbanken und den institutionellen Anlegern, werden starke Präferenzen hinsichtlich einzelner Anlageprinzipien unterstellt. Eine Affinität der Geschäftsbanken zu liquiden Schuldtiteln läßt sich zum einen aus den gesetzlichen Verpflichtungen ableiten, bei der Anlage ihrer freien Mittel die Liquidierbarkeit der gewählten Anlageform zu berücksichtigen[33]. Darüber hinaus bieten liquide Anlagen speziell den Geschäftsbanken ökonomische Vorteile. Liquidität bedeutet für sie die Fähigkeit, auch bei in ihrer Höhe schwankenden Zahlungsströmen den erforderlichen Zahlungspflichten nachkommen zu können, und stellt daneben das Potential der Bank zur Kreditvergabe an die Bankkunden dar, einen ihrer bedeutendsten Geschäftszweige[34]. Eine solche Kreditvergabe ist gegenüber einer Anlage in Finanzmitteln für die Bank fast immer vorzuziehen. Zum einen ist die Kreditvergabe in der Regel ertragreicher, zum anderen wird über den Giralgeldschöpfungsprozeß die Liquidität des Bankensystems deutlich weniger reduziert. Auch hieraus läßt sich ein höherer Bedarf an Liquidität, zur Absicherung der Möglichkeit einer Kreditgewährung, für die Geschäftsbanken ableiten. Um liquide Mittel dabei nicht ertraglos in Form von Zentralbankgeld brach liegen zu lassen, ist es für die Banken zweckmäßig, die freie Liquidität in verzinsten kurzfristigen Wertpapieren mit hohem Liquiditätsgrad zu "parken" und dadurch eine höhere Rentabilität zu erzielen, ohne dadurch das Liquiditätsziel wesentlich zu beeinträchtigen.[35] Institutionelle Anleger wie Versicherungen und Kapitalsammelfonds sind ebenso wie die Geschäftsbanken nicht völlig frei in der Wahl ihrer Geldanlage, sondern sind häufig durch rechtliche Vorgaben

---

31 Vgl. Andel, N./Kostitsis, N. (1982), S.739

32 Diese gängige Überlegung ist z.B. bei Bender, H. (1988), S.91ff. und bei Koch, W.A.S. (1971), S.90 ff. zu finden.

33 Vgl. §11 KWG

34 Vgl. Koch, W.A.S. (1971), S.83f.

35 Koch spricht in diesem Zusammenhang von einer "Ausgleichsfunktion" der Wertpapiere. (Koch, W.A.S. (1971), S.93)

gebunden. Dem Inhalt der Vorschriften (beispielsweise §26 Abs. 1 RVO oder §§215, 220 AFG für Sozialversicherungen) folgend, dominiert bei institutionellen Anlegern deshalb häufig eine Orientierung an Sicherheitsmerkmalen. Erst wenn die erforderliche Sicherheit der Anlagen und eventuelle Liquiditätspflichten erfüllt sind, können Rentabilitätserwägungen angestellt werden[36].

Weitaus weniger plausibel läßt sich das Anlageverhalten von Unternehmen und privaten Haushalten generalisieren. Je nach Größe, Form der betrieblichen Tätigkeiten und andere Faktoren kann die Frage, wie die Verwendung freier Mittel in Unternehmen erfolgt, sehr unterschiedlich beantwortet werden[37]. Einerseits können die verfügbaren Finanzmittel dazu dienen, die Zahlungsfähigkeit des Unternehmens im Sinne der Konkursordnung[38] zu sichern, andererseits können sie als sekundäre Liquiditätsreserve genutzt werden oder im Zusammenhang mit konkreten Investitionsplänen der Unternehmen im Rahmen ihrer betrieblichen Tätigkeit stehen. Die verschiedenen Zeithorizonte und Motive erzeugen kein einheitliches Bild der Anlageorientierung des Unternehmenssektors. Eine analoge Uneinheitlichkeit ist bei den privaten Haushalten zu erblicken, da sich dieser Sektor ebenfalls aus heterogenen Elementen zusammensetzt. Insbesondere unterschiedliche Einkommenshöhen sowie individuelle Sparneigungen führen zu sehr unterschiedlichen Akkumulationen von Sparbeträgen. Die Summe der gesparten Beträge stellt einen gewichtigen Entscheidungsfaktor dar, da dem Haushalt mit zunehmenden Mitteln ein breites Anlagespektrum zur Verfügung steht[39], und zugleich rückt bei diesen Haushalten meist das Rentabilitätsmotiv stärker in den Vordergrund, das Anlageverhalten wird zinsreagibler[40].

Die Probleme einer Gestaltung der Gläubigerstruktur sind in erster Linie in den flexiblen Reaktionen der Gläubiger zu sehen. Die Steuerung wird zum Beispiel dadurch erschwert, daß bei der Ausstattung der staatlichen Schuldtitel Rücksicht auf alle weiteren Anlageformen der Finanzmärkte zu nehmen ist. Verschieden starke Substitutionsbeziehungen zu anderen Aktiva wirken sich auf die Verhaltensweisen der Gläubiger aus[41], so daß sich eine erreichte Gläubigerstruktur entscheidend verändern kann, wenn Sekundärmärkte für die öffentlichen Schuldtitel existieren oder sich Gläubiger bzw. Geschäftsbanken ihrerseits über andere Finan-

---

[36] Vgl. Koch, W.A.S. (1971), S.110f.
[37] Vgl. Koch, W.A.S. (1971), S.117f.
[38] §102 KO; Vgl. Kilger, J./Schmidt, K. (1997), S.394ff.
[39] Mindestanlagebeträge, fixe Kosten in Form von Gebühren und Courtagen sowie die Kosten der Beschaffung notwendiger Informationen führen dazu, daß bei vielen Anlageformen ein Engagement in kleinen Beträgen nicht möglich bzw. unattraktiv ist.
[40] Vgl. Koch, W.A.S. (1971), S.124ff. und S.149f.
[41] Vgl. Jurke, G. (1971), S.29

zquellen refinanzieren. Solche kaum kontrollierbaren Reaktionen führen dazu, daß die effektive Gläubigerstruktur, d.h. die Beantwortung der Frage, welchen Akteuren durch die öffentliche Verschuldung finanzielle Mittel entzogen werden und in der Zukunft Zinsströme zustehen, von der beabsichtigten Zusammensetzung abweicht. Wie bei der Erörterung der Ziele der Schuldenstrukturpolitik zu sehen sein wird, existieren dennoch Tätigkeitsfelder, auf denen die Gläubigerstruktur einen unverzichtbaren instrumentellen Ansatzpunkt darstellt. Allein über sie ist es prinzipiell möglich, auf bestimmte Personengruppen abzielende Effekte auszulösen.

2.2.3 Marktfähigkeit

Drittes zu betrachtendes Merkmal der Schuldenstruktur ist die Handelbarkeit der genutzten Schuldformen auf Sekundärmärkten. Der Grad dieser Fungibilität wird als Marktfähigkeit, als "Möglichkeit, sich rasch und möglichst ohne Kosten von einer Anlage ... trennen zu können"[42], bezeichnet. Mit dieser Definition wird der Grad der Marktfähigkeit nicht allein durch die rechtliche Komponente der Handelbarkeit der Schuldtitel determiniert. Gleichfalls sind institutionelle Hemmnisse (z.B. steuerliche und außenwirtschaftliche Bestimmungen[43]) oder Verwertungskosten der Anlagepapiere Faktoren, die eine Entstehung funktions- und leistungsfähiger Sekundärmärkte verhindern oder zumindest erschweren können.

Eine bewußte Einschränkung der Marktfähigkeit kann der Bund problemlos herbeiführen. Im Zuge der Gestaltungsfreiheit seiner Schuldenstruktur besitzt er mit dem juristischen Ausschluß der Übertragbarkeit ein sicheres Instrument, um die Handelbarkeit der Schuldtitel auszuschließen, etwa über eine Direktverschuldung bei den Geschäftsbanken. Eine Förderung der Marktfähigkeit ist hingegen problematischer. Viele der angedeuteten Hemmnisse müssen für das Debt Management als exogen vorgegeben betrachtet werden, da sie durch andere, für das Debt Management nicht beeinflußbare Institutionen bestimmt werden. Selbst steuerliche Maßnahmen, die mit dem Finanzministerium dem gleichen politischen Akteur wie das Debt Management zuzurechnen sind, werden sich kaum an den Bedürfnissen des Debt Management für marktfähige Schuldtitel ausrichten. Um eine Verbesserung der Funktionsfähigkeit der Sekundärmärkte zu erlangen, verbleibt lediglich die Kurspflege, mit der kurzfristige Störungen behoben werden können[44]. Ihr Wirkungskreis ist jedoch begrenzt, da dauerhafte, strukturelle Probleme nicht bzw. nur zu hohen Kosten auszugleichen sind. Insofern kann das Debt Management eine hohe Marktfähigkeit seiner Schuldtitel nur dann erreichen, wenn es

---

42 Dreißig, W. (1981), S.74
43 Vgl. Andel, N./Kostitsis, N. (1982), S.739
44 Vgl. Kap. 3.3

die Wahl der Schuldformen an der Existenz bereits bestehender, funktionierender Kapitalmärkte ausrichtet. Die Konsequenz hieraus lautet, daß dem Staat durch die Abhängigkeit von den Marktbedingungen nur ein begrenztes Spektrum an vollständig marktfähigen Schuldeninstrumenten zur Verfügung steht.

Für die Zielerfüllung der Schuldenstrukturpolitik ist die Marktfähigkeit von unmittelbarer Relevanz, indem sie einen Einfluß auf die Kreditkosten nimmt: Marktfähige Schuldtitel weisen gegenüber nicht-marktfähigen Titeln c.p. stets eine höhere Liquidität auf[45]. Entsprechend der Hicksschen Liquiditätspräferenztheorie haben die Schuldner mit zunehmender Illiquidität ihrer Schuldtitel steigende Liquiditätsprämien zu leisten[46], so daß die Nutzung marktfähiger Schuldtitel geeignet ist, geringere Renditen am Kapitalmarkt durchzusetzen. Zusätzlich ist die Wahl des Grades der Marktfähigkeit für die Stabilität bzw. Variierbarkeit der Laufzeiten- und Gläubigerstruktur relevant. Für die Gläubigerstruktur gilt, daß die Nutzung von nicht-marktfähigen Schuldtiteln zumindest die beschriebenen Strukturänderungen über eigenständige Transaktionen der Wertpapierhalter am Sekundärmarkt vermeiden kann[47]. Andererseits wird mit diesem Schritt gleichzeitig eine Umgestaltung durch das Debt Management selbst erschwert. Allein die Wahlmöglichkeiten im Falle von Neuemissionen eröffnen der Schuldenstrukturpolitik dann noch einen Spielraum zur Veränderung der Gläubigerstruktur. Die fehlende Marktfähigkeit unterstützt damit die Erhaltung einer erreichten Gläubigerstruktur durch eine Reduktion der Menge von Anpassungsreaktionen aller Marktteilnehmer. Auf die Laufzeitenstruktur kann diese Argumentation jedoch nicht übertragen werden. Aufgrund der inhärenten Instabilität über die zeitabhängige Laufzeitenverkürzung würden nicht-marktfähige Titel lediglich diesen automatischen Prozeß absichern. Erforderliche Eingriffe des Debt Managements zum Zwecke der Erhaltung der existierenden durchschnittlichen Restlaufzeit oder einer Umstrukturierung würden im Gegenteil erneut behindert. Aufgrund der beschriebenen Zusammenhänge sind die Laufzeiten- und Gläubigerstruktur nicht isoliert betrachtbar, sondern die Marktfähigkeit gewinnt eine mitentscheidende Rolle bei der Frage, wie wirkungsvoll die beiden erstgenannten Schuldenstrukturmerkmale eingesetzt werden können.

---

45 Z.T. werden Marktfähigkeit und Liquidität argumentatorisch gleichgesetzt. Dies verwundert nicht, stellt man neben die obige Definition der Marktfähigkeit die der Liquidität nach Rittershausen: "[D]er Liquiditätsbegriff richtet sich nach den unterschiedlichsten Möglichkeiten, ein Gut schnell und verlustlos zu veräußern" (Rittershausen, H. (1966), S.346). Der Begriff der Marktfähigkeit beschränkt sich jedoch lediglich auf die Liquidierbarkeit des Vermögensgegenstandes. Der (objektbezogene) Liquiditätsbegriff umfaßt daneben die Eigenschaft der Selbstliquidation, die aus der Laufzeit der Schuldtitel resultiert. (vgl. Koch, W.A.S. (1971), S.50 f.)

46 Vgl. Schlotmann, O. (1998), S.80ff.

47 Vgl. Andel, N./Kostitsis, N. (1982), S.739

Kapitel 3 Ziele der Schuldenstrukturpolitik

Um eine Politikempfehlung hinsichtlich der Strukturierung der öffentlichen Schuld aussprechen oder die Wirkungsweise neuer Instrumente beurteilen zu können, ist es erforderlich, zunächst einen geeigneten Zielkatalog für das Debt Management aufzustellen. Welche Ziele hierfür zu berücksichtigen sind, ergibt sich aus seiner Funktion als Teil des öffentlichen Haushalts. Das Debt Management verfolgt keine eigenständigen Ziele[1], sondern es dient unmittelbar als Instrument der Einnahmenbeschaffung und -verwaltung. Für die Schuldenstrukturpolitik der Bundes bilden insofern Bestandteile von GG, StabWG sowie die Haushaltsgrundsätze und die Bundeshaushaltsordnung die gesetzlich fixierten Handlungsnormen, an denen sie auszurichten ist. Darüber hinaus sind wirtschaftspolitischen Richtlinien maßgeblich, wie sie insgesamt für der Führung des öffentlichen Haushalts vorgegeben werden. Dies sind insbesondere die Durchsetzung von finanzwirtschaftlicher Ordnung und politischen Programmen, die sich in den Sollbudgets niederschlagen.[2] Sofern die wirtschaftspolitischen Ziele nicht mehr bloß auf die konkrete Umsetzung des Haushalts bezogen sind, sondern politische Vorstellungen beinhalten, unterliegen sie jedoch dem Problem, daß sie sich weniger scharf identifizieren lassen und einem schnelleren Wandel unterliegen können. Ausgangspunkt für die Kategorisierung der wirtschaftspolitischen Ziele des Debt Managements soll im folgenden, in Anlehnung an die Dreiteilung der Aufgabenbereiche der Finanzpolitik nach Musgrave[3], die Unterscheidung zwischen allokativen, distributiven und Stabilitätszielen sein. Zusätzlich sollen durch Einzelbetrachtungen die fiskalische Komponente der allokativen Zieldimension sowie die Beschaffung ausreichender Kapitalmittel, als die dem Debt Management unmittelbar zugewiesene Aufgabe, hervorgehoben werden. Andere Aspekte wie die Erzeugung einer gleichmäßigen Schuldenstruktur, der Vermeidung einer Festlegung des Gläubigerkreises oder die Schaffung einer Planungssicherheit werden zwar mitunter auch als Ziele des Debt Management aufgefaßt[4], stellen aber eher Strategien zur Umsetzung der erstgenannten Ziele dar. Ein unmittelbarer (normativer) Bezug zu den wirtschaftspolitischen Funktionen des Bundes ist bei diesen Hilfszielen kaum zu sehen, und sie werden deshalb nicht weiter gesondert berücksichtigt.

Mit dieser Vielzahl relevanter Zieldimensionen, die in teils konkurrierender teils harmonischer Zielbeziehung zueinander stehen, sind mitunter sehr unterschiedliche Anforderungen an die Struktur der öffentlichen Schuld verbunden. Gleichfalls ist nicht jede Zieldimension in gleichem Maße durch eine Variation der Schulden-

---

1 Vgl. Andel, N./Kostitsis, N. (1982), S.735 und Pampel, R. (1993), S.12
2 Vgl. Schmölders, G. (1970), S.60ff. und Thormählen, T. (1983), S.283f.
3 Vgl. Musgrave, R.A. (1959), S.5ff.
4 Vgl. Graap, F. (1997), S.150f.

struktur beeinflußbar. Die folgenden Abschnitte sollen daher im Grundsatz aufzeigen, inwiefern über Schuldenstrukturmaßnahmen die o.g. Ziele verfolgt werden können und in welchem Spannungsverhältnis sie untereinander stehen. In der traditionellen Theorie der Schuldenstrukturpolitik kristallisiert sich beispielsweise besonders die Kontroverse um die Vorrangigkeit einer fiskalischen oder einer stabilitätsorientierten Ausrichtung heraus, die jeweils weitgehend entgegengesetzte verschuldungspolitische Strategien erfordern. Abhängig von den realwirtschaftlichen Zusammenhängen und politischen Vorstellungen unterliegt das Debt Management entsprechend einem mehrdimensionalen, komplexen Zielsystem, das keinen starren Charakter aufweist.

3.1 Oberziel: Die Deckung des staatlichen Kreditbedarfs

Frühe Gedanken in Richtung einer Strukturierung der Staatsschuld sind etwa in der englischsprachigen Literatur am Ende des neunzehnten Jahrhunderts zu finden. Ohne direkt Bezug auf ein bewußtes Debt Management zu nehmen, wurde die Maxime aufgestellt, der Staat solle sich möglichst langfristig verschulden. Durch eine kurzfristige Verschuldung würde anderenfalls im Rahmen der notwendigerweise früheren Refinanzierung eine stärkere Unsicherheit durch die Abhängigkeit von den Gläubigern entstehen[5]. Damit wäre die Gefahr verbunden, daß die Gläubiger sich insbesondere in ökonomischen Krisen scheuen würden, ihre bei Fälligkeit frei werdenden Mittel zu reinvestieren, und daß der öffentliche Haushalt dadurch in der Erfüllung seiner Funktion bedroht würde.[6]

Obwohl diese frühen Aussagen nicht als systematische, zielorientierte Überlegungen im Hinblick auf eine Schuldenstrukturpolitik formuliert worden sind, bilden sie für das traditionelle Debt Management indirekt einen elementaren Aspekt der Schuldenstrukturpolitik ab. Auch aus heutiger Sicht ist das vorrangige Ziel des Debt Managements, den Kreditbedarf des Staates zu decken unumstritten.[7] Diese Aufgabenstellung wird für das Debt Management des Bundes durch die Feststellung eines Haushaltsplans über das Haushaltsgesetz fixiert. Nach dessen Ausrichtung am HGrG und der BHO dient unter anderen der Haushaltsansatz der Krediteinnahmen der Erfüllung voraussichtlich notwendiger Aufgaben des Bundes (Bedarfsdeckungsfunktion)[8]. Das heißt, das Debt Management muß, als allein verantwortliche Institution für die Beschaffung der nach §10 Abs. 3 Satz 1 HGrG

---

5 „a floating debt rests more heavily upon public credit than a funded debt, because of the uncertainty and confusion which it is likely to introduce into public accounts“ (Adams, H.C. (1887), S.149)

6 Vgl. Bastable, C.F. (1922), S.694f.

7 Vgl. OECD (1993), S.37f.

8 Vgl. §2 Satz 1 HGrG, §2 Satz 1 BHO

im Haushaltsplan gesondert aufgeführten Krediteinnahmen, unter Berücksichtigung aller anderer Einnahmen des Staates ein solches Volumen an Schuldverhältnissen eingehen, daß der Staat seine angenommenen Aufgaben erfüllen kann.

Die Möglichkeiten der Erfüllung des Oberziels sind insbesondere für die Frage von Bedeutung, inwiefern andere wirtschaftspolitische Ziele überhaupt noch berücksichtigt werden können. In der von Bastable angesprochenen Situation einer ökonomischen Krise, in der eine Kapitalbeschaffung für den Staat problematisch erscheint, ist es beispielsweise denkbar, die Deckung des Kreditbedarfs als alleinige Zielfunktion zu formulieren. Sofern dieses Ziel jedoch nicht ernsthaft gefährdet ist, und sowohl heute als auch in der traditionellen Diskussion über die Schuldenstrukturpolitik ist von vielseitigen Möglichkeiten der Kapitalbeschaffung auszugehen, können weitergehende Aspekte berücksichtigt werden. Genaugenommen eröffnet sich erst dann dem Begriff der Schuldenstruktur*politik* eine inhaltliche Bedeutung; erst dann, wenn die reine Funktion der Kapitalbeschaffung gesichert ist, existieren reale Handlungsspielräume, zwischen denen mithilfe verschiedener Schuldenstrukturen „gewählt“ werden kann.

3.2 Fiskalische Ziele

In dem Gesamtkatalog der formulierten Ziele für das Debt Management kann eine Minimierung der Kreditkosten als „elementare[r Grundsatz] der Wirtschaftlichkeit bei der öffentlichen Schuldenpolitik“[9] angesehen werden. Für den Bund als Schuldner findet das fiskalische Ziel in dem Gebot der Wirtschaftlichkeit und Sparsamkeit seinen Niederschlag, wie es in §6 Abs. 1 HGrG und §7 Abs. 1 BHO formuliert wird und aufgrund seiner besonderen Relevanz auch an anderen Stellen der gesetzlichen Vorschriften explizit berücksichtigt wird[10]. Ebenso unterbleibt in der wissenschaftlichen Literatur mit dem Hinweis auf die Effizienz der staatlichen Kreditaufnahme nur selten die Forderung, der Staat möge die mit ihr verbundenen Kosten möglichst gering halten.[11] Die Interpretation dieser Forderung fällt jedoch teilweise sehr unterschiedlich aus: Ansätze, welche beispielsweise eine stabilitätsorientierte Ausrichtung betonen, betrachten die Kreditkostenminimierung lediglich als sekundäres Ziel. Dies ist dahingehend zu verstehen, daß all jene Kreditkosten vermieden werden sollen, die keine Verbesserung des Erreichungsgrades

9 Musgrave, R.A. (1958), S.116

10 Vgl. Heller, R.F. (1998), S.117f.

11 Als Ausnahme sei hier Lerner angeführt, nach dessen Auffassung die alleinige Zielsetzung der Schuldenstrukturpolitik darin besteht, die privaten Investitionen durch die Fixierung des „richtigen“ Zinssatzes auf ein gewünschtes Niveau zu steuern. Zinszahlungen stellen dagegen nach seiner kollektivistischen Betrachtungsweise sich saldierende Geldströme, also Zahlungen von einer Tasche in die andere dar (Lerner, A.P. (1962), S.303ff.).

übergeordneter Ziele bewirken. Die Umsetzung einer derartigen Politik bedeutet, daß die Schuldenstruktur selber vom übergeordneten Ziel bestimmt wird, daß bei der Durchsetzung der Struktur das Debt Management jedoch darauf achten soll, daß jede einzelne Schuldform zu den jeweils günstigen Konditionen aufgelegt wird.[12] Rein fiskalisch orientierte Ansätze in ihrer konsequentesten Verfolgung verlangen dagegen die strikte Minimierung der gesamten Kreditkosten, unabhängig von etwaigen anderen Politiken. Die Schuldenstruktur folgt danach dem Postulat der Kostenminimierung unter Beachtung der Erfüllung des Oberziels.[13] Die Schuldengestaltung wäre demnach auf jene Schuldformen abzustellen, mit denen die geringsten Kreditkosten verbunden sind, und allein die Beachtung des Oberziels setzt dann den Bestrebungen einer Kostenminimierung eine Grenze.

Unabhängig von ihrer Interpretation begründet sich die Kreditkostenminimierung als „dauerhafteste und griffigste"[14] Zielausrichtung aus den Einschränkungen des politischen Handlungsspielraums, die im Falle einer unwirtschaftlichen Verschuldungsstruktur entstünden. Unter der Annahme gegebener nichtkreditärer Einnahmen des Bundes reduzieren die Zinskosten den Budgetanteil, der für die Durchsetzung politischer Programme zu Verfügung steht. Um das Budgetdefizit langfristig auszugleichen, wäre es alternativ möglich, die erhöhten Ausgaben durch steigende bzw. neue Steuern zu kompensieren. Sofern der Staat hierbei jedoch auf ein nicht-entscheidungsneutrales Steuersystem zurückgreift (und davon muß in der Regel ausgegangen werden), werden allokative Ineffizienzen in Form von steuerlichen Zusatzlasten (Excess Burden) erzeugt. In jedem Fall ist deshalb eine Minimierung der Kreditkosten geboten, wenn unnötige Wohlfahrtsverluste vermieden werden sollen.[15] Eine Rechtfertigung erhöhter Kreditkosten über verteilungspolitische Begründungen ist in diesem Zusammenhang nicht möglich. Grundsätzlich lassen sich die zusätzlichen Zinskosten zwar als unsichtbare Subventionen interpretieren[16], eine Deutung der Subventionen als bewußtes Instrument staatlichen Umverteilung ist jedoch ausgeschlossen, da ihre Verteilungswirkungen weder für Außenstehende transparent, noch für die politischen Entscheidungsträger zielgerichtet auf spezifische, bedürftige (Bevölkerungs-) Gruppen projezierbar sind.[17]

---

[12] Vgl. OECD (1993), S.39
[13] Vgl. OECD (1993), S.39
[14] von Scheven, G. (1989), S.517
[15] Vgl. Milbradt, G.H. (1975), S.104 und Rolph, E.R. (1957), S.303
[16] Vgl. Musgrave, R.A. (1958), S.116
[17] Vgl. Milbradt, G.H. (1975), S.103f.

3.3 Allokative Ziele

Unter der übergeordneten Bezeichnung der allokativen Ziele verbirgt sich eine Fülle von Einzelzielen, wie sie als explizite Formulierungen in den Vorgaben für unterschiedliche internationale Debt Managements zu finden sind[18]. Unter anderem ließe sich bereits die Forderung nach einer Kreditkostenminimierung als ein allokatives Ziel fassen, worauf u.a. die Begründung einer Vermeidung von Verzerrungen relativer Preise hinweist. Eine gesonderte Berücksichtigung des fiskalischen Ziels neben den allokativen Wirkungen erscheint jedoch nicht allein durch seine Hervorhebung in der Entwicklung der Theorie zur Schuldenstrukturpolitik und seine eigenständige Behandlung in den Haushaltsgrundsätzen gerechtfertigt[19]. Ebenso ergeben sich bei einer rein fiskalischen Sichtweise mitunter andere Strategieempfehlungen für das Debt Management als wenn weitere allokative Subziele berücksichtigt werden.

Allgemein formuliert läßt sich das Allokationsziel als Absicht beschreiben, das schuldenstrukturpolitische Verhalten des Bundes derart auszurichten, daß die volkswirtschaftlichen Produktionsfaktoren in ihre beste Verwendung gelangen können[20]. Sofern von einer vollkommenen Konkurrenz auf dem Kapitalmarkt gesprochen werden kann, harmoniert die allokative Zielverfolgung weitgehend mit der fiskalischen Ausrichtung. Dieser Zusammenhang ist damit zu begründen, daß durch die Aufnahme von öffentlichen Krediten anderen Wirtschaftssubjekten finanzielle Mittel entzogen werden, die somit nicht mehr für eine privatwirtschaftliche Nutzung von Produktionsfaktoren oder Gütern zur Verfügung stehen. Durch die Orientierung anhand des fiskalischen Kriteriums werden genau denjenigen Kreditgebern die finanziellen Mittel entzogen, welche mit den niedrigsten Zinsen zu einer Anlage in öffentlichen Schuldtiteln zu bewegen sind. Dies läßt sich auf vollkommenen Märkten dahingehend interpretieren, daß die Verschuldung zu den volkswirtschaftlich geringsten Opportunitätskosten erfolgt.[21].

Allerdings ist im Gegensatz zu der strengen fiskalischen Ausrichtung eine gezielte Konzentration auf einzelne Kapitalmarktsegmente, die eine niedrige Rendite aufweisen, unter allokativen Gesichtspunkten nicht uneingeschränkt als vorteilhaft zu bewerten. Durch wechselnde, einseitige Belastungen einzelner Marktsegmente kann das Debt Management unmittelbare Veränderungen des Zinsgefüges am Kapitalmarkt bewirken und dadurch Verunsicherungen der weiteren Marktteilnehmer erzeugen. Deren veränderte Verhaltensweisen sowie die wechselnden Verzerrun-

---

[18] Für einen Überblick verschiedener Zielformulierungen vgl. OECD (1993), S.37
[19] Vgl. insbesondere Wissenschaftlicher Beirat beim BMF (1979), S.18ff.
[20] Vgl. Andel, N./Kostitsis, N. (1982), S.736
[21] Vgl. Wissenschaftlicher Beirat beim BMF (1979), S.21

gen der relativen Knappheitspreise für unterschiedliche Kapitalformen stehen einer effizienten Kapitalallokation im Wege[22]. Insbesondere im Falle eines angespannten Kapitalmarktes besteht die Gefahr, daß ein konzentriertes Engagement des Debt Managements eine Verschärfung der Probleme bewirkt und daß unerwünschte, unmittelbare Störungen (Friktionen) auftreten. Derartige Verunsicherungen der Kapitalmärkte lassen sich zwar prinzipiell über die Marktpflege abfangen, indem das Kreditengagement des Staates verstetigt wird, andererseits wird bei einem solchen Vorgehen die Marktpflege ihrerseits mit spürbaren Kosten verbunden sein.[23] Zur Vermeidung dieser unvorteilhaften Wirkungen verfolgt das Debt Management häufig das Ziel, den Einfluß seiner Schuldenaufnahme auf den Kapitalmarkt zu minimieren. Das gilt einerseits für den Ausgleich von kurzfristigen Nachfragelücken oder -spitzen durch die Kapitalaufnahme, um die Zinsbewegungen zu glätten[24]. Andererseits gilt dies für eine fundamentale Einflußnahme auf das Zinsgefüge, aus der unerwünschte Nebenwirkungen der Kreditaufnahme resultieren können: Systematische Stützungen auf bestimmte Laufzeitenbereiche können dauerhaft Einfluß auf die Ressourcenausstattung einzelner privatwirtschaftlicher Sektoren haben. Eine sektorale Lenkung von Ressourcen kann dann entstehen, wenn aufgrund der Spezifität des Kreditbedarfs in einem Bereich eine vorrangige Kreditnachfrage für bestimmte Laufzeiten (z.B. langfristige Kredite im Bausektor) besteht[25]. Eine Verschiebung der Zinsstruktur könnte somit „z.B. infolge überhöhter Zinssätze auf langfristiges Kapital das wünschenswerte Wachstum behinder[n]“[26].

Neben der passiven Interpretation der allokativen Ziels als Vermeidung selbst ausgelöster Wirkungen kann sich das Debt Management darüber hinaus verpflichtet sehen, die Funktionsfähigkeit des Marktes für öffentliche Schuldtitel oder die Kapitalmärkte insgesamt zu verbessern, wenn es mit Marktunvollkommenheiten konfrontiert wird[27]. Einen aktiven wettbewerbspolitischen Beitrag zur Verbesserung unvollkommener Märkte leistet das Debt Management, wenn es seine Gläubigerstruktur vielseitig gestaltet und sich nicht auf einige wenige Gläubiger konzentriert, selbst wenn jene die günstigsten Verschuldungskonditionen bieten. Auf diese Weise kann das Debt Management nachhaltig den Wettbewerb auf dem Kapitalmarkt fördern, sofern die Chancengleichheit nicht von vornherein gegeben ist. Ursachen für Verzerrungen der Chancengleichheit können unterschiedliche Refinanzierungsmöglichkeiten (über die Zentralbanken) sowie unterschiedliche

---

[22] Vgl. Gaines, T.C. (1962), S.206
[23] Vgl. Hansmeyer, K.-H. (1984), S.107
[24] Vgl. OECD (1993), S.41 und von Scheven, G. (1989), S.518
[25] Vgl. Wissenschaftlicher Beirat beim BMF (1979), S.20
[26] Wissenschaftlicher Beirat beim BMF (1979), S.21
[27] Vgl. OECD (1993), S.43

steuerliche Behandlungen von Marktteilnehmern oder Schuldformen sein. Insofern sprechen nicht nur wettbewerbspolitische Überlegungen gegen eine alleinige Verschuldung beim kostengünstigsten Gläubiger. Aufgrund der Preisverzerrungen ist es nicht zwingend (anders als für einen vollkommenen Markt unterstellt), daß z.B. die Verschuldung bei dem Gläubiger mit der niedrigsten Renditeforderung für eine bestimmte Laufzeit auch die volkswirtschaftlich effizienteste Kapitalbeschaffung impliziert.[28]

Inwiefern der Bund in der Lage ist, die Effizienz auf dem Rentenmarkt zu verbessern, hängt wesentlich von zwei Faktoren ab: Die Beseitigung der Unvollkommenheiten setzt gleichermaßen deren eindeutige Identifikation von Verzerrungen und die Eignung der Schuldenstrukturpolitik als Instrument der Reparatur voraus. Der Versuch einer Korrektur beispielsweise steuerpolitisch erzeugter Ungleichbehandlungen durch eine bewußte Verschuldung zu höheren Kosten als notwendig entspräche dem Versuch, eine systematische Verzerrung durch eine weitere, absichtlich herbeigeführte Verzerrung ausgleichen zu wollen – ein Vorgehen, das nicht unproblematisch ist. Bei nicht ausreichenden Möglichkeiten einer gezielten Steuerung können dadurch andere bzw. weitere Ineffizienzen in den Kapitalmarkt getragen werden. Sinnvoller für eine Allokationsverbesserung erscheint es daher (sofern möglich), die finanzpolitisch bedingten Fehler dort zu beheben, wo sie entstehen: direkt an ihrer Quelle.

Die Probleme der exakten Zuordnung von Verzerrungen auf dem Kapitalmarkt führen in der Regel dazu, daß das allokative Ziel in erster Linie in seiner „passiven" Auslegung Verwendung findet. Gerade im Zuge steigender Schuldenvolumina stehen Forderungen nach einer gleichmäßigen Gestaltung der Schuldenstrukturpolitik im Vordergrund[29]. Sofern vereinzelt aktive Ansätze zur Verbesserung der Effizienz auf den Märkten erkennbar sind, beziehen sich diese nicht auf fallweise Eingriffe in Marktungleichgewichte, sondern sie sind auf die Verbesserung des Voraussetzungen für effiziente Allokationsmechanismen ausgerichtet. So kann etwa eine gleichmäßige Streuung des Schuldenvolumens angestrebt werden, mit der Absicht, die Tiefe und Breite des Rentenmarktes zu fördern.[30]

3.4 Distributive Ziele

In der Diskussion um die Hierarchie innerhalb der Zielkataloge zum Debt Management spielen verteilungspolitische Überlegungen lediglich eine untergeordnete

---

[28] Vgl. Wissenschaftlicher Beirat beim BMF (1979), S.21f.

[29] Vgl. Milbradt, G.H. (1975), S.20

[30] Vgl. Forum Finanzplatz (1997), Abschnitt: *Weitere Förderung für den Finanzplatz Deutschland*

Rolle und werden meist nur sehr vage formuliert. Ihre Konkretisierung ist grundsätzlich von den allgemeinen verteilungspolitischen Zielen der Wirtschaftspolitik abhängig[31]. Interpretierbar sind die allgemeinen verteilungspolitischen Ziele nicht in Hinsicht auf eine direkte Umverteilung in Form unmittelbarer Leistungen des Staates an ausgewählte Bevölkerungsgruppen (ein solches Ziel erscheint über die Schuldenstrukturpolitik nicht erreichbar), sondern in Form einer indirekten Korrektur solcher Marktergebnisse, die Ungleichverteilungen von Einkommen und Vermögen verschärfen[32]. Grundlage für die Berücksichtigung distributiver Wirkungen der Schuldenstrukturpolitik ist eine Differentialbetrachtung, die von einem vorgegebenen Schuldenvolumen ausgeht[33]. Wie bereits bei den bisher diskutieren Ziele ist es bei einer Inzidenzanalyse der Schuldenstrukturpolitik daher notwendig, die Wirkungen der Schuldenzusammensetzung von den Effekten der Schuldenniveaupolitik klar zu trennen.

Bei der personellen Inzidenzbetrachtung der Schuldenpolitik wird üblicherweise aufgrund einer Plausibilitätsannahme davon ausgegangen, daß Bezieher höherer Einkommen, wegen einer damit verbundenen, vergleichsweise hohen Vermögensbildung, stärker in Wertpapieren engagiert sind als Bezieher niedriger Einkommen.[34] Speziell in bezug auf Anlageaktivitäten in Schuldtiteln öffentlicher Körperschaften ist hierbei nicht nur deren direkte, sondern auch die indirekte Gläubigerstellung zu beachten. Letztere entsteht durch die starke Verschuldung des Staates bei institutionellen Anlegern, die sich ihrerseits im privaten Sektor refinanzieren.

Es wäre jedoch übereilt zu folgern, die starke Beteiligung höherer Einkommensgruppen an der Finanzierung der Staatsverschuldung ließe jene stärker die Änderungen in der Schulden(struktur)politik spüren oder sei Ursache für eine unerwünschte Umverteilung zu ihren Gunsten. Gegen die Interpretation, die bloßen Zinszahlungen als Eingriff des Staates in die Verteilung zu werten, wenden sich bereits Andel und Gandenberger[35]. Sofern die vom Staat geleisteten Kapitalerträge ebenfalls in Abwesenheit staatlicher Wertpapiere durch die Anlage in privaten Schuldtiteln entstünden, kann in der Schuldenpolitik keine Ursache einer Verschärfung der Vermögensungleichverteilung gesehen werden. Die entstehenden Zinszahlungen an einzelne Einkommensgruppen sind dann lediglich Ausdruck

---

31 Vgl. Milbradt, G.H. (1975), S.100

32 Vgl. OECD (1993), S.44

33 Vgl. Milbradt, G.H. (1975), S.100f., Andel, N./Kostitsis, N. (1982), S.737 und Wissenschaftlicher Beirat beim BMF (1979), S.16

34 Vgl. Bohnet, A. (1999), S.239

35 Gandenberger, O. (1970), Andel, N. (1969) und Andel, N. (1976)

einer bereits bestehenden Vermögensverteilung.[36] Und selbst bei einer (sofern ohne Zuhilfenahme der Schuldenniveaupolitik) möglichen Erhöhung des durchschnittlichen Zinsniveaus über eine Verschiebung der Zinsstruktur[37] bleibt es fraglich, ob eine gezielte Umverteilung möglich ist. So hängt die Wirkung auf die individuelle Vermögensentwicklung eines Anlegers infolge einer Zinsänderung vornehmlich nicht davon ab, in welchem Umfang der Anleger Wertpapiere insgesamt gezeichnet hat, sondern in welchen Wertpapierformen, mit welchen Laufzeiten er investiert ist. Eine Zurechenbarkeit von Umverteilungseffekten auf einzelne Einkommenskohorten erscheint somit kaum möglich.

Am ehesten kann noch einer Gläubigerstrukturpolitik die Fähigkeit zugesprochen werden, gezielt unteren Einkommensgruppen verbesserte Möglichkeiten der Vermögensbildung zu verschaffen. Grundgedanke dieser These ist die Annahme, daß nicht alle Kapitalanbieter an den Kreditmärkten die gleichen Konditionen erzielen können, somit also kein vollkommener Markt vorliegt. Neben Informationsdefiziten im Vergleich zu institutionellen Anlegern[38] stellen für „Kleinsparer“ insbesondere Mindestsätze bei Provisionen, Courtagen, Gebühren und Mindestanlagebeträge Markt(eintritts)barrieren dar, die eine sinnvolle Anlage in verzinslichen Wertpapieren ausschließen. Speziell um diese Art von Anlagehemmnissen zu beseitigen, bietet der Bund als Emittent in Form der Bundesobligationen und der Bundesschatzbriefe Möglichkeiten an, auch kleinere Beträge zu marktnahen Zinsen anzulegen, ohne daß weitere Gebühren anfallen[39].

Als spezielle Benachteiligung der kleinen privaten Anleger wird daneben gesehen, daß Zinssteigerungen bei anhaltender Inflation von den Banken unter Umständen nur langsam an private Anleger weitergegeben[40] oder daß starke Präferenzen der Haushalte für liquide Anlagen wie das niedrig verzinste Sparbuch in hohem Maße ausgenutzt werden. Zur Vermeidung dieser Wirkungen sind die Bundesschatzbriefe eingeführt worden, die über 6 bis 7 Jahre laufen und für die der Gläubiger ein nur wenig eingeschränktes Rückgaberecht zum Nennwert hat. Sie stellen somit eine sehr sichere, hoch liquide Anlagemöglichkeit dar, die im Gegensatz zu dem in diesen Hinsichten vergleichbaren Sparbuch durch deutlich bessere Renditen gekennzeichnet ist. Mit diesen Emissionen strebt die Schuldenstrukturpolitik eine Korrektur der von den Geschäftsbanken nur mäßig ausgeführten Vermittlertätig-

---

[36] Vgl. Andel, N. (1976), S.21 und Wissenschaftlicher Beirat beim BMF (1979), S.22

[37] Vgl. Wissenschaftlicher Beirat beim BMF (1979), S.25

[38] Vgl. Lahnstein, M. (1981), S.321

[39] Der Mindestanlagebetrag beim Bundesschatzbrief Typ B beläuft sich z.Zt. auf DM 50. Alle Kreditinstitute sind zusätzlich verpflichtet, diese staatlichen Wertpapiere gebührenfrei zu vertreiben. Zugleich können sie gebührenfrei bei der Bundesschuldenverwaltung hinterlegt werden.

[40] Vgl. OECD (1993), S.44

keit zwischen dem Staat (als Schuldner) und den privaten Haushalten (als Gläubiger) an.[41] Über die Öffnung der Kapitalmärkte für Kleinanleger bemüht sich der Staat somit, die Konkurrenz unter den Kapitalnachfragern (aber auch unter den Kapitalanbietern) zu stärken und gleichzeitig unerwünschte Verteilungswirkungen zu beseitigen.[42]

Grundsätzlich muß aber das Argument, daß die Ursache für die gekennzeichneten Maßnahmen existierende (ebenfalls aus allokativen Gründen unerwünschte) Marktunvollkommenheiten oder Informationsdefizite sind, kritisch betrachtet werden. Würden diese nicht existieren, wäre der Wirksamkeit einer solchen Verteilungspolitik die Basis entzogen, und sie wäre in dem Maße nicht mehr notwendig. Im dargestellten Fall kann zum Teil sogar davon ausgegangen werden, daß der Staat zu derartigen Unvollkommenheiten selber beigetragen hat, indem er sich über lange Zeit bei seiner Schuldenaufnahme auf den Bankensektor konzentriert hat[43]. Die mit den Bundesschatzbriefen praktizierte Gläubigerstrukturpolitik kann daher mitunter als Ausdruck einer Rückführung selbst induzierter Verteilungswirkungen angesehen werden.

Trotz der beschriebenen Möglichkeiten einer Einflußnahme auf die Einkommens- und Vermögensverteilung ist zu bemerken, daß diese Wirkungen der Schuldenstrukturpolitik lediglich punktuell sein können. Eine Umverteilungspolitik zwischen *allen* Bevölkerungsgruppen ist dagegen kaum zu erzeugen. Lediglich jene Individuen, welche überhaupt bereit und in der Lage sind, liquide Mittel anzulegen, können von den staatlich angebotenen Bundesschatzbriefen oder Bundesobligationen unmittelbar profitieren. Nichtvermögende Gruppen ohne anlagebereite Mittel können hingegen nicht oder nur indirekt (über eventuelle Wachstumswirkungen) Vorteile aus einer solchen Politik ziehen. Da gerade diese Gruppen im Zuge umverteilungspolitischer Maßnahmen nicht ausgeschlossen werden sollten, scheint auch die Gläubigerstrukturpolitik keine geeignete Rechtfertigung zu bieten, die Schuldenstrukturpolitik in bedeutendem Maße in den Dienst der Umverteilung zu stellen. Insbesondere bei Berücksichtigung von Steuern und Transfers als alternative Instrumente und angesichts der hohen Kosten einer solchen Politik ist der Auffassung zuzustimmen, daß die Schuldenstrukturpolitik einen vergleichsweise ungeeigneten Ansatz für eine aktive, zielgenaue Verteilungs- und Umverteilungspolitik bietet.[44] Die fiskalischen Konsequenzen selbst nur punktueller Maßnahmen zwingen im Einzelfall zur Überlegung, ob die angestrebten Verteilungsziele nicht wirtschaftlicher über alternative Verteilungsinstrumente

---

41 Vgl. Wissenschaftlicher Beirat beim BMF (1979), S.65f.
42 Vgl. Pampel, R. (1993), S.16
43 Vgl. Wissenschaftlicher Beirat beim BMF (1979), S.60f.
44 Vgl. Milbradt, G.H. (1975), S.101 und Wissenschaftlicher Beirat beim BMF (1979), S.67

erreichbar sind. In der Summe der Bedenken gegen eine aktive Verteilungspolitik über die Gestaltung des Schuldenstrukturpolitik kann die Distribution somit nicht als primäres Ziel gelten, sie wird deshalb in den folgenden Abschnitten kaum gesonderte Berücksichtigung mehr finden.

3.5 Stabilitätsziele

Der Einsatz schuldenstrukturpolitischer Instrumente in der Absicht einer gesamtwirtschaftlichen Stabilisierung kennzeichnet den letzten bedeutsamen Zielkomplex, der vom Debt Management berücksichtigt werden muß. Für den Bund ergibt sich die Notwendigkeit der Beachtung stabilitätspolitischer Wirkungen unmittelbar aus dem Grundgesetz, dem StabWG und den haushaltsrechtlichen Vorschriften. In drei Abschnitten wird der Bund in Form identischer Formulierungen verpflichtet, bei der Beschlußfassung und Umsetzung des Haushaltsplans „den Erfordernissen des gesamtwirtschaftlichen Gleichgewichts Rechnung zu tragen.“[45] Durch seine gesonderte Berücksichtigung im Grundgesetz und in §2 HGrG, in dem die Funktionen des Haushaltsplans formuliert werden, genießt das stabilitätspolitische Ziel eine ähnlich hervorragende Bedeutung wie die Bedarfsdeckungsfunktion bzw. dient als dessen Ergänzung[46]. Als Indikatoren für die Entwicklung des gesamtwirtschaftlichen Gleichgewichts gelten formal zwar die in §1 StabWG genannten Ziele (Preisniveaustabilität, hoher Beschäftigungsstand, außenwirtschaftliches Gleichgewicht und stetiges, angemessenes Wachstum), da aber das StabWG als zeitbezogenes Gesetz anzusehen ist, das offen für geänderte Erkenntnis der wirtschaftswissenschaftlichen Disziplinen ist[47], ist der Gleichgewichtsbegriffs weit auslegbar. Insbesondere entstehen für die Wirtschaftspolitik Spielräume, in welcher Intensität die genannten Faktoren als Entscheidungsgrundlage dienen. Eine Verpflichtung zu einer aktiven antizyklischen Konjunkturpolitik ist aus den genannten Vorschriften nicht zwingend abzulesen, da allein die Probleme einer Umsetzung wirtschaftspolitischer Absichten anzuerkennen sind. Die einzige effektive Handlungsanweisung, die aus den angegebenen Vorschriften ableitbar ist, besagt, daß es dem Bund nicht zusteht, bewußt prozyklische Effekte in Kauf zu nehmen. Er hat die Verpflichtung, seinen Haushalt im Hinblick auf dessen gesamtwirtschaftlichen Folgen zu prüfen und gegebenenfalls nachteilige Konsequenzen zu vermeiden.[48]

Für das Debt Management stellt sich die Frage, inwiefern sich die genannten Bestimmungen und damit die Notwendigkeit, die eigenen Wirkungen auf das ge-

---

[45] §109 Abs. 2 GG, §2 Satz 3 HGrG und §2 Satz 3 BHO
[46] Vgl. Heller, R.F. (1998), S.85f.
[47] Vgl. BVerfGE, zitiert bei Heller, R.F. (1998), S.109
[48] Vgl. Heller, R.F. (1998), S.109f.

samtwirtschaftliche Gleichgewicht zu ermitteln, auf die eigene Tätigkeit übertragen lassen. Als Bestandteil des Gesamthaushalts unterliegt das Debt Management zwar der Zielverfolgung der allgemeinen Wirtschaftspolitik; Wenn jedoch etwa durch andere finanzpolitische Aktivitäten oder eine vom Haushalt unabhängige Alternative eine effiziente Stabilitätspolitik betrieben werden kann und dadurch diesbezügliche haushaltsrechtliche Aufgaben erfüllt werden, können andere Ziele in das schuldenstrukturpolitische Visier geraten.

In der Literatur zum Debt Management wird die Frage, in welcher Intensität das Stabilitätsziel, insbesondere im Vergleich zu den bereits bekannten Zielen, für die Schuldenstrukturierung von Bedeutung ist, sehr unterschiedlich beantwortet. Von der Vernachlässigung derartiger Aspekte[49] über einen passiven Einsatz in Form der Vermeidung nachteiliger Folgen durch die öffentliche Schuldengestaltung[50] bis zur Absicht einer aktiven Beeinflussung der Konjunktur[51] sind die verschiedensten Auffassungen zu finden. Die Diskussionen über diesbezügliche Handlungsweisen und Konsequenzen (speziell in Verbindung mit den Kosten einer solchen Politik) bilden den Kern der traditionellen Theorie zur Schuldenstrukturpolitik, wie sie in Kapitel 4 ausführlich gewürdigt wird. Einigkeit besteht in der Diskussion jedoch bezüglich der grundsätzlichen Existenz von Wirkungen der Schuldenstrukturpolitik auf das gesamtwirtschaftliche Gleichgewicht, selbst wenn häufig nicht transparent ist, welche konkreten Transmissionsmechanismen in den Überlegungen unterstellt werden.

Wie problematisch dabei die Bestimmung einer gesicherten Wirkung vom Debt Management auf die Realwirtschaft ist, zeigt sich beispielsweise, wenn die Möglichkeiten einer Einflußnahme auf die Zinsstruktur untersucht werden. Eine Aussage darüber, ob und wie stark die Veränderung der Zusammensetzung der Staatsschuld die Zinsstruktur beeinflußt, bedingt eine Vorstellung über den Weg der Entstehung der Zinsstruktur und ihrer Determinanten. Je nach verwendeter Zinstheorie[52] können sehr unterschiedliche Resultate erzielt werden, wie eine Gegenüberstellung der Positionen von Fisher und Culbertson verdeutlicht:

In der reinen Erwartungstheorie nach Fisher[53] werden für die Individuen gleiche, sichere und konstante Erwartungen unterstellt, und gleichzeitig wird für sie ein ausschließliches Interesse an der Rentabilitätsmaximierung unterstellt. Hieraus ergibt sich, daß der Zinssatz für einen langfristigen Schuldtitel allein durch die

---

[49] Vgl. z.B. Smith, W.L. (1966) und Stein, H. (1958)
[50] Vgl. z.B. Friedman, M. (1965), und Gaines, T.C., (1962)
[51] Vgl. z.B. Rolph, E.R. (1957) und Tobin, J. (1963)
[52] Für einen aktuellen Überblick vgl. Schlotmann, O. (1998), S.72ff.
[53] Vgl. Fisher, I. (1930)

kurzfristigen Zinssätze der betreffenden Perioden bestimmt wird.[54] Als Folge ist es für den Kapitalanleger unerheblich, ob er seine finanziellen Mittel in einem langfristigen Schuldtitel oder in einer Kette von kurzfristigen Wertpapieren anlegt. Ceteris paribus gleiche Schuldtitel mit unterschiedlichen Laufzeiten stellen vollkommene Substitute dar, weshalb eine Verschiebung der staatlichen Kreditnachfrage aus dem langfristigen in den kurzfristigen Bereich oder umgekehrt keine Änderung der laufzeitbezogenen Zinsstruktur bewirken würde.[55] Die privaten Teilnehmer auf den Kreditmärkten würden durch entgegengesetzte Kreditnachfragen (private Schuldner) oder Anpassung an das veränderte Angebot an Schuldtiteln (Gläubiger) das ursprüngliche Zinsgefüge derart verändern, daß die ursprüngliche Relation zwischen kurz- und langfristigen Zinsen wieder hergestellt wird. Für das Debt Management des Bundes wäre unter diesen Umständen zu folgern, daß seine Tätigkeit „überhaupt sinnlos"[56] wäre: eine Einflußnahme auf die Zinsstruktur durch eine Nachfrageänderung nach Kapital durch den Bund wäre nicht möglich[57], da die Renditen allein durch den vollständigen Zusammenhang von gegenwärtigen und zukünftigen Marktzinsen bestimmt würden und da in gleicher Weise die Höhe der langfristig entstehenden Zinskosten unabhängig von der Laufzeitenstruktur der gewählten Verschuldung wäre.

Betrachtet man das Debt Management hingegen aus dem Blickwinkel der Segmentationstheorie von Culbertson, gelangt man zu einem deutlich anderen Ergebnis. Culbertsons Theorie basiert auf der Annahme, daß sowohl Anleger als auch Nachfrager insbesondere aufgrund von Risikoaversion und Liquiditätserwägungen[58] intensive Präferenzen für bestimmte Laufzeitenbereiche besitzen und sich deshalb auf einzelne Kreditmärkte konzentrieren. Da zusätzlich die von Culbertson berücksichtigten Transaktionskosten sowohl bei Anlegern als auch bei Gläubigern die Möglichkeiten einer Ertragsverbesserung durch einen Wechsel zwischen den Schuldtiteln schmälern, existieren praktisch keine Substitutionsbeziehungen zwischen den einzelnen Teilmärkten. Die Zinsstruktur wird deshalb hier lediglich durch die relativen Angebots- und Nachfragemengen auf den jeweiligen Teilmärkten bestimmt.[59] In einem solchen Umfeld hätte das Debt Management einen unmittelbaren Einfluß auf die Kreditmärkte, wenn der Staat allein aufgrund seines hohen Schuldenvolumens auf allen Teilmärkten als bedeutender Schuldner auftreten kann. Abhängig von den Zinselastizitäten könnte der Staat durch eine verstärkte bzw. abgeschwächte Kreditnachfrage das Zinsniveau auf

---

[54] Vgl. Modigliani, F./Sutch, R. (1966), S.164f.
[55] Vgl. Caspritz, K. (1972), S.86
[56] Milbradt, G.H. (1975), S.25
[57] Vgl. Malkiel, B.G. (1964), S.533
[58] Vgl. Culbertson, J.M. (1957), S.488ff.
[59] Vgl. Caspritz, K. (1972), S.87

jedem in Anspruch genommenen Kreditmarkt verändern und somit eine wirksame Zinspolitik betreiben[60]. Er könnte direkten Einfluß sowohl auf das Sparverhalten der Konsumenten als auch auf die Finanzierungskonditionen einzelner Branchen bzw. Sektoren ausüben.

Die beschriebene Gegenüberstellung zweier (oder mehrerer) theoretischer Erklärungsansätze der Zinsstruktur ist symptomatisch für die gesamte Diskussion bezüglich der Positionierung des Stabilitätsziels innerhalb des Aufgabenkatalogs der Schuldenstrukturpolitik. Grundlage der unterstellten Stabilitätseffekte – nicht nur im Hinblick auf die Zinswirkungen, sondern ebenso in bezug auf die Veränderung der nicht minder bedeutsamen gesamtwirtschaftlichen Liquidität – sind diverse theoretische Modelle, über deren Bedeutungen und Gültigkeiten unterschiedliche Auffassungen bestehen. Auch die zahlreichen empirischen Untersuchungen der gesamtwirtschaftlichen Effekte haben keines der Modelle deutlich stützen oder verwerfen können[61]. Die Autoren der Literatur zum Debt Management scheinen sich daher häufig bewußt nicht explizit zu den von ihnen zugrundegelegten Wirkungszusammenhängen zu äußern, sondern orientieren sich beispielsweise im Hinblick auf die angesprochenen Zinseffekte an einem der vielen Mischsysteme[62], die verschiedene Theorieansätze vereinen[63]. Trotz der in der Literatur argumentatorisch uneinheitlich verwendeten Reaktionszusammenhängen zwischen der Schuldenstruktur öffentlicher Haushalte und der gesamtwirtschaftlichen Stabilität läßt sich aus den geführten Diskussionen eine Infragestellung des Stabilitätsziels selber nicht herauslesen. Im Gegenteil deuten die ausführlichen Auseinandersetzungen mit diesem Themenbereich vielmehr auf die hohe Bedeutung hin, die das Stabilitätsziel neben seiner haushaltsrechtlichen Relevanz genießt. Die verbleibende Uneinigkeit der Zielbewertung beruht „nur" auf den verschiedenen Auffassungen, über welche Politik eine Stabilität effizient erreicht werden kann, nicht ob sie überhaupt angestrebt werden sollte.

---

[60] So z.B. nach der Einschätzung des Wissenschaftlichen Beirats beim BMF (vgl. Wissenschaftlicher Beirat beim BMF (1979), S.43)

[61] Vgl. Gandenberger, O. (1977), S.166; Einen umfassenden Überblick über die zentralen empirischen Überprüfungen der Theorien zur Zinsbildung und ihrer Ergebnisse liefern Caspritz, K. (1972), S.118ff und Haverkamp, T. (1992), S.31ff.

[62] Vgl. Malkiel, B.G. (1964), S.537ff.

[63] Nach Haverkamp stellt die Fishersche Erwartungstheorie sogar die Basis für alle etablierten Theorien der Zinsstrukturbildung dar (vgl. Haverkamp, T. (1992), S.17).

Kapitel 4 Die traditionelle Theorie der Schuldenstrukturpolitik

Wie bereits bei der Formulierung des Oberziels verdeutlicht wurde, sind grundsätzliche Fragen bezüglich der Gestaltung der öffentlichen Schuldenzusammensetzung nicht erst in der Mitte unseres Jahrhunderts aufgeworfen worden. Sämtliche frühere Überlegungen greifen jedoch weder auf umfassende Theorieansätze zurück noch finden sie Beachtung in Form einer breiteren Diskussion. Sie stellen vielmehr fragmentarisch einzelne Gedanken aus einem spezifischen Blickwinkel dar, der heute als fiskalische Perspektive zu bezeichnen wäre. Erst mit dem Anstoß durch Henry Simons[1], stabilitätspolitische Ziele durch die Schuldenstrukturpolitik zu verfolgen, entwickelten sich ausführliche, im wesentlichen in den 50er und 60er Jahren geführte Diskussionen[2], in welche die früheren Gedankengänge spürbar mit eingeflossen sind. Obwohl die dort entstandenen Ansätze zum Teil sehr kontroverse Positionen beinhalten, lassen sie sich unter dem Begriff der *traditionellen Theorie* vereinen, da sie alle von einer gemeinsamen Vorstellung über den Aktionsraum des Debt Managements ausgehen. Ihnen liegt die aus den seinerzeitigen Wirkungszusammenhängen abgeleitete oder prognostizierte Annahme zugrunde, der Staat sei ein besonders bedeutsamer Schuldner auf dem heimischen Finanzmarkt, der in der Lage sei, durch sein Verhalten gesamtwirtschaftliche Effekte auszulösen. Infolge der Diskussion, die sich auf die Gegenüberstellung von "alten", fiskalischen Zielen und "neuen", stabilitätspolitischen Zielen fokussiert hat, haben distributive und allokative Ziele im engeren Sinne nur noch selten gleichwertige Beachtung gefunden.

Trotz einer gemeinsamen Arbeitsgrundlage fallen aufgrund unterschiedlicher theoretischer Modelle die Auffassungen auseinander, welche Wirkungen von der Schuldenstrukturpolitik ausgehen bzw. wie diese zu bewerten sind und welche Konsequenzen das Debt Management aus ihnen abzuleiten hat. Insgesamt lassen sich durch eine Systematisierung der verschiedenen Beiträge drei zentrale Argumentationsstränge identifizieren, deren gegensätzliche Positionen durch die unterschiedlichen Beurteilungen der Bedeutung des stabilitätspolitischen Ziels im Verhältnis zur fiskalischen Ausrichtung gekennzeichnet sind. Nach dem *fiskalischen Ansatz* bleibt die kostengünstigste Finanzmittelbeschaffung wichtigstes Ziel des Debt Managements, während nach dem *stabilitätspolitischen Ansatz* die Schuldenstrukturpolitik so weit wie möglich in den Dienst der Konjunktursteuerung zu stellen ist. Der *Neutralitätsansatz* fordert hingegen, eine diskretionäre Politik im Hinblick auf beide Ziele zu unterlassen und statt dessen eine Verstetigung der

1 Vgl. Simons, H. (1944), S.356ff.

2 "In an era preoccupied with stabilization it is not surprising that any controllable sector in the economy that showed promise as a tool of policy came under consideration" (Laird, W.E. (1963), S.9)

Verschuldungsverhaltens des Staates anzustreben. Daß im Vergleich der drei Ansätze die Politikempfehlungen hinsichtlich der Schuldenstrukturierung derart unterschiedlich ausfallen, obwohl einheitliche Vorstellungen über die Rolle des Staates am Finanzmarkt existieren, ist erklärbar über die unterschiedliche Beantwortungen der folgenden Fragen:

(a) Kann das Debt Management stabilitätspolitische Wirkungen erzeugen, die absolut und relativ zu anderen Instrumenten von Bedeutung sind?

(b) Sind die eventuellen stabilitätspolitischen Wirkungen durch das Debt Management steuerbar?

Zum Verständnis der traditionellen Theorien zur Schuldenstrukturpolitik wird im folgenden das gemeinsame Grundverständnis der Ansätze erläutert. Anschließend werden anhand der drei Ausrichtungen die Ursachen der bestehenden Divergenzen aufgezeigt, und es wird verdeutlicht, welche konkreten oder situationsbedingten Schuldenstrukturen nach den Ansätzen anzustreben wären.

4.1 Die Rolle des Bundes auf dem nationalen Kapitalmarkt

Die Vorstellungen über die Rolle des Staates auf dem Kapitalmarkt, über die Möglichkeiten seiner Beeinflussung durch die öffentlichen Schuldner und über die Reaktionen anderer Wirtschaftssubjekte, bilden eine wichtige Grundlage für eine Theorie des Schuldenstrukturpolitik. Je nach seiner Bedeutung für den Kapitalmarkt kann der Staat mehr oder weniger Einfluß auf die Marktbedingungen nehmen und/oder das Verhalten der Gläubiger und der anderen Schuldner beeinflussen. Ebenso hängt die Möglichkeit der Initiierung gesamtwirtschaftlicher Impulse, die über eine Veränderung der Liquiditätsausstattung hervorgerufen werden können, von der relativen Position des Staates im Vergleich zu anderen Schuldnern ab. Erst nach Feststellung dieser Zusammenhänge kann überhaupt erkannt werden, ob sich die Schuldenstrukturpolitik als wirtschaftspolitisches Instrument eignet oder ob eine Veränderung in der Zusammensetzung der öffentlichen Schuld keine (weder beabsichtigte noch unbeabsichtigte) Wirkung auf die Wirtschaftssubjekte erzielt. Wenn signifikante Wirkungen auf andere Akteure gänzlich fehlten, würde die Schuldenstrukturpolitik faktisch ihrer gesamtwirtschaftlichen Verantwortung enthoben.[3]

Zu trennen sind die schuldenstrukturpolitischen Beeinflussungen von anderen Formen der Einflußnahme durch öffentliche Institutionen: Beispielsweise übt der Staat bereits über sein Funktion als Hoheitsträger einen wesentlichen Einfluß auf

[3] Vgl. Milbradt, G.H. (1975), S.23f.

den Kapitalmarkt aus[4]. Auf direktem Wege schafft er mit gesetzlichen Regelungen die Rahmenbedingungen auf dem Kapitalmarkt, indirekt wirken das Steuersystem und die Haushaltspolitik auf das Verhalten und die Erwartungen der Marktteilnehmer ein.[5]

In der grundsätzlichen Annahme einer direkten oder indirekten Wirkung der Schuldenstrukturierung auf andere Wirtschaftssubjekte und damit ihrer gesamtwirtschaftlichen Bedeutung herrscht in der traditionellen Theorie zur Schuldenstrukturpolitik Einigkeit.[6] Grundlage für die Plausibilität dieser Annahme ist ein relativ zum Gesamtkapitalmarkt bedeutsamer Schuldenstand, wie er für die Bundesrepublik Deutschland zumindest seit 1974 nachvollziehbar ist. Seither kann auch in Deutschland die traditionelle Theorie der Schuldenstrukturpolitik als etabliert angesehen werden. Zuvor dagegen, im Anschluß an die weitgehende Entschuldung im Rahmen der Währungsreform 1948 bis etwa in die Zeit des Ölpreisschocks 1974/75, konnte das Schuldenvolumen der öffentlichen Hände in Deutschland als mengenmäßig unbedeutend angesehen werden, zu Beginn dieser Entwicklung präsentierte sich die öffentliche Hand sogar insgesamt als Nettokapitalanbieter[7]. In diesem Zeitraum war es allein aufgrund der geringen Manövriermasse nur sehr eingeschränkt möglich, eine wirksame Schuldenstrukturpolitik zu betreiben.

Seit 1975 ist das Schuldenvolumen des Staates deutlich und kontinuierlich gewachsen[8] und kann mit als maßgebliche Ursache für die parallele, kräftige Expansion des Kapitalmarktes insgesamt angesehen werden[9]. Das starke Wachstum der Schulden hat dazu geführt, daß seither in quantitativer Hinsicht den öffentlichen Haushalten und speziell dem Bund als größtem Einzelschuldner lange Zeit eine bedeutende Position auf dem deutschen Kapitalmarkt zugesprochen werden konnte, wie sich anhand einer einfachen Überschlagsrechnung mit jüngeren Zahlen verdeutlichen läßt, die sich auf die Zeit vor den Eintritt Deutschlands in die Europäischen Währungsunion beziehen:

Im September 1997 betrug die Verschuldung des Bundes (in den Klammern die Werte für die öffentlichen Haushalte insgesamt, um deren relative Stärke als Gesamtheit herauszustellen) rund DM 900 Mrd. (DM 2,2 Bio.)[10]. Unter der Annah-

---

4 Vgl. Wallich, H.C. (1946), S.304

5 Vgl. Bender, H. (1988), S.70. Einen erweiterten Überblick liefert Weber, H.H. (1982), S.262ff.

6 Vgl. Musgrave, R.A. (1959), S.15, Milbradt, G.H. (1975) S.24 und Wissenschaftlicher Beirat beim BMF (1979), S.17

7 Vgl. Häuser, K. (1982), S.96ff.

8 Für den Beginn dieser Entwicklung vgl. Deutsche Bundesbank (1988), S.238

9 Vgl. Gottheiner, H.G. (1982), S.32

10 Vgl. Deutsche Bundesbank Monatsbericht 02/98, S.56

me einer durchschnittlichen Laufzeit der öffentlichen Schuldtitel von 8 Jahren wären im Mittel jährlich Schulden im Umfang von etwa DM 113 Mrd. (DM 275 Mrd.) zu refinanzieren gewesen. Bei einer durchschnittlichen Restlaufzeit von 5 Jahren hätte das mittlere Refinanzierungsvolumen p.a. sogar durchschnittlich DM 180 Mrd. (DM 440 Mrd.) betragen. Zusätzlich zu diesen Beträgen muß zur Ermittlung der jährlichen Inanspruchnahme des Kapitalmarktes durch den Staat dessen Nettoneuverschuldung hinzugerechnet werden. Um eine Vorstellung über die hierbei zu berücksichtigen Beträge zu gewinnen, sei auf die Nettoneuverschuldung in der Zeit von Ende September 1996 bis Ende September 1997 hingewiesen, die rund DM 94,5 Mrd. (DM 137 Mrd.)[11] betrug. Insgesamt ergibt sich unter den getroffenen Annahmen also eine jährliche Inanspruchnahme des Kapitalmarktes durch die öffentliche Hand in Höhe von etwa DM 207,5-274,5 Mrd. (DM 412-577 Mrd.). Vergleicht man in Relation zu diesen Zahlen z.B. den Bruttoabsatz festverzinslicher Wertpapiere aller inländischen Emittenten, der 1997 bei DM 847 Mrd.[12] lag, wird deutlich, daß allein mengenmäßig der Bund bzw. die öffentlichen Haushalte einen gewichtigen Einfluß auf den nationalen Kapitalmarkt ausüben konnten.

Über eine Konzentration der Schulden auf einzelne Laufzeitenbereiche wäre es dem Debt Management damit möglich gewesen, Änderungen in der Zinsstruktur zu erzeugen, die im Sinne der Zielsetzung der Schuldenstrukturpolitik hätten eingesetzt werden können. Schließt man die Alternative einer äußeren Verschuldung, d.h. eine Kreditaufnahme bei ausländischen Schuldnern aus[13], erscheint eine solche Einflußnahme sogar unausweichlich. Unter stabilitätspolitischen Gesichtspunkten bildet die Verschuldungshöhe einen besonders wichtigen Ansatzpunkt, da sie eine unmittelbare Wirkung auf die Liquiditätsausstattung privater Wirtschaftssubjekte ausübt. Mit der Absorption von Liquidität durch die Ausgabe von Wertpapieren gerät die Schuldenpolitik des Bundes aber in das Fahrwasser der Geldpolitik. Aus diesem Grund wurde von Vertretern der traditionell-stabilitätspolitisch ausgerichteten Schuldenstrukturpolitik hier ein Interventionspunkt gesehen, der über die isolierte Betrachtung des Kapitalmarktes hinaus Perspektiven einer gesamtwirtschaftlichen Einflußnahme eröffnet.

Doch nicht allein die Höhe der Staatsverschuldung macht die Bedeutung des Staates auf dem Kapitalmarkt aus. Ebenso in qualitativer Hinsicht weist die öffentliche Hand gegenüber anderen Schuldnern Besonderheiten auf, die sie für die

---

[11] Vgl. Deutsche Bundesbank Monatsbericht 02/98, S.56

[12] Vgl. Deutsche Bundesbank Kapitalmarktstatistik, 02/98, S.11

[13] Unter anderem aus währungspolitischen Gesichtspunkten ist eine Auslandsverschuldung – heute genauer: eine Fremdwährungsverschuldung – problematisch und wurde vom Bund im wesentlichen vermieden (vgl. Wissenschaftlicher Beirat beim BMF (1979), S.100f.).

Anleger besonders attraktiv machen bzw. ihr andere Dispositionsmöglichkeiten als den anderen Schuldnern ermöglichen, die im Sinne einer bewußten Kapitalmarktlenkung genutzt werden können:

Orientiert sich ein Anleger an den drei oben bereits hervorgehobenen, klassischen Kriterien der Kapitalanlage Rentabilität, Liquidität und Sicherheit, bietet sich der Bund als hervorragender Schuldner mindestens in zweierlei Hinsicht an. Erstens stellen in den westlichen Industrienationen Schuldtitel öffentlicher Körperschaften üblicherweise die sicherste Anlagemöglichkeit dar. Ebenso wie die großen privaten Schuldner (z.B. die Geschäftsbanken) werden die öffentlichen Haushalte einem Bonitätsranking durch internationale Rating-Agenturen wie die IBCA Group, Moody's Investor Service oder Standard&Poors Rating Group unterzogen. Hier zeigt sich regelmäßig, daß die OECD-Staaten durchweg sehr hohe Bewertungen aufweisen. Bei Standard&Poors wiesen 1997 alle EU-Mitgliedsländer mit Ausnahme von Griechenland die maximal erreichbare Bonitätsbewertung ("Triple-A") auf[14]. Selbst Staaten mit (absolut und relativ zum BSP) sehr hohen Schuldenständen (z.B. Italien oder Belgien) oder (zumindest im europäischen Vergleich) als strukturell schwächer angesehene Volkswirtschaften (z.B. Portugal) werden demnach als erstklassige Schuldner eingestuft.

Zweitens sind die marktfähigen Schuldtitel des Bundes in Deutschland häufig liquider als jene anderer Schuldner[15]. Zum Teil ist dies aus dem oben gekennzeichneten quantitativen Emissionsvolumen ableitbar, wodurch das regelmäßige Handelsvolumen am Zirkulationsmarkt im Durchschnitt nahezu automatisch größer ist als von Schuldtiteln "exotischer" Emittenten. Daneben tritt die liquiditätsfördernde Kurspflege der Schuldtitel durch den Bund[16]. Mit der Verpflichtung zur Kurspflege sorgt die Bundesbank im Auftrag und auf Rechnung des Bundes für eine Verstetigung der Kursentwicklung von Bundeswertpapieren. Durch einen gegebenenfalls erforderlichen Kauf bzw. Verkauf der Schuldtitel auf dem Sekundärmarkt erhalten die Besitzer die Gewähr, sie jederzeit zu weitgehend marktgerechten Kursen verkaufen bzw. kaufen zu können. Kurzfristige Kursschwankungen, die keine fundamentalen Hintergründe aufweisen, sondern z.B. nur aufgrund eines geringen Handelsvolumens an einem einzelnen Tag ausgelöst werden, können auf diese Weise vermieden werden.[17] Nicht zu verwechseln ist die Kurspflege

[14] Vgl. Standard&Poors (1997), S.2f. Die hier angeführte Rating-Liste bezieht sich auf die Emission von Schuldtiteln in Eigenwährungen. Etwas schlechter (dennoch weiterhin gut) sieht das Rating bei Emissionen in Fremdwährungen aus, angesichts der vergleichsweise geringeren Menge an Fremdwährungsemissionen der OECD-Staaten fällt diese Relativierung aber kaum ins Gewicht.

[15] Vgl. Deutsche Bundesbank Monatsbericht 02/87, S.16

[16] Vgl. Bender, H. (1988), S.72

[17] Vgl. Schwedes, H. (1972), S.159ff. und Gablers Banklexikon (1995), S.1015

mit einer Kursstützung. Während mit der Kurspflege eine Bewegung der Kurse zu neuen Marktgleichgewichten möglich ist, verfolgt eine Kursstützung die Fixierung der Wertpapierpreise auf einem bestimmten Wert. Sie stellt eine gezielte Beeinflussung des Marktgleichgewichts dar und erfordert weitaus größere finanzielle Mittel.[18]

Die Vorteile der staatlichen Kapitalaufnahme haben in der Vergangenheit dazu geführt, daß der Bund (das Debt Management aller anderen, vergleichsweise kleinen öffentlichen Schuldner wird untereinander nicht koordiniert und läßt daher keine verallgemeinernden Aussagen zu) eine dominierende Rolle auf dem deutschen Kapitalmarkt gespielt hat. Es gab keinen Schuldner auf dem in DM geführten Markt, der vergleichbar gute Eigenschaften aufweisen konnte. Wie verdeutlicht war der Bund der sicherste Schuldner und konnte zugleich durch die Wahl der Emissionsformen eine größtmögliche Liquidität seiner Schuldtitel gewährleisten. Diese beiden hervorstechenden Merkmale können zwar dazu führen, daß die Gläubiger einen Renditeabschlag bei der Zeichnung öffentlicher Schuldtitel hinnehmen müssen. Grundsätzlich hatte und hat das Debt Management des Bundes jedoch auch in dieser Hinsicht die Möglichkeit, den Anlegern besonders vorteilhafte Konditionen zu bieten: So wirkte der Bund über seine Verschuldungsaktivitäten zwar auf den Kapitalmarkt ein, umgekehrt bestanden aber nur geringe ökonomische Rückwirkung von dem Kapitalmarkt auf den öffentlichen Schuldner: Während die Kapitalmarktzinsen für private Schuldner Entscheidungssignale für oder gegen eine Kreditaufnahme darstellen, gilt die Kreditnachfrage der Staates gemeinhin als zinsunelastisch.[19] Der durch die Planung gesetzlich festgelegte Kreditbedarf ist in der Vollzugsphase des Haushaltsprozesses von dem Debt Management stets durchzusetzen, unabhängig davon, wie hoch zum Zeitpunkt der Kapitalaufnahme das (durchschnittliche) Zinsniveau liegt. Da auch in der Entscheidungsphase über die öffentlichen Ausgaben, also während der Haushaltsplanung selbst, die Zinsen in der Regel unberücksichtigt bleiben[20], wird der Staat als zinsrobuster Schuldner bezeichnet. Selbst wenn das Debt Management ausschließlich auf die Minimierung der Kreditkosten ausgerichtet ist, kann also nur begrenzt von einem zinsreagiblen Verhalten gesprochen werden. Die Aussetzung einer Kapitalaufnahme wegen eines zu hohen Zinsniveaus erfolgt grundsätzlich nicht, anders als bei privaten Schuldnern, bei denen von einer Abwägung zwischen Zinskosten und Nutzen der Kreditaufnahme ausgegangen werden kann. Der Handlungsspielraum der Schuldenstrukturpolitik wird in dieser Hinsicht durch ihre Funktion als Erfüllungsgehilfe der Schuldenniveaupolitik eingeschränkt, da

[18] Vgl. Schwedes, H. (1972), S.163ff.
[19] Vgl. Häuser, K. (1982), S.117f.
[20] Vgl. Schwedes, H. (1972), S.24

von letzterer der Umfang des aufzunehmenden Schuldenvolumens vorgegeben wird.

Neben der Zinsrobustheit in der Kapitalaufnahme ist der Bund im Gegensatz zu privaten Schuldnern auch wesentlich flexibler in der Wahl seiner Schuldenstrukturierung[21]. Betriebswirtschaftliche Folgen einer falschen Verschuldungspolitik führen beim Staat nicht zu ernsthaften, existensbedrohenden Konsequenzen. Er muß bei seiner Schuldenstrukturierung somit nicht unbedingt Fristenkongruenzen oder Rentabilitätserwägungen berücksichtigen[22]. Obwohl das Debt Management seit dem 01.01.1996 keine Kassenverstärkungskredite mehr aufnehmen darf, spielen selbst Liquiditätserfordernisse weiterhin eine untergeordnete Rolle. Die aus einer Illiquidität der öffentlichen Hand entstehenden Schäden treten in erster Linie außerhalb der Haushalts auf und sind für ihn selber selten existenzbedrohend.[23] Unabhängig davon gilt hinsichtlich der Liquiditätsbeschaffung eine Robustheit gegen die anfallenden Kosten. Analog zur Begründung bei der Kapitalbeschaffung ist die Liquiditätssicherung eine zur Gewährleistung der Haushaltsfunktion notwendige Aufgabe des Debt Managements, hinter der Kostenaspekte zurücktreten. Eine schlechte Liquiditätsplanung, die entweder zu hohen Kosten der Liquiditätsbeschaffung oder gar zur Illiquidität führt, kann so im Höchstfall zwar eine Verfehlung der postulierten Ziele (z.B. der kostenminimalen Aufgabenerfüllung) bewirken, auf das Debt Management als Institution wirkende Konsequenzen sind aber regelmäßig nicht zu erwarten. Entsprechend bestehen geringere Anreize zu einer Liquiditätsabsicherung, als sie bei einer privatwirtschaftlichen Entscheidung existieren würden.

Die Summe der überragenden Eigenschaften eines staatlichen Schuldners führte in der Regel letztlich dazu, daß er als Benchmark auf dem nationalen Kapitalmarkt fungiert. In Kombination mit seiner Funktion als wirtschaftspolitische Instanz[24] kam dem Verhalten des Bundes vor dem Eintritt in die Europäische Währungsunion deshalb eine besondere Beachtung durch die anderen Kapitalmarktteilnehmer zu, und die Umlaufrendite öffentlicher Schuldtitel in Deutschland konnte somit als ein bedeutsamer Indikator und Orientierungsmaß für die Entwicklung des Kapitalmarktes angesehen werden[25]. Für die theoretische Auseinandersetzung mit dem Debt Management ist die Feststellung der Bedeutung des Bundes für den Kapitalmarkt von zentralem Interesse, weil dadurch die Auffassungen, inwiefern

---

21 Vgl. Häuser, K. (1982), S.118
22 Vgl. Bender, H. (1988), S.71
23 Vgl. Eichhorn, P. (1974), S.105f.
24 Vgl. Schwedes, H. (1972), S.11
25 Vgl. von Köller, K. (1997), S.6

über schuldenstrukturpolitische Maßnahmen gesamtwirtschaftliche Rückwirkungen entstehen, maßgeblich mitgeprägt werden.

4.2 Stabilitätspolitische Ausrichtung

In der traditionellen Literatur zur Schuldenstrukturpolitik stellt die stabilitätspolitische Ausrichtung den am breitesten diskutierten Ansatz dar. Sein Blickfeld wird durch die realwirtschaftlichen Konsequenzen einer Politik des Debt Managements dominiert, während sowohl fiskalische als auch allokative oder distributive Überlegungen (wenn überhaupt) erst dann angestellt werden, wenn die gewünschte konjunkturelle Entwicklung gesichert ist.

In den diversen Arbeiten – zu den wichtigsten Vertreter dieses Bereichs können Musgrave, Rolph und Tobin gezählt werden – werden eine Vielzahl von Transmissionsmechanismen der staatlichen Schuldenstruktur auf den realwirtschaftlichen Bereich argumentatorisch als Rechtfertigung genutzt, um das Debt Management in den Dienst einer Stabilisierungspolitik zu stellen. Letztlich lassen sich die verschiedenen Wirkungskanäle jedoch auf die Beeinflussung zweier volkswirtschaftlicher Aggregate zurückführen: das Zinsgefüge und die gesamtwirtschaftliche Liquiditätsausstattung. Wie insgesamt in der Literatur zum Debt Management verbreitet, findet in erster Linie die Laufzeitenstruktur der öffentlichen Schuld als instrumenteller Ansatzpunkt Beachtung[26]. Aus einem Wechsel von langfristigen zu kurzfristigen Schuldtiteln bzw. umgekehrt lassen sich Wirkungen auf die gesamtwirtschaftliche Zinsstruktur[27] und Liquiditätsstruktur ableiten, die wiederum zu Veränderungen vornehmlich im Investitionsverhalten, aber auch zu verändertem Konsumverhalten des privaten Sektors führen. Ferner können, wie bereits erörtert, Liquiditätswirkungen durch die Veränderung der Marktfähigkeit öffentlicher Schuldtitel erzeugt werden. Aufgrund dieser zu konkretisierenden Effekte lassen sich verschiedene Möglichkeiten ableiten, in welcher Form das Debt Ma-

---

[26] Vgl. Gandenberger, O. (1977), S.168

[27] Zuweilen ist eine feinere Unterscheidung in die Beeinflussung der gesamten Zinsniveaus, der langfristigen Zinsen und der Zinsstruktur zu finden (vgl. OECD (1996), S.689f.) Der erste Fall beinhaltet die Möglichkeit der Deckung eines Teils des staatlichen Schuldenbedarfs bei ausländischen Gläubigern. Die inländischen Kreditmärkte fänden dadurch eine Entlastung, wodurch das Zinsniveau insgesamt, so die Idee, sinken soll. Sofern jedoch die ausländische Märkte nicht nur dem Bund zugänglich sind, stellt auch dies aus Sicht der anderen Marktteilnehmern c.p. eine Veränderung der Zinsstruktur dar. Die Zinsniveauänderung wird lediglich von einem Teilmarkt (Inland) auf den anderen (Ausland) verschoben. Eine isolierte Beeinflussung der langfristigen Zinsen im Rahmen einer Differentialbetrachtung ist unter der Annahme elastischer, nachfrageabhängiger Zinsen nicht möglich. Jede Umstrukturierung einer Schuld muß grundsätzlich mindestens zwei Laufzeitenbereiche berühren, um eine Zinswirkung zu erzeugen. Es ist daher legitim, alle diese Einzelaspekte unter dem einen Begriff der Zinsstrukturmaßnahmen zu subsumieren.

nagement einen Einfluß auf das gesamtwirtschaftliche Gleichgewicht nehmen kann. In den folgenden Darstellungen werden die wichtigsten Effekte verdeutlicht, die in den Diskussionen hinsichtlich einer stabilitätsorientierten Schuldenstrukturpolitik Verwendung finden.

4.2.1 Transmissionsmechanismen der Schuldenstrukturpolitik

Eine erste Wirkung einer Änderung der Zinsstruktur auf die privatwirtschaftliche Nachfrage kann über den keynesianisch geprägten Kreditkostenansatz des "credit view" (interest-sensitivity-of-investment-channel)[28] hergestellt werden. Bei diesem Ansatz wird unterstellt, daß die Investitionsgüternachfrage der Unternehmen (als abhängige Variable der langfristigen Kapitalmarktzinsen) durch die Einflußnahme des Staates auf das Zinsgefüge gesteuert werden kann. Im Falle eine Rezession könnte das Debt Management durch eine Verkürzung der durchschnittlichen Restlaufzeit über eine Reduzierung der staatlichen Nachfrage nach langfristigen Finanzmitteln einen expansiven Impuls auslösen, indem private Investitionen durch die gesunkenen Zinsen angeregt werden. Analog wäre der Staat bei Bedarf in der Lage, die langfristigen Zinsen zu erhöhen und damit die Investitionsgüternachfrage zu dämpfen. Diese prinzipiell nachvollziehbare Überlegung ist jedoch an einige wesentliche Voraussetzungen geknüpft. Nicht nur, daß, wie in Kapitel 3.5 bereits angesprochen, ein Einfluß des Staates auf den langfristigen Zinssatz gesichert sein muß. Zusätzlich muß speziell der langfristige Zinssatz tatsächlich die ihm zugesprochene bestimmende Bedeutung für die privaten Investitionsplanungen besitzen.

Über die Bedeutung allein für die Investitionstätigkeit hinaus werden Zinsniveau und -struktur signifikante Wirkungen auf die Kapital- und Vermögensbildung unterstellt. Entsprechend der Portfolio-Theorie von Tobin wird das Anlage- bzw. Investitionsverhalten der Individuen durch das Verhältnis zwischen den Ertragsraten von Realkapital einerseits und Finanzkapital andererseits bestimmt. Die bei einer Investition in Sachkapital zu erzielenden Erträge sind hierbei u.a. durch den Stand der Technologie und die Faktorpreise vorbestimmt. Die auf den Kapitalmärkten erzielbare Ertragsrate, der "supply price of capital"[29], wird hingegen durch die relativen Angebots- und Nachfragemengen des Finanzkapitals bestimmt. Über eine Verschiebung ihrer Nachfrage nach Finanzmitteln aus dem langfristigen in den kurzfristigen Bereich oder umgekehrt ist das Debt Management in der Lage, via die geänderte Zinsstruktur einen Einfluß auf den supply price of capital zu nehmen. Entsprechend wird die Relation zwischen den Renditen für Sach- und

---

28 Vgl. Milbradt, G.H. (1975), S.31

29 "that rate at which the public would be willing to hold the existing stock of capital" (Tobin, J. (1963), S.385)

Finanzkapital verändert, welches wie bereits bei dem Kreditkostenansatz zu Anpassungen im Spar- und Investitionsverhalten der Individuen führt.[30]

Die Liquiditätseffekte bilden die Grundlage für die zweite, mindestens gleichberechtigte Argumentationsgruppe zugunsten einer Berücksichtigung stabilitätspolitischer Effekte. Erneut ist es die Veränderung der Laufzeitenstruktur, die als vorrangige Quelle für eine veränderte gesamtwirtschaftliche Liquiditätsänderung angesehen wird. Ausgangspunkt der Überlegung ist, daß der Bund im Zuge seiner Kapitalbeschaffung Primärliquidität von den Gläubigern kauft bzw. Illiquidität verkauft[31]. Im Gegenzug erhalten die Gläubiger öffentliche Schuldtitel, die (je nach Ausgestaltung) Sekundärliquidität darstellen können. Maßgeblich für die Beantwortung der Frage, welchen Liquiditätsgrad ein Schuldtitel aufweist, ist die Kombination aus seiner Marktfähigkeit und Restlaufzeit. Als allgemeine Regel kann formuliert werden, daß ein ausgegebener Schuldtitel um so liquider ist, je kürzer seine Restlaufzeit ist[32] – vorausgesetzt, der Schuldtitel ist marktfähig. Während marktfähige Titel bei abnehmender Restlaufzeit stetig zunehmend Eigenschaften von Sekundärliquidität annehmen, ist mit nicht-marktfähigen Schuldeninstrumenten eine konstante Liquiditätsabsorption bis zu ihrem Laufzeitende verbunden[33]. Die Restlaufzeit kennzeichnet jedoch zumindest die zeitliche Distanz bis zur Selbstliquidation des Wertpapiers. Die Frage nach der Liquidität eines Vermögensgegenstandes läßt sich daher nicht eindeutig und objektiv beantworten, sondern erfordert aufgrund der verschiedenen Einflußgrößen eine graduelle Einschätzung.

Auf den Zusammenhang zwischen der Ausstattung der Volkswirtschaft und der gesamtwirtschaftlichen Nachfrage mit Gesamtliquidität zielt der *liquidity-sensitivity-of-spending channel* ab. Hierbei werden die Liquiditätseffekte der Schuldenstrukturpolitik wesentlich von den Annahmen über die Motive der Aufteilung der verfügbaren Mittel der Haushalte in Konsum und Spartätigkeit bestimmt. Die Ausgabenentscheidungen der Haushalte hängen demnach nicht allein von dem Einkommen als Stromgröße, sondern insbesondere auch von dem Bestand an Vermögenswerten sowie deren Liquiditätsgrad ab.[34] Während die Haus-

[30] Vgl. Tobin, J. (1963), S.385

[31] Musgrave bietet eine umgekehrte Interpretation an, indem er die Ausgabe von staatlichen Schuldtiteln als Kauf von Illiquidität bezeichnet (vgl. Musgrave, R.A. (1958), S.116). Offenbar zielt er damit auf die Reduzierung der Liquiditätsausstattung für den privaten Sektor ab und nicht, wie hier interpretiert, auf den Erwerb liquider Mittel für den öffentlichen Sektor. Unabhängig von der Formulierung bleibt die gefolgerte Aussage jedoch gleich.

[32] Vgl. Wissenschaftlicher Beirat beim BMF (1979), S.44

[33] Vgl. Hügle, B. (1966), S.101f.

[34] Vgl. Caspritz, K. (1972), S.142

halte lediglich einen gewissen Vermögensstand aus Vorsichtsgründen benötigen[35], erklärt sich die Nachfrage nach Geld aus dessen Funktion als Transaktions-, Vorsichts- und Spekulationskasse. Diese Funktionen können jedoch auch von anderen Vermögensgegenständen als Geld erfüllt werden und zwar um so besser, je geldnäher diese sind. Stehen den Haushalten zunehmend geldnahe Vermögensgegenstände zur Verfügung, verringert sich die Nachfrage der Haushalte nach Geld. Die nunmehr überschüssigen Kassenbestände werden reduziert und lassen sich für konsumptive Zwecke verwenden.[36] Auf die Ausnutzung dieses "weiten"[37] Zusammenhangs kann die Schuldenstrukturpolitik zielen. Durch den Ersatz beispielsweise von langfristigen Schuldtiteln durch kurzfristige bietet das Debt Management den Haushalten liquidere Substitute an. Mit der verbesserten Möglichkeit, ihre Liquiditätspflichten und -wünsche zu erfüllen, können die Wirtschaftssubjekte einen Teil ihrer bisherigen Vorsichts- und Spekulationskasse für Transaktionszwecke nutzen, weshalb die Laufzeitenverkürzung unter anderem das Ausgabenverhalten der Individuen fördern kann.[38]

Neben solchen allgemeinen Einflüssen der staatlichen Schuldenstruktur auf die gesamtwirtschaftliche Liquiditätsversorgung stellen insbesondere Veränderungen in den Möglichkeiten der Kreditmittelbeschaffung durch die Geschäftsbanken den zweiten beherrschenden Aspekt der Liquiditätswirkungen in der Debt Management-Diskussion dar. Grundlage für die folgende Argumentation sind die *availability doctrine* und ihr Spezialfall, der *Roosa Effekt*.[39] Danach stellen für Geschäftsbanken die kurzfristigen staatlichen Schuldtitel ideale Instrumente dar, um einerseits ihre Liquiditätsbedürfnisse zu decken, ohne dabei andererseits auf Zinseinnahmen verzichten zu müssen. Kurzfristige Papiere unterliegen nur geringen Kursrisiken und versetzen die Banken gleichzeitig in die Lage, jederzeit Kredite an den privaten Sektor gewähren zu können. Gelingt es den Banken, die Wertpapiere gegen Einlagen zu veräußern, so setzen sie die für die Kredite notwendige Überschußreserve frei.[40] Aufgrund dieses Zusammenhangs gelingt es den Banken, mit der Haltung hoher Bestände an kurzfristigen Wertpapieren sehr flexibel bei der Gewährung von Krediten zu reagieren. Langfristige Schuldtitel eignen sich hingegen weniger als "Parkplatz" für Überschußreserve, da ihre Kurse stärker als die kurzfristiger Papiere auf Zinsänderungen reagieren. In konjunkturellen Aufschwungphasen mit steigenden Zinsen entstünden damit relativ hohe Kursverfälle der langfristigen Titel. Der Roosa Effekt unterstellt den Geschäftsbanken eine Abneigung gegen die Realisierung derartiger Kursverluste, wodurch bei einer Er-

35 Vgl. Caspritz, K. (1972), S.143
36 Vgl. Caspritz, K. (1972), S.137f.
37 Vgl. Milbradt, G.H. (1975), S.31
38 Vgl. Wissenschaftlicher Beirat beim BMF (1979), S.44
39 Vgl. Milbradt, G.H. (1975), S.33
40 Vgl. Tobin, J. (1963), S.391f.

höhung der Zinsen diese Kapitalgüter als Grundlage einer Kreditgewährung nicht mehr in Betracht gezogen werden (*locked-in effect*). Darüber hinaus würden die bei Zinssteigerungen eintretenden Kursverluste der mittel- und langfristigen Wertpapiere den Kapitalwert der liquidierbaren Wertpapiere bei den Banken reduzieren. Zur Deckung ihres Bedarfs an liquiden Vermögensgegenständen müßten die Banken daher nach dem Roosa Effekt zusätzliche liquide Mittel nachfragen und dem Geldmarkt im weiteren Sinne entziehen.[41]. Aus den Zusammenhängen zwischen der staatlichen Schuldenstruktur und den Liquiditätswirkungen kann gefolgert werden, daß es bei der vorrangigen Nutzung kurzfristiger Schuldtitel den Geschäftsbanken leichter fällt, flexibel Kredite zu vergeben. Nach Milbradt kann durch die kurzfristigen Schuldtitel, als Form von *idle cash*, ein Kreditschöpfungspotential geschaffen werden, das nicht von etwaigen Beständen an Zentralbankgeld abhängig ist[42]. Die Zentralbank könne demnach mit den ihr zur Verfügung stehenden Instrumenten auf die tatsächliche Kreditschöpfung äußerst wenig Kontrolle ausüben. Diese Aussage übersieht freilich, daß die Ursache für die etwaige zusätzliche Kreditvergabe in einem (auf Grundlage des vorhandenen Zentralbankgeldes) noch nicht ausgeschöpften Kreditschöpfungspotential ruht. Unterstellt man eine bewußte, zielgerichtete Steuerung der Zentralbankgeldmenge durch die Zentralbank, so kann die Höhe der entstehenden (potentiellen) Kreditschöpfung nicht als geldpolitischer Defekt angesehen werden[43]. Richtig ist lediglich, daß bei gegebener Zentralbankgeldmenge die tatsächliche Inanspruchnahme des Kreditschöpfungspotentials durch die Nutzung von kurzfristigen Schuldtiteln stärker schwanken kann, als wenn die Geschäftsbanken ihre Überschußreserve in langfristigen Titeln halten würden. Insofern läßt sich aus dem Roosa-Effekt nur eine grundsätzliche stabilisierende Wirkung einer Verschuldung in langfristigen Titeln ableiten[44].

4.2.2 Stabilitätspolitische Optimierung der Schuldenstruktur

Trotz der Konzentration des stabilitätspolitischen Ansatzes auf Zinsstruktur- und Liquiditätswirkungen bleiben fiskalische Aspekte erklärtermaßen nicht völlig unberücksichtigt. Die Kreditkostenminimierung wird zumindest als sekundäres Ziel aufgefaßt. Den Zusammenhang der beiden Ziele im Sinne einer optimalen Strukturierung der öffentlichen Schuld modellieren Rolph[45] und Musgrave[46] in einem Isokosten/Isonutzen-Diagramm mit lediglich jeweils einer lang- und einer kurzfristigen Schuldform. Mit ihrem Modell kann analysiert werden, welche Lösungen in

41 Vgl. Caspritz, K. (1972), S.197f.
42 Vgl. Milbradt, G.H. (1975), S.33
43 Vgl. Friedman, M. (1965), S.54f.
44 Vgl. Smith, W.L. (1966), S.427
45 Vgl. Rolph, E.R. (1957) S.311ff.
46 Vgl. Musgrave, R.A. (1958), S.126ff.

Betracht kommen, um ein bestimmtes Liquiditätsniveau der Volkswirtschaft zu möglichst geringen Zinskosten über die Instrumente der Schuldenstrukturpolitik zu erreichen. Als essentielle Annahme liegt dem Modell zugrunde, daß die stabilitätspolitischen Ziele nicht durch andere wirtschaftspolitische Instrumente zu geringeren Kosten erreicht werden können[47]. Geldmenge und Fiskalpolitik werden daher als gegeben angesehen[48], und allein dem Debt Management obliegt es, durch eine antizyklische Schuldengestaltung das stabilitätspolitische Ziel zu anzustreben. Abb. 4.1 verdeutlicht den Zusammenhang von Zinskosten und Liquiditätswirkungen in Abhängigkeit von der Laufzeitzusammensetzung.

Abb. 4.1 Kreditkosten und Liquiditätswirkungen der Staatsschuld

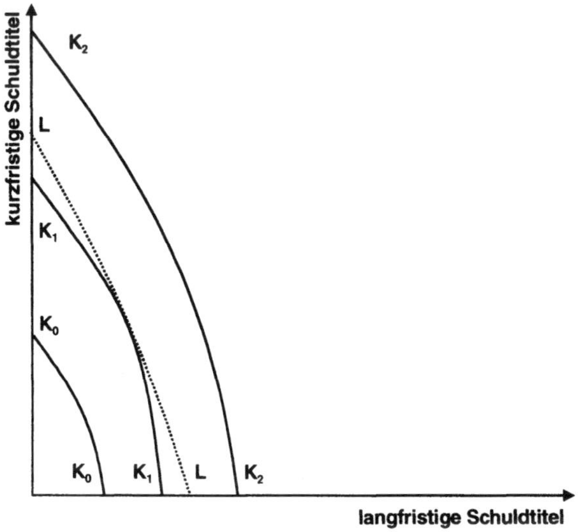

Darstellung nach Rolph (1957) und Musgrave (1958)

Die Kurvenverläufe K_0K_0 bis K_2K_2 kennzeichnen verschiedene Isokostenkurven der Staatsverschuldung. Je höher eine Isokostenkurve liegt, desto höher sind die mit ihr verbundenen Zinskosten. Im Falle einer normalen Zinsstruktur, bei der die langfristige Zinssätze oberhalb der kurzfristigen liegen[49], ist der Verlauf einer Isokostenkurve konkav mit einer Steigung von strikt kleiner -1. Die Steigung ist negativ, da beide Schuldtitel einen positiven Preis haben. Bei konstanten gesamten Zinszahlungen werden die Gläubiger nur dann einem weiteren Verzicht auf Liqui-

47 Vgl. Musgrave, R.A. (1958), S.132
48 Vgl. Rolph, E.R. (1957), S.312
49 Vgl. Anker, P. (1993), S.25

dität in Form eines kurzfristigen (langfristigen) Schuldtitels zustimmen, wenn die Menge der langfristigen (kurzfristigen) Schuldtitel reduziert wird. Weiter läßt sich folgern, daß bei konstanten Zinskosten für jede neue langfristige Schuldeneinheit mehr als eine kurzfristige Schuldeneinheit aufgegeben werden muß. Von einer Konkavität des Kurvenverlaufs kann ausgegangen werden, da die Bedeutung der einzelnen kurzfristigen Wertpapiere als geldnahe Vermögensgegenstände wächst, je stärker kurzfristige Wertpapiere gegen langfristige getauscht werden. In einem solchen Prozeß müssen die Anleger also für den zunehmenden Liquiditätsverlust in Form stärker ansteigender Zinszahlungen entschädigt werden, die Bewegung nach rechts verläuft zunehmend steiler.[50]

Die Isoliquiditätskurve (oder Isonutzenkurve) LL bezeichnet die Kombinationen von Schuldtiteln, bei denen die für die privaten Konsum- und Investitionsausgaben relevante Liquiditätsausstattung der Volkswirtschaft jeweils identisch ist. Da beide Formen der Schuldtitel das private Investitions- und Konsumverhalten beschränken, muß aus den analogen Überlegungen wie bei der Isokostenkurve ein fallender Verlauf der Isoliquiditätskurve resultieren. Bei einer Ausdehnung der langfristigen Titel kann das gegebene Ausgabenvolumen nur bei einer Reduzierung kurzfristiger Schuldtitel aufrecht erhalten werden und umgekehrt. Durch die Anlage in langfristigen Wertpapieren wird den Wirtschaftssubjekten somit mehr Liquidität (im qualitativen Sinne) entzogen als mit kurzfristigen Wertpapieren, die Grenzrate der Substitution von kurz- zu langfristigen Titeln ist damit kleiner als -1[51]. Kann man weiter davon ausgehen, daß mit abnehmendem Anzahl von kurzfristigen Schuldtiteln ihre geldnahen Eigenschaften an Bedeutung gewinnen, so liegt auch für die Isoliquiditätskurve ein konkaver Verlauf vor[52].

Soll ein bestimmtes vorgegebenes, aus stabilitätspolitischen Gründen als optimal angesehenes Liquiditätsniveau zu minimalen Zinskosten erreicht werden, bestimmt der Tangentialpunkt der Kurven die optimale Aufteilung der Laufzeiten. Aus der Konkavität beider Kurvenverläufe ergibt sich jedoch das analytisch nicht voll befriedigende Ergebnis, daß möglicherweise mehrere Zusammensetzungen der Schuldenstruktur optimal sind. Ist die Isoliquiditätskurve stärker gekrümmt als die Isokostenkurve, bildet mindestens einer der Eckpunkte das Optimum. Bei gleicher Krümmung fallen Isokosten- und Isoliquiditätskurve sogar zusammen, es existieren damit beliebig viele Optima. Lediglich bei einer stärkeren Krümmung der Isokostenkurve wie in Abb. 4.1 ist die Erzielung eines eindeutigen Ergebnisses

---

50 Vgl. Musgrave, R.A. (1959), S.601f. und Rolph, E.R. (1957), S. 314f.

51 Vgl. Milbradt, G.H. (1975), S.59

52 Vgl. Rolph, E.R. (1959), S.404 und Friedman, R.M. (1959), S.402f.

gewährleistet.[53] Das Optimierungsmodell erweckt bis zu dieser Stelle (an der die Darstellungen von Rolph und Musgrave abbrechen) den Eindruck, daß die Aufgabe eines antizyklisch ausgerichteten Debt Managements darin besteht, das vorgegebene Liquiditätsziel zu minimalen Kosten zu erreichen[54]. Nahezu vollständig vernachlässigt[55] wird dabei die oberste Pflicht der Deckung des staatlichen Kreditbedarfs. Eine Bewegung auf den Kurven entspricht nicht nur einer Schuldenstrukturanpassung, sondern gleichzeitig einer Variation des eingegangenen Schuldenvolumens, und sie stellt damit eine unzulässige Abweichung von der reinen Schuldenstrukturpolitik dar.

Abb. 4.2 Kreditkosten und Liquiditätswirkung unter einer Fundierungsrestriktion

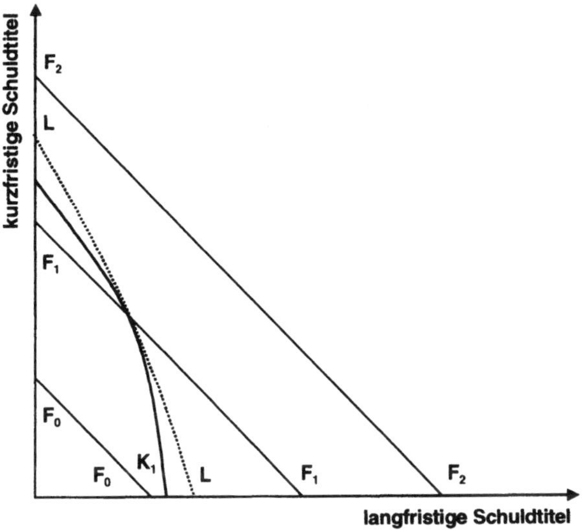

Darstellung nach Rolph (1957) und Musgrave (1958)

Wird die exakte Deckung des staatlichen Kreditbedarfs als zusätzliche Restriktion in das Modell eingefügt, so zeigt sich das Handlungsspektrum deutlich einge-

53 Vgl. Milbradt, G.H. (1975), S.60f.; bis zur Korrektur durch R.M. Friedman waren sowohl Rolph (vgl. Rolph, E.R. (1957), S.312f.) als auch Musgrave (vgl. Musgrave, R.A. (1958), S.127) von einem konvexen Verlauf der Isoliquiditätskurve ausgegangen, der sich jedoch auch durch spätere, nachgeschobene Erklärungsversuche nicht zufriedenstellend begründen läßt (vgl. Milbradt, G.H. (1975), S.60). Mit diesem konvexen Verlauf wären freilich "bequemere", durch die Tangentialbedingung bestimmte, eindeutige Lösungen zu erzielen gewesen.

54 Vgl. Tobin, J. (1963), S.411

55 Lediglich Rolph berücksichtigt am Rande diese Restriktion, ohne sie aber zu problematisieren.

schränkt. In der graphischen Darstellung (Abb. 4.2) wird diese Restriktion durch eine 45°-Linie, die Isofundierungskurve, in Höhe des vom Staat emittierten Volumens staatlicher Schuldtitel berücksichtigt.

Wie in Abb. 4.2 ersichtlich wird, kann sich zwischen der gewünschten Isoliquiditätskurve LL und der erforderlichen Isofundierungslinie F_1F_1 maximal ein Schnittpunkt bilden, da die Steigung der Isoliquiditätskurve strikt steiler als die der 45°-Linie ist. Ein gemeinsamer Schnittpunkt muß aber nicht zwingend existieren. Durch die Linien F_0F_0 und F_2F_2 werden exemplarisch zwei Schuldenstände repräsentiert, bei denen keine Übereinstimmung mit der gewünschten Liquidität LL konstruierbar ist. Für das Debt Management bedeutet dies, daß es mit dem zu gestaltenden Schuldenstand nicht in der Lage ist, ausreichend Liquidität zu entziehen (F_0F_0) bzw. zwingend ein zu großes Volumen absorbiert (F_2F_2). Die Einfügung alternativer Fundierungsrestriktionen zeigt damit die Grenzen der Betreibbarkeit einer antizyklischen Schuldenstrukturpolitik über das Debt Management auf. Nur eingeschränkt ist das Debt Management aufgrund der verfügbaren schuldenstrukturpolitischen Maßnahmen in der Lage, allein die angestrebte Stabilisierungspolitik zu betreiben. In den aufgezeigten Fällen müßten weitere Instrumente wie die Geld- oder Fiskalpolitik zur Zielerreichung herangezogen werden.

Die Einführung der Isofundierungslinie ist darüber hinaus instruktiv, um die effektive Bedeutung des fiskalischen Ziels im Falle einer antizyklischen Schuldengestaltung zu verdeutlichen. Existiert ein Schnittpunkt zwischen Isofundierungslinie und Isoliquiditätskurve, so ist die Schuldenstruktur durch diese Lösung determiniert. Unter Verwendung der hier betrachteten Finanzierungsformen und bei gegebenen Marktzinsen ist infolgedessen ebenso die Höhe der Kreditkosten determiniert. Es besteht damit unter den getroffenen Annahmen kein Gestaltungsfreiraum, der durch eine Laufzeitenvariation zum Zwecke einer Kreditkostenminimierung ausgefüllt werden könnte. Selbst wenn also das fiskalische Ziel formal von den Vertretern eines solchen antizyklischen Schuldenstruktur als anstrebenswert deklariert wird, hat es auf die Schuldengestaltung keinerlei Einfluß. Das Bemühen um möglichst geringe Kreditkosten reduziert sich auf die (sofern möglich) Aushandlung eines marktgerechten Zinssatzes für die festgelegten Schuldformen. Bezogen auf das Optimierungskalkül des dargestellten Modells bedeutet dies im Endeffekt, daß keine Erreichung des Stabilitätsziels zu minimalen Kosten, sondern die Deckung der staatlichen Kreditbedarfs mit maximaler Stabilitätswirkung angestrebt wird.

4.3 Fiskalische Ausrichtung

Am weitesten dem stabilitätspolitischen Ansatz entgegengesetzt ist das Bestreben, mit der Schuldenstrukturierung die Zinskosten der öffentlichen Verschuldung zu minimieren. In der reinen Auslegung der fiskalischen Ziels werden abgesehen von dem Oberziel keine anderen Ziele dem Postulat der Zinskostenminimierung systematisch übergeordnet – eine Position, der eine besonders hohe Anhängerschaft bei den zuständigen Abteilungen der Finanzbehörden und -ministerien unterstellt worden ist[56].

Mit der Verfolgung der fiskalischen Ausrichtung ist, anders als man vermuten könnte, in der Regel keine grundsätzliche Infragestellung stabilitätspolitischer Ziele verbunden. Selbst ihre Vorrangigkeit gegenüber anderen Zielen sowie ihre prinzipielle Durchsetzbarkeit in der allgemeinen Wirtschaftspolitik werden nicht bestritten. Die für die traditionelle Theorie zur Schuldenstrukturpolitik typische Zieldiskussion zwischen beiden Zielen wird hier ebenso wie bei dem stabilitätspolitischen Ansatz geführt, resultiert aber im Gegensatz zum vorangegangenen Kapitel in der Auffassung der Nachrangigkeit der stabilitätspolitischen Ausrichtung für das Debt Management. Begründbar ist eine solche Auffassung über zwei Wege:

(1) Das Debt Management kann sich auf die Zinskostenminimierung konzentrieren, wenn keine bzw. lediglich unbedeutende gesamtwirtschaftliche Wirkungen von der Schuldenstrukturierung auf die Gesamtwirtschaft ausgehen.

(2) Trotz bestehender stabilitätspolitischer Wirkungen ist eine fiskalische Ausrichtung innerhalb des Debt Managements möglich, wenn über andere wirtschaftspolitische Instrumente oder Aufgabenträger eine effizientere Stabilitätspolitik betrieben werden kann.

Der erste Begründungsansatz impliziert, daß die im stabilitätsorientierten Ansatz hervorgehobenen Transmissionsmechanismen nicht existieren oder aufgrund der relativ geringen Bedeutung der öffentlichen Schuld nicht ausgelöst werden. Wie dargestellt, bildet aber die Auffassung einer bedeutenden Rolle des Staates am Finanzmarkt eine gemeinsame Grundlage aller traditionellen Theorien zur Schuldenstrukturpolitik, weshalb das letzte Argument nicht greift. Daneben wird ebenso die relative Bedeutung der Transmissionsmechanismen der Schuldenstrukturierung von den Vertretern eines fiskalisch ausgerichteten Debt Managements nur in Einzelfällen als gering eingeschätzt. Bezogen etwa auf den interest-sensitivity-of-investment-channel wird zu bedenken gegeben, daß der prinzipiell nachvollzieh-

[56] Vgl. Milbradt, G.H. (1975), S.21

bare Wirkungszusammenhang an einige wesentliche Bedingungen geknüpft ist. Nicht nur, daß ein Einfluß des Staates auf das Zinsgefüge gesichert sein muß, vielmehr muß daneben speziell der langfristige Zinssatz tatsächlich die ihm zugesprochene Bedeutung für die privaten Investitionsplanungen aufweisen. Anderenfalls wäre zu berücksichtigen, daß es bei jedem expansiven (kontraktiven) Impuls durch den langfristigen Zinssatz auch zu einem kontraktiven (expansiven) Impuls bei den kurzfristigen Zinsen kommt[57]. Diese gegenläufigen Effekte würden die Wirksamkeit der Einflußnahme auf den langfristigen Zinssatz zum Teil konterkarieren, selbst wenn in der Regel davon ausgegangen wird, daß der Einfluß des langfristigen Zinssatzes weiterhin dominiert[58].

In der Mehrzahl der Argumentationen zugunsten eines fiskalisch dominierten Debt Managements findet keine derartige Negierung der stabilitätspolitischen Wirkungen der Schuldenstrukturierung statt. Vielmehr findet der zweite Begründungsweg Anwendung, in dem unterstellt wird, daß andere Instrumente kostengünstiger als das Debt Management für das Stabilitätsziel eingesetzt werden können. Im Mittelpunkt der Argumentation steht das Verhältnis zwischen Schuldenstruktur- und Geldpolitik: Mit letzterer sei die Zentralbank in der Lage, die angestrebte Stabilisierungspolitik effizienter zu erreichen, als es dem Debt Management möglich wäre. Die Begründung für diese Behauptung bezieht sich auf den engen wirkungstechnischen Zusammenhang zwischen Geld- und Schuldenstrukturpolitik. Beide Politiken, so konstatieren einhellig Gegner und Befürworter einer antizyklischen Schuldenstrukturpolitik, sind wirkungstechnisch eng miteinander verbundene Instrumente. Beide Politiken stellen hinsichtlich ihrer Stabilitätsaufgabe auf die Veränderungen der gleichen gesamtwirtschaftlichen Zwischenziele (der Zinsen und der Liquidität) ab und bedienen sich dadurch grundsätzlich der gleichen Wirkungskanäle zwischen realen und monetären Sektoren[59]. Die bereits betrachteten Wirkungskanäle wie der Kreditkostenansatz oder der liquidity-sensitivity-of-spending channel sind aus der postkeynesianischen Geldtheorie adaptiert, und auch der Roosa-Effekt ist ursprünglich im Zusammenhang mit Änderungen der langfristigen Zinsen durch die Geldpolitik entwickelt worden.[60] Für die Theorie des Debt Management würden die entsprechenden Modelle lediglich an das schuldenstrukturpolitische Instrumentarium angepaßt. Ist nun die Geldpolitik in der Lage, allein die stabilitätspolitischen Pflichten des Staates zu erfüllen, so die Argumentation, dann sollte sich das Debt Management auf die Minimierung seiner Kreditkosten konzentrieren. Selbst mögliche prozyklische Wirkungen der Schuldenstrukturpolitik könnten dann gegebenenfalls von der Zentralbank aufge-

---

57 Vgl. Smith, W.L. (1966), S.425

58 Vgl. Caspritz, K. (1972), S.111 und Wissenschaftlicher Beirat beim BMF (1979), S.50f.

59 Vgl. Tobin, J. (1963), S.380f. und S.441

60 Vgl. Milbradt, G.H. (1975), S.31ff.

fangen werden. Grundsätzlich wäre das Debt Management somit im Hinblick auf seine stabilitätspolitischen Aufgaben ersetzbar.[61] Ausschließlich mit der theoretischen Ersetzbarkeit der Schuldenstrukturpolitik durch die Geldpolitik läßt sich aber noch keine Befreiung des Debt Managements von seinen stabilitätspolitischen Aufgaben ableiten. Als weiterreichende Kriterien sind zu prüfen, ob die Instrumente hinsichtlich ihres Wirkungsgrades differieren oder mit unterschiedlichen Kosten verbunden sind.

In bezug auf die Wirksamkeit erscheint es auf den ersten Blick nachvollziehbar, der Geldpolitik bessere Möglichkeiten der Stabilisierung zuzuordnen als der Schuldenstrukturpolitik. Während die Schuldenstrukturpolitik lediglich den Liquiditätsgrad der mengenmäßig festgelegten Staatsschuldentitel beeinflussen kann, verändert eine Geldmengenvariation darüber hinaus die quantitative Ausstattung der Volkswirtschaft mit liquiden Vermögensgegenständen – ein Aspekt, der für die Geldpolitik der Zentralbank spräche. Uneinigkeit herrscht aber bei der Beurteilung der qualitativen Unterschiede. So können sich die Geld- und die Schuldenstrukturpolitik hinsichtlich der Folgen für die Zinsstruktur unterscheiden: Bei einer expansiven[62] Geldpolitik ist ein Sinken sowohl der kurz- als auch der langfristigen Zinsen zu erwarten. Durch die unterstellte stärkere Schwankung der langfristigen Zinssätze würde die Zinsdifferenz zunehmen. Da somit die unterschiedlichen Schuldtitel schlechtere Substitute füreinander werden, erhöht sich tendenziell die Geldnachfrage. Unbeachtet der Stärke dieses gegenläufigen Effektes ist dies nicht der Fall bei der Schuldenstrukturpolitik. Im Gegenteil: Eine expansiv ausgerichtete Verkürzung der durchschnittlichen Restlaufzeit bewirkt, wie oben gesehen, eine Annäherung der beiden Zinssätze.[63] Erneut stimmen Gegner und Befürworter der fiskalischen Ausrichtung in der Annahme der Existenz eines derartigen Zusammenhangs überein. Allerdings interpretiert Stein eine Veränderung der Zinsstruktur als eine Quelle der Instabilität, da Unsicherheiten für Investoren erzeugt würden[64], während die Vertreter einer antizyklischen Schuldenstrukturpolitik bewußt nicht allein die Liquiditätswirkungen, sondern flankierend ebenso die dargestellten Zinsstruktureffekte zur Liquiditätssteuerung nutzen möchten[65].

Ähnlich uneins sind sich beide Parteien hinsichtlich der entstehenden Kreditkosten, die mit den gegenseitig substituierbaren Politiken jeweils verbunden sind. Nach Auffassung der Vertreter eines fiskalischen Debt Managements scheint der

---

61 Vgl. Smith, W.L. (1966), S.429f.
62 Für den kontraktiven Fall gilt jeweils das Gegenteil.
63 Vgl. Caspritz, K. (1972), S.175f. und Stein, H. (1958), S.100
64 Vgl. Stein, H. (1958), S.100
65 Vgl. Milbradt, G.H. (1975), S.37

Vergleich eindeutig auszufallen: Während von ihnen die Bedeutung der Kreditkosten eines antizyklischen Debt Managements als Belastung des öffentlichen Haushalts betont wird, bleiben etwaige Kosten der Geldpolitik häufig völlig unberücksichtigt[66]. Implizit wird durch den beschrittenen Argumentationsweg unterstellt, eine geldpolitische Gestaltung über die Zentralbank sei zu vernachlässigbaren Kosten durchführbar und damit stets kosteneffizient. Eine derartige Auffassung als zentrale Basis für eine spezifische Ausrichtung des Debt Managements zu nutzen ist jedoch angesichts der damit verbundenen Verallgemeinerung zumindest problematisch. Grundsätzlich kann die Geldpolitik der Zentralbank ebenso wenig wie die Schuldenstrukturpolitik des Debt Managements als kostenlos für die öffentlichen Haushalte angesehen werden. In Form der Wirkungen auf die Gewinne der Zentralbank, die an den Bundeshaushalt abzuführen sind, existieren fiskalische Effekte der Geldpolitik, die den Kosten der Schuldenstrukturpolitik gegenüberzustellen sind. Selbst wenn aus den obigen Argumentationen eine höhere quantitative Wirksamkeit der Geldpolitik abgeleitet werden kann, ist es also nicht möglich, in einem zweiten Schritt daraus einen Schluß auf die Kosten der Stabilitätspolitik zu ziehen, wie Milbradt zurecht einwendet.[67] Zur Bestimmung des effizienten Einsatzes der geldpolitischen Instrumente, unabhängig davon, ob sie der Zentralbank oder dem Debt Management zuzuordnen sind, sind neben den relativen Wirkungsstärken ebenso die relativen Kosten der Instrumente von Bedeutung. Das Optimum bestimmt sich letztlich daraus, mit welchen Instrumenten der größte Stabilisierungseffekt pro aufgewendeter Kosteneinheit erzielt werden kann[68].

An dieser Stelle zeigt sich überraschend ein Anknüpfungspunkt an der stabilitätsorientierten Ansatz. Anhand des Optimierungsmodells von Musgrave und Rolph wurde graphisch bereits die Abwägung zwischen lang- und kurzfristigen Schuldtiteln als Stabilisierungsinstrumente im Hinblick auf ihre antizyklische Wirkung unter Berücksichtigung der mit ihnen verbundenen Kosten vollzogen. In der argumentatorischen Erweiterung auf einen Mehrinstrumente-Fall, in dem die in der ursprünglichen Betrachtung von Rolph und Musgrave annahmegemäß ausgeschlossenen geld- und fiskalpolitischen Instrumente berücksichtigt werden können, wird zugestanden, daß auf eine antizyklische Schuldenstrukturierung zugunsten der Kreditkostenminimierung verzichtet werden kann, ja sogar sollte, wenn mit der Geldpolitik oder einem dritten Instrument das gesamtwirtschaftlich gewünschte Stabilitätsniveau kostengünstiger erreicht werden kann. Vor diesem Hintergrund kann der fiskalische Ansatz als ein Spezialfall der stabilitätsorien-

---

66 Vgl. Smith, W.L. (1966), S.428f. und Stein, H. (1958), S.101

67 Vgl. Milbradt, G.H. (1975), S.36

68 Für konkretere Beschreibungen der und Auseinandersetzungen mit den Optimalitätsbedingungen vgl. Rolph, E.R. (1957), S.302, S.317, Rolph , E.R. (1959), S.404f. und Friedman, R.M. (1959), S.403

tierten Ausrichtung aufgefaßt werden[69], als Fall, bei dem ein anderes wirtschaftspolitisches Instrument das Liquiditätsziel kostengünstiger als das Debt Management erreichen kann und zugleich etwaige prozyklische Wirkungen der Schuldenstrukturpolitik auffangen kann. Umgekehrt ist es aber ebenso möglich, diese Argumentation auf die antizyklische Schuldenstrukturierung, wie sie im Modell von Rolph und Musgrave dargestellt wurde, zu beziehen. Sie stellt dann den Spezialfall dar, daß mit dem Debt Management eine effizientere Stabilitätspolitik betrieben werden kann als über andere Politiken, daß sie also über das kostengünstigste Instrumentarium für eine Stabilisierungspolitik verfügt. Nur dann ist es nach Maßgabe des stabilitätspolitischen Ansatzes gerechtfertigt, eine ausschließlich antizyklische Schuldenstrukturierung anzustreben. Doch bevor der Eindruck erweckt wird, beide Ansätze seinen zwei Seiten derselben Medaille, sei noch einmal auf die inhaltlichen Differenzen der Ansätze verwiesen. Lediglich im Ergebnis ist es möglich, daß stabilitätspolitischer und fiskalischer Ansatz harmonieren. Ist dies nicht der Fall, ergeben sich für das Debt Management (und dies ist zugleich die Ursache für die Kontroversität, mit der die Ansätze diskutiert worden sind) deutliche Unterschiede in den Schuldengestaltungen, die jeweils mit den beiden Ansätzen verbunden sein können.

Welche konkrete Schuldenstrukturierung mit der Ausrichtung auf das fiskalische Ziel verbunden ist, ergibt sich aus dem Prozeß der Kreditkostenminimierung, der alles andere als trivial ist. Da es sich bei der Verschuldung des Bundes um eine langfristige, wenn nicht dauerhafte Belastung handelt, ist ein in die Zukunft gerichtetes Optimierungsverfahren notwendig. Es reicht nicht aus, etwa auf das Modell von Rolph und Musgrave zurückzugreifen und die Minimalkostenkombination auf der Isofundierungskurve zu ermitteln. Aufgrund der strikt geringeren Steigung der Isokostenkurve würde in dem statischen Modell stets die Randlösung einer ausschließlichen Verschuldung in kurzfristigen Titeln angestrebt werden. Berücksichtigt man zusätzlich zukünftige Entwicklungen mit sich verändernden Marktzinsen, die angesichts der vermuteten Dauerhaftigkeit der öffentlichen Schuld von Bedeutung sind, kann ebenso eine langfristige Verschuldung kostenminimierend wirken. Selbst bei einer unterstellten normalen Zinsstruktur kann eine langfristige Verschuldung etwa dann kostengünstiger sein als eine Folge kurzfristiger Schuldtitel, wenn in Zukunft mit steigenden Zinssätzen zu rechnen ist. Mit den kurzfristigen Schuldformen ist stets die Notwendigkeit verbunden, sich früher als mit den langfristigen Titeln zu refinanzieren. Im angesprochenen Szenario wachsender Zinsen bedeutet dies eine Refinanzierung zu verschlechterten Konditionen, die möglicherweise die vormals fixierten langfristigen Zinsen günstig werden lassen. Stellt man eine Verbindung zwischen Zins- und Konjunkturentwicklung her, so läßt sich ähnlich wie bei dem antizyklischen Ansatz ein

[69] Vgl. Milbradt, G.H. (1975), S.76

Verhaltensmuster für ein fiskalisch ausgerichtetes Debt Management erstellen, das als Marktanpassung (*tailoring the debt to the market*) zu interpretieren ist: In Hochkonjunkturphasen mit vergleichsweise hohem Zinsniveau wird das Debt Management eine vorrangig kurzfristige Verschuldung anstreben, um möglichst schnell von folgenden Zinssenkungen profitieren zu können. Entgegengesetzt wird in Niedrigzinsphasen einer Rezession ein Engagement in langfristigen Titeln angestrebt, um sich die kostengünstigen Verschuldungsmöglichkeiten nachhaltig zu sichern.[70] Für eine konkrete Handlungsanweisung an das Debt Management ist diese Schematisierung zwar zu allgemein, sie informiert aber über die Tendenz der fiskalischen Ausrichtung, durch eine Marktanpassung eine dem antizyklischen Ansatz vollständig entgegengesetzte Schuldenstruktur aufzubauen. Genau dann, wenn nach dem antizyklischen Ansatz eine Laufzeitverlängerung (-verkürzung) zur Konjunkturdämpfung (-förderung) angestrebt wird, bemüht sich ein fiskalisches Debt Management primär um die Nutzung kurzfristiger (langfristiger) Schuldtitel.

Bei einer differenzierteren Ableitung der optimalen Schuldenstruktur einer fiskalischen Zielverfolgung sind neben reinen konjunkturinduzierten Zinsbewegungen weitere Einflüsse und Kostenfaktoren zu berücksichtigen, die den Bemühungen um eine Kreditkostensenkung durch Umstrukturierungen Grenzen setzen. So ist zum einen zu berücksichtigen, daß aufgrund der unterstellten relativ großen Bedeutung des Bundes als Schuldner sich die Umstrukturierungen ihrerseits auf die Zinsstruktur auswirken. Sobald das Debt Management vorteilhafte Zinsdifferenzen zwischen unterschiedliche Laufzeiten erkannt hat, kann es diese zwar ausnutzen, im gleichen Schritt gleicht es jedoch über seine Einflußnahme die Zinssätze an. Abhängig von dem Verhältnis zwischen Marktgröße und der Höhe der öffentlichen Schuld kann die Beeinflussung des Kapitalmarktes derart stark sein, daß eine vollständige Umstrukturierung nicht kostenminimal ist[71]. Ferner hat der Bund mit zusätzlichen Kosten der Kurspflege zu rechnen, die bei einer konstanten Schuldenstruktur nicht entstünden. Infolge massiver Umstrukturierungsmaßnahmen können harte Kursverfälle ausgelöst werden, die der Bund durch die sich selber auferlegte Verpflichtung zur Kurspflege zu dämpfen hat.[72] Im weitesten Sinne können die Marktpflegekosten gemeinsam mit anderen Aufwendungen, die mit der Ausgabe und Rücknahme öffentlicher Wertpapiere verbunden sind, zu den Transaktionskosten der Schuldenstrukturpolitik gezählt werden. Als Komponente der Kreditkosten sind die Transaktionskosten insbesondere dann zu berücksichtigen, wenn eine Umstrukturierung durch eine aktive Auflösung bestehender Schuldverhältnisse eingeleitet wird. Selbst wenn sich Außenstehenden mangels

---

[70] Vgl. Hansmeyer, K.-H./Mackscheidt, K. (1970), S.242 und Smith, W.L. (1966), 429f.
[71] Vgl. Tobin, J. (1963), S.428
[72] Vgl. Hansmeyer, K.-H./Mackscheidt, K. (1970), S.244

Datenmaterials die relative Bedeutung der Transaktions- im Vergleich zu den Zinskosten nicht erschließt, stellen sie einen Faktor dar, der tendenziell zu einer Stabilisierung bestehender Schuldenstrukturen beiträgt[73].

Eine spezielle Schwierigkeit im Zuge der Kreditkostenminimierung ist die Frage, wie die Debt Manager Unsicherheiten bzw. Risiken hinsichtlich der Zinsentwicklung in ihren Bemühungen der Kreditkostenminimierung einbeziehen sollten. Da das Optimierungskalkül bei einer dauerhaften Schuld zwangsläufig Zeiträume umfaßt, deren Ereignisse zum Entscheidungszeitpunkt unbekannt sind, ist eine Auseinandersetzung mit Unsicherheiten unvermeidbar. In der Literatur zum Debt Management bleiben derartige Einflüsse jedoch in der Regel unberücksichtigt. Implizit werden damit die Zinsentwicklungen für den relevanten Entscheidungszeitraum offenbar als gut prognostizierbar eingeschätzt – ansonsten wäre eine Risikoabwägung unverzichtbar. Als einziger Vertreter der traditionellen Theorie zur Schuldenstrukturpolitik spricht Tobin die Risikoproblematik an und vertritt die Auffassung, daß das Debt Management prädestiniert sei, als Selbstversicherer zu agieren, und dadurch auf eine Absicherung von Risiken gegen eine Prämie verzichten könnte. Das Debt Management sollte sich demnach strikt risikoneutral verhalten und ausschließlich die erwarteten Zinsentwicklungen in seine Betrachtungen einbeziehen, Schwankungsstärken oder andere Risikomaße dagegen unberücksichtigt lassen.[74] Welche Problematik mit der vollständigen Vernachlässigung der Risiken verbunden ist und welche alternativen Berücksichtigungen möglich sind, wird noch im Zusammenhang mit der Implementierung von Finanzderivaten in die Schuldenstrukturpolitik ausführlicher zu diskutieren sein. Für die traditionelle Theorie zur Schuldenstrukturpolitik läßt sich jedenfalls festhalten, daß Zinsrisiken weitgehend unbeachtet bleiben.

4.4 Neutralitätsansatz

Als dritte Position innerhalb der traditionellen Theorie zur Schuldenstrukturpolitik hat sich der Neutralitätsansatz etabliert, der den typischen Konflikt zwischen fiskalischen und antizyklischen Schuldenstrukturierungen nicht zugunsten der einen oder anderen Seite entscheidet, sondern im Endeffekt beide "Spezialisierungen" verwirft. Dabei erkennt der Neutralitätsansatz grundsätzlich die konjunkturellen Einflüsse des Debt Managements (insbesondere auf die gesamtwirtschaftliche Liquidität) an, wie sie bei der stabilitätspolitischen Ausrichtung zugrundegelegt werden, und teilt deren Einschätzung der Bedeutung der Schuldenstrukturpolitik für das gesamtwirtschaftliche Gleichgewicht.[75] Auf der anderen Seite wird das

---

73 Vgl. Culbertson, J.M., (1957), S.490
74 Vgl. Tobin, J. (1963), S.428
75 Vgl. Wallich, H.C. (1946), S.304 und Friedman, M. (1965), S.53f.

Argument der Substituierbarkeit der Schuldenstrukturpolitik durch die Geldpolitik der Zentralbank, wie es von der fiskalischen Ausrichtung verwendet wird, aufgegriffen und sogar verstärkt. Während Stein lediglich argumentiert, mithilfe des Debt Managements sei keine elementare Erweiterung des geldpolitischen Handlungsspielraums möglich[76], formuliert Friedman den Zusammenhang schärfer. Nach seiner Auffassung sind die Offenmarktpolitik (als ein Instrument der Zentralbank) und die Schuldenstrukturpolitik lediglich "different names for the same monetary tool, wielded in the one case by the Federal Reserve System, in the other, by the Treasury."[77] Mit der Offenmarktpolitik ist die Zentralbank beispielsweise in der Lage, durch den Kauf langfristiger und den gleichzeitigen Verkauf kurzfristiger öffentlicher Wertpapiere eine identische Veränderung der Schuldenstruktur zu generieren, wie sie über das Debt Management durch eine Umstrukturierungsmaßnahme erzielbar wäre.[78] Streng genommen bedeutet daher die Aussage von Friedman, daß eine Abwägung der stabilitätspolitischen Eignungen von Schuldenstrukturpolitik und Offenmarktpolitik der Zentralbank zugleich einer Gegenüberstellung alternativer Instrumente innerhalb der Geldpolitik entspricht. Daß Offenmarktpolitik und Schuldenstrukturpolitik dennoch keine synonymen Begriffe darstellen, ist allein den rechtlichen Beschränkungen, wie beispielsweise der Nichtzulässigkeit einer Ausgabe von festverzinslichen Wertpapieren durch die Zentralbank, zuzuschreiben, welche die Tätigkeitsbereiche beider Institutionen bestimmen.[79] Um Änderungen der Schuldenstruktur nachempfinden zu können, ist die Geldpolitik der Zentralbank daher in ihren strukturpolitischen Handlungsmöglichkeiten von der Erstausstattung des Kapitalmarktes mit öffentlichen Schuldtiteln abhängig. Durch die Formen der primären Kapitalbeschaffung des Debt Managements wird das Spektrum der möglichen Schuldenstrukturen bestimmt, innerhalb dessen die Zentralbank Einfluß auf die effektive Zusammensetzung der Schuldenbeziehung zwischen öffentlichem Haushalt und privatem Sektor nehmen kann.

Der weitgehende Wirkungsverbund des Schuldenstrukturpolitik mit der Offenmarktpolitik führt unmittelbar zu dem Problem der Koordination von Debt Management und Zentralbank. Wenn beide Institutionen vollständig voneinander getrennt agieren, verzerrt jede Veränderung der Schuldenstruktur, unabhängig davon ob sie antizyklisch oder fiskalisch motiviert ist, zwangsläufig die geldpolitischen Maßnahmen der Zentralbank. Absprachen zwischen beiden (gegenseitig nicht

---

76 Vgl. Stein, H. (1958), S.99

77 Friedman, M. (1965), S.52

78 Der Wissenschaftliche Beirat vermutet sogar eine Überlegenheit der Bundesbank bezüglich der Umstrukturierung einer bestehenden Schuldenzusammensetzung, da er ihr Informationsvorteile im Handel mit öffentlichen Wertpapieren zugesteht. (vgl. Wissenschaftlicher Beirat beim BMF (1979), S.42)

79 Vgl. Friedman, M. (1965), S.56

weisungsbefugten) Institutionen erscheinen daher anstrebenswert, bergen aufgrund unterschiedlicher Zielsysteme und Interessen jedoch Gefahren fehlender Kompatibilitäten und zeitlicher Verzögerungen der Entscheidungen. Wie die fehlende Abstimmung der unterschiedlichen Gebietskörperschaften belegt, scheint selbst eine Koordinierung zwischen Institutionen mit ähnlich gelagerten Zielen problematisch zu sein[80]. Um derartige Probleme und zugleich eine Konterkarierung der Stabilitätspolitik der Zentralbank durch das Debt Management zu vermeiden, empfehlen die Vertreter des Neutralitätsansatzes, die konjunkturpolitische Einflußnahme des Debt Managements vollständig ruhen zu lassen. In der Begründung, weshalb die Schuldenstrukturpolitik hinter der Geldpolitik durch die Zentralbank trotz der wirkungstechnischen Gleichwertigkeit zurückstehen sollte (und nicht etwa umgekehrt), wird auf die durch institutionelle Regelungen stärkere Handlungsbeschränktheit des Debt Managements hingewiesen, aus der auf eine größere Wirksamkeit der Geldpolitik insgesamt geschlossen wird. Anders als das entsprechende Argument des fiskalischen Ansatzes, das die höhere quantitative Wirksamkeit der Geldpolitik in Verbindung mit ihren Kosten stellt (und dadurch dem Gegeneinwand von Milbradt ausgesetzt ist[81]), bezeichnet Friedman als Ursache der größeren Wirksamkeit der Zentralbankmaßnahmen ihre höhere Konsistenz und bessere Folgenabschätzung[82]. Eine einheitliche Stabilisierungspolitik ist einfacher durchführbar, wenn die Offenmarktpolitik zusammen mit den anderen geldpolitischen Maßnahmen in nur einer Hand liegt und keiner Koordination zweier unterschiedlicher Institutionen bedarf. Eine Übertragung der Aufgaben der Offenmarktpolitik auf das Debt Management würde das Koordinationsproblem mit anderen geldpolitischen Instrumenten nicht lösen. Es würde weiterhin ein Abstimmungsproblem existieren und das Debt Management dadurch selber zu einer Quelle möglicher Instabilitäten machen.[83]

Im zweiten Argument im Sinne einer geringeren Eignung des Debt Managements als geldpolitisches Instrument wird auf die relative Inflexibilität der öffentlichen Schuld hingewiesen[84]. Die Veränderung einer bestehenden Schuldenstruktur durch das Debt Management erfordert die Stillegung bereits ausgegebener sowie die Emission neuer Schuldtitel. Im Gegensatz zur Zentralbank, die im Rahmen der Offenmarktpolitik quasi als Händler der öffentlichen Wertpapiere tätig wird, hat das Debt Management die Rolle eines "Produzenten" der entsprechenden Titel inne. Ein Handel mit eigenen Wertpapieren im vergleichbaren Umfang wie von

80 Vgl. Neumann, M. (1960), S.342; Zu konkreten Möglichkeiten sowie Vor- und Nachteilen von Koordinierungen mit dem Debt Management vgl. OECD (1993), S.44

81 Vgl. Kap. 4.3

82 Vgl. Friedman, M. (1965), S.61

83 Vgl. Friedman, M. (1965), S.55

84 Dieser Aspekt wird auch von Musgrave, der dem stabilitätspolitisch orientierten Lager zuzurechnen ist, zugestanden (vgl. Musgrave, R.A. (1958), S.117)

der Zentralbank ist kaum denkbar, da das Debt Management stets die Deckung des öffentlichen Kreditbedarfs sichern muß und eigene Rückkäufe der Schuldtitel nicht unter Schaffung von Zentralbankgeld als unverzinslicher Schuld abwickeln kann. Die Aufwendigkeit von gezielten Veränderungen einer existierenden Schuldenstruktur verleiht der Schuldenstrukturpolitik den Charakter eines langfristigen Instruments, dessen Einsatz eine entsprechende weitblickende Planung erfordert.[85] Für eine kurzfristige antizyklische Wirtschaftspolitik wird statt dessen der flexibleren Geldpolitik der Vorzug gegeben.

Noch kritischer als eine antizyklisch motivierte Schuldenstrukturpolitik wird nach dem Neutralitätsansatz der Versuch einer Kostenminimierung beurteilt. Erneut greift das Argument, die Zentralbank könne aufgrund von Koordinationsproblemen keine adäquate Stabilisierungspolitik betreiben, wenn die geldpolitischen Impulse des Debt Managements aufgrund zielorientierter Strukturanpassungen nicht stetig seien. Die in dem fiskalischen Ansatz dargelegte Auffassung, über die Geldpolitik könnten etwaige prozyklische Effekte der Schuldenstrukturpolitik wieder ausgeglichen werden, wird daher nicht geteilt. Im Gegenteil werden Diversifikationen der Schuldeninstrumente und Ungleichmäßigkeiten der Schuldengestaltung, die mit den kostensenkenden Anpassungen an die Wünsche der Gläubiger und die Marktveränderungen verbunden sind, als Ursachen für zusätzliche Abstimmungsprobleme mit der Zentralbank eingestuft und für weitere Instabilitäten verantwortlich gemacht[86]. Neben diesen rein stabilitätsbezogenen Argumenten weist Gaines[87] auf die Konflikte der Kreditkostenminimierung mit dem Allokationsziel hin. Die mit der Zinsstruktur wechselnden Aktivitäten der Debt Managements am Kapitalmarkt können bei den weiteren Marktteilnehmern zu Unsicherheiten und ihrerseits veränderten Verhaltensweisen führen. Die wechselnde Konzentration auf Schuldformen mit niedriger Verzinsung ist dadurch nicht nur stabilitätspolitisch bedenklich, sondern sie steht gleichzeitig (sofern der Kapitalmarkt ohne Staatsaktivitäten effizient ist) in der Gefahr, eine ineffiziente Kapitallenkung zu erzeugen.

Weitere Skepsis in bezug auf die Vorteilhaftigkeit einer fiskalischen Schuldengestaltung, selbst wenn alle stabilitätspolitischen und allokativen Überlegungen zurückgestellt werden, formuliert erneut Friedman. Er bezweifelt grundsätzlich, daß das Debt Management für die Ermittlung der optimalen Schuldenstruktur prädestiniert sei. Wie bei anderen Gütern und Leistungen, die zur Erfüllung der öffentlichen Aufgaben genutzt werden, sollte der Staat ihre Erstellung nicht selber übernehmen, sondern statt dessen einem effizienten Wettbewerb überlassen, um eine

---

85 Vgl. Wallich, H.C. (1946), S.295 und S.309
86 Vgl. Friedman, M. (1965), S.60
87 Vgl. Gaines, T.C. (1962), S.206

kostenminimale Bereitstellung zu erreichen. Bezogen auf die öffentliche Verschuldung würde nach seiner Auffassung für eine kostenminimale Verschuldung das Debt Management mit der Versteigerung nur einer einzigen Schuldform prinzipiell seinen Aufgaben genügen. Die Aufteilung in andere Schuldformen und Laufzeiten würden eigenständig die Finanzintermediäre übernehmen, wenn sie sich bei den effektiven Gläubigern des öffentlichen Haushalts refinanzieren. Der Wettbewerb zwischen den Finanzintermediären als Ersterwerber der staatlichen Schuldtitel würde dazu führen, die emittierte, einzelne Schuldform in eine effiziente Struktur zu transformieren.[88] Aufgrund seines Vertrauens in einen funktionierenden Marktmechanismus erscheint Friedman die Erzielung eines effizienten Ergebnisses zwingend, im Gegensatz zu einer aktiven Schulden- und Kostenplanung durch eine staatliche Institution.

In der Summe bietet der fiskalische Ansatz für die Vertreter des Neutralitätsansatzes wenig attraktive Perspektiven: Den schwerwiegenden stabilitäts- und allokationsbezogenen Problemen steht lediglich eine vage Kreditkostenersparnis gegenüber. Zusammengefaßt mit den Mängeln von stabilitätspolitisch motivierten Schuldenstruktursteuerungen wird daher im Neutralitätsansatz der Schluß gezogen, daß jeglicher Impuls auf die Konjunktur problematische Konflikte mit der Zentralbankpolitik auslöst und daher vermieden werden sollte. Statt dessen soll durch eine Verstetigung der Kapitalbeschaffung und einer Vereinfachung des schuldenstrukturpolitischen Instrumentariums eine Kalkulierbarkeit der vom Debt Management ausgehenden Einflüsse erreicht werden. Um die Neutralität des öffentlichen Schuldenportfolios zu erreichen, formuliert insbesondere Friedman extreme Positionen im Hinblick auf eine Gestaltung des Debt Managements. Seine wichtigsten Forderungen beinhalten eine Beschränkung des schuldenstrukturpolitischen Instrumentariums auf lediglich zwei Schuldformen (jeweils eine zur Deckung des kurz- und langfristigen Finanzierungsbedarfs) sowie die frühzeitige Ankündigung bzw. Regelmäßigkeit ihrer Emissionsvolumina und -termine[89]. Selbst wenn andere Vertreter dieses Ansatzes keine derartig radikalen Reformen ins Auge fassen oder keine konkreten Gestaltungsvorschläge unterbreiten, stimmen sie in der strategischen Ausrichtung überein: Aufgrund des Zielkonflikts mit der Stabilitätspolitik kann keine absolute Kreditkostenminimierung angestrebt werden, und die inhärente Langfristigkeit einer einmal geschaffenen Schuldenstruktur verhindert die Möglichkeit einer reaktionsschnellen Konjunkturpolitik. Das Debt Management sollte demnach auf Grundlage einer vorausschauenden Planung sein Verschuldungsverhalten verstetigen und alle kurzfristigen Maßnahmen, die in der Lage sind, Instabilitäten zu erzeugen, vermeiden.

---

[88] Vgl. Friedman, M. (1965), S.62
[89] Vgl. Friedman, M. (1965), S.65ff.

Kapitel 5 Neue Rahmenbedingungen und Anforderungen an eine moderne Schuldenstrukturpolitik

Nach den intensiven Diskussionen innerhalb der traditionellen Kontroverse um die Ausrichtung der Schuldenstrukturpolitik in den 70er Jahren sind lange Zeit keine grundlegend neuen Gedanken und Ansätze zum Debt Management entwickelt worden. Erst seit das Umfeld des Debt Managements einem fundamentalen Wandel unterworfen ist und seit im privatwirtschaftlichen Bereich neue Finanzierungsinstrumente entwickelt worden sind, die prinzipiell auch der Nutzung durch die öffentliche Hand offen stehen, sind neue Überlegungen im Hinblick auf eine modernisierte Orientierung in der Schuldenstrukturpolitik zu finden. Speziell für das Debt Management des Bundes haben sich in den 90er Jahren Änderungen in seinem Tätigkeitsfeld ergeben, die nicht nur zum Überdenken seiner Grundpositionen Anlaß bieten. Ebenso ergeben sich (zumindest kurzfristig) neue, beispielsweise strategische, standortpolitische Einflußmöglichkeiten, die in den aktuellen Zielformulierungen zu berücksichtigen sind. Wenn auch im Zuge der Veränderungen im Umfeld des Debt Managements die bereits in der traditionellen Theorie zugrundegelegten Ziele nicht vollständig über Bord geworfen werden, so verdeutlichen die neuen Entwicklungen aber, daß das Zielsystem der Schuldenstrukturpolitik keinen statischen Charakter aufweist, sondern im Zuge allgemeiner (wirtschafts-)politischer Entwicklungen neu gewichtet werden muß. Um die aktuelle Entwicklung im Debt Management nachzuzeichnen und (soweit möglich) zu prognostizieren, werden in einem ersten Schritt (Kap. 5.1) die zentralen Faktoren dargelegt, die in der jüngeren Vergangenheit eine Zielanpassung erforderlich machten bzw. noch immer erforderlich machen. Inwieweit durch die neue Entwicklung bestimmte Ziele nunmehr schlechter oder besser erreicht werden können bzw. eine Neuorientierung hinsichtlich der verfolgten Ziele im Debt Management in praxi bereits belegbar ist, wird in den Kapiteln 5.2 und 5.3 betrachtet.

5.1 Debt Management im Wandel

In der Gegenüberstellung der traditionellen Schuldenstrukturpolitik mit ihren heutigen Möglichkeiten treten insbesondere drei Entwicklungen hervor, welche die Handlungsmöglichkeiten des Debt Managements und die daraus resultierenden Konsequenzen spürbar verändern. Die erste und sicherlich tiefstgreifende Änderung läßt sich unter dem modernen Schlagwort der „Globalisierung“ fassen[1]. In dem hier verwendeten Zusammenhang repräsentiert der Globalisierungsbegriff den Effekt, daß die vormals nationalen (und in der Theorie als abgeschlossen betrachteten) Kapitalmärkte verschmelzen bzw. eng zusammenrücken. Wie auch in

[1] Für die breite Auslegbarkeit des Globalisierungsbegriffs vgl. Die Gruppe von Lissabon (1997), S.48f.

vielen anderen Arbeitsbereichen stellt diese strukturelle Veränderung die beteiligten Akteure vor weitgehend neue Handlungssituationen, in denen bekannte Reaktionsmuster und Zusammenhänge ihre Gültigkeit verlieren.

Neben der Globalisierung (und von ihr nicht völlig unabhängig) ist eine weitere wesentliche Veränderung für die Zielbestimmung des Debt Managements in der Zunahme der Zinsvolatilitäten an den Kapitalmärkten zu erblicken. Die stärkeren Zinsschwankungen können als Synonym für gesteigerte Unsicherheiten in der Schuldenstrukturpolitik aufgefaßt werden, Unsicherheiten, die sich sowohl auf die vom Debt Management ausgehenden wirtschaftspolitischen Einflußmöglichkeiten als auch auf den Haushalt des Bundes selbst (in Form des Zinsergebnisses) beziehen. Es gilt daher zu prüfen, ob die in der traditionellen Theorie zur Schuldenstrukturpolitik nahezu durchgehend festzustellende Vernachlässigung von Unsicherheiten und Risiken aufrechterhalten werden kann oder ob letztere als neue Entscheidungskriterien für die Strukturierung der öffentlichen Schulden zu berücksichtigen sind.

Als dritter Faktor im Hinblick auf eine Neuorientierung im Debt Management sind die strukturellen Veränderungen der öffentlichen Schuld selber zu berücksichtigen. Abgesehen von vereinzelten Anpassungen des Schuldeninstrumentariums sticht insbesondere der deutlich (absolut und relativ zum BIP) gestiegene Kreditbedarf des Bundes hervor. Vergleichbar mit der Abhängigkeit der ökonomischen Entscheidungen privater Haushalte von ihren individuellen Budgetbeschränkungen kann nicht davon ausgegangen werden, daß die vom Bund gesetzten Prioritäten der Zielverfolgung unabhängig von der finanziellen Verfassung seines Haushalts sind, solange rechtliche, politische oder ökonomische Verschuldungsgrenzen existieren. Sämtliche Folgen sowohl der Schuldenniveau- als auch der Schuldenstrukturpolitik stellen damit Einflußfaktoren für die Ausprägung des schuldenstrukturpolitischen Zielsystems dar.

5.1.1 Globalisierung der Finanzmärkte

Mit Loistl[2] läßt sich der aktuelle Globalisierungsprozeß auf den Finanzmärkten schlagwortartig in vier „I's" zerlegen. Konkret sind dies die Entwicklungen der *Internationalisierung, Institutionalisierung, Intellektualisierung* und *Integration.* Wie zu sehen sein wird, laufen diese Entwicklungen jedoch nicht separat nebeneinander, sondern sie ergänzen, verstärken bzw. überlagern sich oder bauen aufeinander auf.

---

2 Vgl. Loistl, O. (1993), S.10ff.

Unter der Internationalisierung ist neben der Suche der nationalen Debt Managements nach ausländischen Gläubigern insbesondere das große Interesse auf der Anlegerseite zu verstehen, nicht nur auf den heimischen Kapitalmärkten tätig zu werden. Beispielsweise war bereits 1986 eine starke Verflechtung des nationalen mit internationalen Kapitalmärkten zu beobachten[3]. Die zunehmende Verknüpfung dieser Märkte läßt sich nach Auffassung der OECD[4] im wesentlichen durch das Zusammenspiel zweier Entwicklungen begründen, die beide unter den Aspekt der Intellektualisierung gefaßt werden können. Zum einen nutzen die Anleger zunehmend fortschrittliche Portfoliotechniken, mit denen eine wachsende Anzahl von Kapitalgütern als relevante Anlagealternativen in Betracht gezogen werden können. Die für Anlageentscheidungen notwendigen Informationen können von den Anlegern ohne Verzögerungen berücksichtigt werden, da durch technischen Fortschritt gerade in den Bereichen der Informationsbeschaffung und -verbreitung die ökonomische Welt zusammengerückt ist.[5] Speziell die Reaktionsverzögerungen und die Transaktionskosten der internationalen Marktteilnehmer sind hierdurch beträchtlich gesunken[6]. Zum anderen kann als zweite Komponente der Internationalisierung über Intellektualisierung der Kapitalmärkte nach der OECD die international wachsende Nutzung von bestimmten Finanzderivaten (insbesondere von Zinsfutures) ausgemacht werden. Durch die Kombination von Derivaten mit den ihnen zugrunde liegenden Schuldtiteln ist ein Hedging bestehender Zins- oder Währungsrisiken qualitativ besser bzw. einfacher als zuvor (etwa über eine Portfoliostrategie) möglich. Mit einem so erleichterten internationalen Engagement kann sich der Anleger letztlich ein breiteres Spektrum an Anlagealternativen schaffen und erhält damit die Möglichkeit, das Risiko-Rendite-Profil seines Portfolios zu verbessern[7], ohne ehemals dominierende Wechselkursrisiken berücksichtigen zu müssen.

Speziell für die öffentlichen Schuldner (zumindest in den OECD-Staaten) ist ein derartiger Trend bedeutsam, da ihre emittierten Wertpapiere für den internationalen Anleger stark akzeptierte Anlagemöglichkeiten darstellen[8]. Der enge Zusammenhang mit den an Terminbörsen verfügbaren Derivaten[9] sowie die gleichzeitig

---

3 Vgl. Deutsche Bundesbank Geschäftsbericht 1986, S.45

4 Vgl. OECD (1993), S.18

5 Vgl. Süchting, J. (1989), S.156

6 Vgl. Forum Finanzplatz (1997), Abschnitt: Entwicklung seit Mitte der 80er Jahre

7 Vgl. Bender, H. (1988), S.56, und Süchting, J. (1989), S.157

8 „In Europe, French, German and Dutch government bonds have moved to the top of the ‚best seller‘ lists of the international securities clearing organisations“ (OECD (1993), S.18)

9 Für viele Derivate bilden staatliche Schuldtitel die Referenzbasis, analog zur Benchmarkfunktion der öffentlichen Schuldner. Ihre Wertentwicklung ist dadurch eng an die der öffentlichen Schuldtitel gebunden. Zur genaueren Erläuterung des ökonomischen Zusammenhangs zwischen dem Derivat und seiner Basis vergleiche Kapitel 6.1.

herausragenden Eigenschaften hinsichtlich Liquidität und Bonität (wie in Kapitel 4.1 ausgeführt) machen diese Schuldtitel besonders attraktiv. Da nationale Qualitätsmerkmale der Schuldner (in Deutschland sind dies z.B. Mündelsicherheit sowie vor dem Beitritt zur EWU die Lombardfähigkeit der Schuldtitel) für die internationalen Anleger in der Regel nicht aussagefähig sind, ist die Bonität in Form der Bewertung durch eine der maßgebenden Rating-Agenturen ein zentrales, einfach erfaßbares Argument, um zwischen den Anlagemöglichkeiten zu unterscheiden[10]. Zusätzlich spielt gerade bei internationalen Anlegern, die auf veränderte Marktbedingungen schnell reagieren, der Aspekt der Liquidierbarkeit der Schuldtitel eine bedeutende Rolle in der Anlageentscheidung[11].

Gefördert wird die Internationalisierung und Flexibilisierung der nationalen Kapitalmärkte durch den Faktor der Institutionalisierung, d.h., daß die Abwicklung eines Großteils der Wertpapiergeschäfte durch institutionelle Anleger wie Pensions- und Investmentfonds oder Versicherungen erfolgt[12]. Bei diesen Institutionen sammeln sich in zunehmendem Maße verfügbare Anlagemittel[13], die flexibel (sofern dem nicht rechtliche Einschränkungen z.B. in Form von Anlagevorschriften im Wege stehen) in verschiedenste Anlagen gelenkt werden können. Besonders bei den institutionellen Anlegern wird die Kapitalbeweglichkeit zwischen den internationalen Märkten als sehr hoch eingeschätzt und scheint noch weiter zuzunehmen.[14] Für sie bieten sich gegenüber privaten Haushalten schnellere und bessere Möglichkeiten, die Formen der Intellektualisierung umzusetzen, da die für deren Umsetzung notwendigen Kosten (im wesentlichen Informationskosten, Kosten der Bereitstellung und Implementierung von EDV-Sytemen u.ä.) primär Fixkostencharakter aufweisen und somit mit zunehmendem Anlagebetrag an relativer Bedeutung verlieren.

Als viertes „I" ist der Tatbestand der Integration zu betrachten. Sie beschreibt den Prozeß der Verknüpfung vormals getrennter Segmente der Kapitalmärkte, welcher zur Entstehung eines Zusammenhanges zwischen den jeweiligen Konditionen und Usancen der Segmente führt.[15] Die bisher getrennt betrachteten nationalen Kreditmärkte rücken zusammen, was darin Ausdruck findet, daß sich die Preise und Zinsen auf den einzelnen Märkten anpassen und ein verstärkter Kapitalfluß zwischen den Märkten erkennbar ist.[16]

---

10 Vgl. von Köller, K. (1997), S.515
11 Vgl. Deutsche Bundesbank Geschäftsbericht 1986, S.52
12 Vgl. Loistl, O. (1994), S.13
13 Vgl. Deutsche Bundesbank Monatsbericht 11/96, S.23
14 Vgl. HM Treasury (1996a), Abschnitt: *Objectives of the Debt Management Policy*
15 Vgl. Loistl, O. (1994), S.14
16 Vgl. HM Treasury (1996a), Abschnitt: *Development in UK and international markets*

Die stärkste Form der Integration ist derzeit in der politisch und institutionell manifestierten Form der EWU zu sehen, durch die nationale Märkte zu einem gemeinsamen Kapitalmarkt verschmelzen[17]. Speziell der Euro als gemeinsame Währung des entstehenden Wirtschaftsraumes bedeutet für die Kapitalmärkte eine Beschleunigung ihrer Verschmelzung zu einem großen gemeinsamen Markt[18]. Auf dem Markt bewegen sich zwar Marktteilnehmer unterschiedlicher Nationalitäten, die dem Markt zugrundeliegende Währung kann jedoch von allen als ihre heimische angesehen werden. Mit der Währungsunion werden zwischen den an ihr beteiligten Staaten noch bestehende Resthemmnisse wie Wechselkursrisiken eliminiert oder reduziert, welche bis heute (obwohl durch Kursabsicherungsmaßnahmen neutralisierbar) noch ein Diskriminierungskriterium zwischen Anleihen unterschiedlicher Emittenten darstellen. Zusätzlich ermöglicht die einheitliche Währung bestimmten institutionellen Anlegern, die gesetzlich auf Anlagen in nationaler Währung festgelegt sind, als Gläubiger für ausländische Schuldner zur Verfügung zu stehen[19]. Insgesamt werden damit die Möglichkeiten der Austauschbeziehungen zwischen in- und ausländischen Kapitalmarktteilnehmern erhöht. Selbst wenn einige institutionelle Unterschiede (wie Rechtsvorschriften oder Steuersysteme) der einzelnen Länder eine vollständige Gleichstellung aller Marktteilnehmer verhindern, so ist die Einführung des Euros doch als Forcierung der Globalisierung anzusehen und damit auch bei der Betrachtung der Entwicklungen im Debt Management besonders zu berücksichtigen.

5.1.2 Volatilität der Zinsen

Das Phänomen zunehmender Volatilitäten von Kapitalmarktzinsen bezeichnet die Zunahme kurzfristiger Schwankungen der Renditen, die von den Schuldnern für die Aufnahme von Finanzmitteln zu tragen sind[20]. Für das Debt Management ist die Zinsvolatilität in zweierlei Hinsicht von unmittelbarer Bedeutung. Offensichtlich ist die verschlechterte Prognostizierbarkeit zukünftiger fiskalischer Belastungen bei Schuldenstrukturen, die von kurzfristigen Wertpapierformen dominiert werden, und damit verbunden ist die Erschwerung eines Vergleichs der Kreditkosten einer lang- zu einer kurzfristigen Verschuldung. Und auch die Nutzung zinsbezogener Transmissionsmechanismen aus stabilitätspolitischer Perspektive wird problematischer, wenn unter Berücksichtigung von Wirkungslags Unklarheiten bezüglich der Notwendigkeit und Dosierung der wirtschaftspolitischen Maßnah-

---

[17] Loistl betont hinsichtlich der Integration explizit zwar lediglich die Verknüpfung von Zirkulations- und Emissionsmärkten bzw. von Kassa- und Terminmarkt. Seine Argumentation läßt sich jedoch ebenso auf die Verbindung einzelner nationaler Kapitalmärkte übertragen.

[18] Vgl. Steltzner, H. (1998), S.22

[19] Vgl. von Köller, K. (1997), S.518

[20] Zu anderen Definitionen und Interpretationen des z.T. unterschiedlich ausgelegten Volatilitätsbegriffs vgl. Kratz, K. (1994), S.4ff.

men existieren. Eine konjunkturpolitische Steuerung durch die Schuldenstrukturpolitik wird damit weiter erschwert.

Daß sich die Renditen an den Finanzmärkten seit dem Abschluß der traditionellen Theorie zur Schuldenstrukturpolitik zunehmend volatil verhalten, ist eine vielfach und bereits früh erhobene Behauptung[21], selbst wenn empirische Untersuchungen diese These nicht ausschließlich stützen. Während für die USA in den 80er Jahren Kratz noch eine zunehmende Volatilität zu erkennen vermochte, lag für Deutschland im gleichen Zeitraum keine vergleichbare signifikante Entwicklung vor[22]. Auch die Bundesbank konnte bis in die 90er Jahre keine *allgemeine* Zunahme der Zinsvolatilität an den Finanzmärkten erkennen, speziell für den Rentenmarkt allerdings, also für den Bereich, auf dem das Debt Management weitgehend seinen Kreditbedarf zu decken sucht, konstatiert sie eine signifikante Zunahme der Zinsschwankungen.[23]

Eine gestiegenen Zinsvolatilität darf also nicht, den weitverbreiteten Vorurteilen folgend, vereinfachend als allgemeingültiges Phänomen den ökonomischen Betrachtungen zugrundegelegt werden. Dennoch bleibt es für das Debt Management ein wichtiges, potentielles Problem, wenn (wie infolge der Globalisierung) die Voraussetzungen für hohe Volatilitäten günstig sind, da stabile Zinsphasen sich mit instabilen schnell abwechseln können. Eine aktuell stabile Zinssituation ist daher kein hinreichender Grund, bei ausgeprägt langfristigen Entscheidungen, wie sie im Rahmen der Schuldenstrukturpolitik getroffen werden, die Risikofaktoren zu vernachlässigen: „Today's risks may be lurking below the surface, but they are not minor“[24].

Als Ursachen und Auslöser für hohe Volatilitäten werden, neben einer Vielzahl ökonomischer (z.B. monetäre Unsicherheiten), marktpsychologischer (etwa instabile Verhaltensweisen der privaten Haushalte) und markttechnischer Ursachen, in der zunehmenden Bedeutung institutioneller Marktteilnehmer sowie in der Verknüpfung zwischen den heimischen Finanzmärkten einerseits und zwischen den nationalen und den internationalen Finanzmärkten andererseits ausgesehen[25]. Die indirekte, erneute Bezugnahme auf die vier „I“ verdeutlicht, wie eng die Volatilitätsentwicklung mit den aufgetretenen Veränderungen der Kapitalmärkte zusammenhängt. Wie geschildert können die institutionellen Anleger über große Liquiditätsvolumina disponieren und diese über ein (gegenüber kleineren Anlegern)

---

21 Vgl. z.B. Bender, H. (1988), S.57
22 Vgl. Kratz, K. (1994), S.9ff.
23 Vgl. Deutsche Bundesbank Monatsbericht 04/96, S.56
24 Bernstein, P.L. (1996), S.5
25 Vgl. Deutsche Bundesbank Monatsbericht 04/96, S.59ff.; Weitere Ursachen untersucht Kratz, K. (1994) S.23ff.

breiteres Spektrum an Anlagemöglichkeiten bewegen. Der quantitative Umfang der Kapitalressourcen ermöglicht die Rentabilität einer ausgedehnten Informationsbeschaffung und -auswertung sowie eine daraus resultierende häufige Umschichtung des Portfolios.[26] Mit wachsender Bedeutung institutioneller Anleger bedeutet dies, daß der potentielle Kapitalfluß zwischen den unterschiedlichen Finanzmärkten tendenziell zunehmen wird und damit die jeweiligen Relationen zwischen Kapitalangebot und -nachfrage sich verschieben. Die Folge von so entstehenden wechselnden Angebots- bzw. Nachfrageüberhängen ist eine starke Bewegung der Kapitalmarktrenditen, die für eine Markträumung notwendig ist. Die zunehmende Internationalisierung wirkt in ganz ähnlicher Weise: Wenn ausländische Anleger stets nicht nur den deutschen Kapitalmarkt im Auge haben, sondern ihre Anlageentscheidung anhand des Vergleichs einer Vielzahl von Märkten in verschiedenen Ländern treffen, ist eine Übertragung kurzfristiger Preisbewegungen im Ausland auf die heimischen Kapitalmärkte realistisch. Die internationale Integration erleichtert eine Übertragung der angesprochenen Instabilitäten von Finanzmärkten wie dem der USA, der sich in der Vergangenheit durch ein höheres Schwankungsverhalten ausgezeichnet hat[27], auf den inländischen Markt. Speziell für den deutschen Rentenmarkt geht die Bundesbank von einer großen Beeinflußbarkeit durch ausländische Kapitalmärkte und ihren Usancen aus. Diese Auffassung ergibt sich aus dem großen, wachsenden Anteil ausländischer Anleger auf dem Rentenmarkt. Während in den achtziger Jahren deren Anteil „lediglich" bei durchschnittlich 21% lag, ist dieser Prozentsatz von 1991 bis 1995 (bei großen Schwankungen) auf 30% gestiegen[28]. Von 1995 bis 1999 betrug der Nettoerwerb von inländischen festverzinslichen Wertpapieren durch Ausländer dagegen im Mittel bereits rund 51% vom Gesamtabsatz[29].

Ein Beispiel für die potentielle Flexibilität des Anlageverhaltens ausländischer Anleger auch innerhalb eines kurzen Zeitraums ist die Entwicklung auf dem deutschen Anleihemarkt zu Beginn des Jahres 1994. Zwischen Januar und März wandelte sich die bis zu diesem Zeitpunkt regelmäßig hohe monatliche Nettonachfrage nach deutschen Anleihen durch das Ausland in Nettoverkäufe derselben Anlageform in vergleichbarer Höhe[30]. Diese Momentaufnahme belegt, daß selbst wenn über einen längeren Zeitraum gleichmäßige Verhaltensmuster beobachtbar sind, durch die veränderten Determinanten des inländischen Kapitalmarktes inhärente Instabilitäten existieren, die als Unsicherheitsfaktoren vom Debt Management nicht vollständig unbeachtet bleiben dürfen.

---

26 Vgl. Deutsche Bundesbank Monatsbericht, 04/96, S.61

27 Vgl. Kratz, K. (1994), S.19

28 Vgl. Deutsche Bundesbank Monatsbericht 04/96, S.62f.

29 Eigene Berechnung auf Grundlage des Monatsberichts 09/00 der Deutschen Bundesbank, Tab. VII., Nr.1

30 Vgl. Deutsche Bundesbank Monatsbericht 11/96, S.20

5.1.3 Veränderungen innerhalb des Debt Managements

Im Hinblick auf die Herleitung eines modifizierten Zielsystems der Schuldenstrukturpolitik reicht es nicht aus, allein Umgestaltungen im Umfeld des Debt Managements zu berücksichtigen. Ebenso stellen durch exogene Entwicklungen veränderte Instrumentarien oder die Veränderung der öffentlichen Schuld selber Faktoren dar, die einen Einfluß auf die Zielverfolgung nehmen können.

Ein vergleichsweise aktuelles Beispiel für eine dem Debt Management von außen vorgegebene Veränderung seines Instrumentariums ist in den modifizierten Vorschriften über die Deckung (bzw. Verwendung) von Liquiditätslücken (bzw. -überschüssen) zu erblicken. Mit dem Vertrag von Maastricht zur Europäischen Währungs- und Wirtschaftsunion ist es dem Debt Management des Bundes seit dem 01.01.1994 nicht mehr gestattet, kurzfristige Kassenkredite bei der Bundesbank aufzunehmen[31], umgekehrt ergibt sich für das Debt Management nicht mehr die Verpflichtung, überschüssige Mittel zinslos bei dieser anzulegen.[32] Die freien Mittel können somit anderen Körperschaften oder privaten Banken zur Verfügung gestellt werden, die im umgekehrten Fall ihrerseits als Gläubiger zur Deckung für Liquiditätslücken fungieren können.

Die neue rechtliche Grundlage der Liquiditätsbeschaffung und –haltung kann sich für das Debt Management dahingehend auswirken, daß sie nicht mehr einen rein innerstaatlichen Prozeß ermöglicht, sondern Interaktionen mit dem privaten Sektor erzwingt. Für das Debt Management ist damit die Notwendigkeit eines verbesserten Liquiditätsmanagements verbunden, um den täglich auszugleichenden Bedarf an liquiden Mitteln zu decken. Formal war zwar auch vor dem 01.01.1994 eine Koordinierung der Zahlungsströme notwendig, die durch die Kassenkredite entstandenen Zinsen in Höhe des Lombardsatzes besaßen jedoch kaum die Funktion von Knappheitspreisen für das Debt Management[33]. Da hier lediglich Zahlungsströme zwischen einzelnen öffentlichen Institutionen entstanden, die sich im Zuge der Gewinnabführung der Bundesbank weitgehend konsolidierten, waren kaum Anreize für ein fundiertes Liquiditätsmanagement vorhanden. Die Folgen einer ungeeigneten Liquiditätssteuerung waren also für den Staat selber nicht direkt

[31] Vgl. Vertrag zur EG (1992), Art 104 Abs. 1

[32] Vgl. Kloepfer, I. (1997), S.15

[33] Bei dieser Betrachtung wird implizit unterstellt, daß das Debt Management im Sinne des dargestellten Zielsystems eine Minimierung der Kreditkosten für den Staat verfolgt. Berücksichtigt man hingegen im Sinne der Zinsrobustheit, daß die Rückwirkungen auf das Debt Management selber (im Vergleich zu der Situation eines betriebswirtschaftlichen Unternehmens) nur gering sind, relativiert sich der gezogene Schluß. Die Umstellung der Liquiditätsaufnahme hat dann nahezu ausschließlich formalen Charakter für die Schuldenstrukturpolitik und beinhaltet keine ökonomisch relevanten Implikationen.

spürbar. Die zur Zeit gültige Regelung bewirkt hingegen, daß insbesondere die von den privaten Banken entliehenen Tagesgelder zu Zahlungsströmen aus dem öffentlichen Sektor hinaus führen. Hierdurch ist eine merkliche Wirkung auf die Finanzierungskosten der öffentlichen Schuldner gegeben, und dies schafft grundsätzlich eher einen Anreiz zur Implementierung eines wirksamen Liquiditätsmanagements.[34]

Neben diesem markanten Beispiel für eine Umstellung der Instrumente des Debt Managements ist auch sonst stets mit neuen oder der Verdrängung herkömmlicher Methoden zur Kreditbeschaffung zu rechnen.[35] Im Gegensatz zu dem hier angeführten Beispiel, bei dem die Gründe für die Umstellung außerhalb seines unmittelbaren Einflußbereichs liegen, ist das Debt Management allerdings in der wesentlichen Gestaltung seines schuldenstrukturpolitischen Instrumentariums (obwohl durch den Gesetzgeber prinzipiell genehmigungspflichtig) frei. Anders als bei exogenen Änderungen, welche auf die Ausprägung des Zielsystems der Schuldenstrukturpolitik einen Einfluß ausüben können, sind aus freien Stücken veränderte Instrumente oder die Verdrängung herkömmlicher Methoden zur Kreditbeschaffung eher als Folgen einer spezifischen Zielverfolgung zu interpretieren.

Aus Sicht des Debt Managements ebenso exogen vorgegeben wie die Änderung der Kassenkreditaufnahme ist die Entwicklung des Schuldvolumens des Bundes. Aufgrund verschiedener Ursachen, die im Aufgabenbereich der Schuldenniveaupolitik zu finden sind, hat sich in Deutschland der Umfang der Schulden des Bundes von DM 154 Mrd. in 1977 auf DM 1338 Mrd. am 31.08.2000[36] gesteigert. Die öffentlichen Haushalte in Deutschland insgesamt verzeichneten einen Anstieg der ausgewiesenen Schulden von 328 Mrd. DM in 1977 um über das siebenfache auf ca. 2,35 Bio. DM Ende 1999. Relativ zum BSP (in jeweiligen Preisen) hat sich damit die Verschuldungsquote des Bundes von 12,8% in 1977 (27,4% der öffentlichen Haushalte insgesamt) auf 36,3% Ende 1999 (61,1% insgesamt) erhöht.[37] Unter der Annahme einer konstanten durchschnittlichen Restlaufzeit der öffentlichen Schuld bedeutet dies eine regelmäßig höhere absolute und relative Inanspruchnahme des Kapitalmarktes durch den Bund. Es ist zu betonen, daß Deutschland mit der eben beschriebenen Entwicklung nicht allein dasteht. Insge-

---

[34] Obwohl durch die Neuregelung nicht nur die fiskalische Komponente des Debt Managements berührt, sondern ebenso die gesamtwirtschaftliche Liquiditätsausstattung verändert wird, können stabilitätspolitische Überlegungen vernachlässigt werden. Aufgrund des extrem kurzfristigen Charakters der hier angesprochenen Finanzmittelbeschaffung ist davon auszugehen, daß keine relevanten Effekte ausgelöst werden.

[35] Einen Überblick über die Vielzahl der Veränderungen für die OECD-Länder von 1969 bis 1982 liefert OECD (1983), S.72

[36] Vgl. BMF (2000), S.13

[37] Eigene Berechnungen nach diversen Monatsberichten der Deutschen Bundesbank.

samt ist nach Untersuchungen der OECD für die meisten westlichen Industrienationen ein deutlicher Anstieg des Kreditbedarfs seit den siebziger Jahren erkennbar, wofür die OECD die breite Abnahme des wirtschaftlichen Wachstums bei gleichbleibend wachsenden Staatsausgaben verantwortlich macht. [38]

5.2 Umorientierung des Debt Managements

Welche Bedeutung die dargestellten Änderungen für die Schuldenstrukturpolitik haben, erschließt sich, wenn man sich erneut die Bedeutung der institutionellen Rahmenbedingungen in der traditionellen Theorie vergegenwärtigt. Wesentlich von der Auffassung einer Dominanz des Staates am Kapitalmarkt und von den daraus abgeleiteten wirtschaftspolitischen Einflußmöglichkeiten geprägt, wurde die Bedeutung stabilitätspolitischer Ziele in der traditionellen Theorie hervorgehoben, selbst wenn sich diese nicht unbedingt immer in einer antizyklischen Schuldenstrukturierung ausdrückte. Mit den neuen Entwicklungen im und um das Debt Management, welche die Fundamente der traditionellen Theorie zur Schuldenstrukturpolitik (die Auffassungen über die staatlichen Einflüsse auf den Kapitalmarkt) angreifen, ergibt sich daher die Notwendigkeit, das Zielsystem auf eine neue Schwerpunktsetzung hin zu überprüfen. Selbst wenn also das Gerüst der zu berücksichtigenden Ziele (wie es in Kapitel 3 aufgestellt wurde) erhalten bleibt, kann sich die Bewertung und Bedeutung der Ziele in Relation zueinander für eine zukünftige Schuldenstrukturpolitik verändern.

Erstes Element auf dem Weg zu einem neuen Zielsystem der Schuldenstrukturpolitik ist die Einschätzung der zukünftigen Rolle des Bundes als Schuldner auf dem Kapitalmarkt. Im wesentlichen aus dieser Rolle läßt sich schrittweise folgern, daß aufgrund sachlicher Zusammenhänge ein Zurücktreten des stabilitätspolitischen Motivs zu erwarten ist.

5.2.1 Die neue Rolle des Bundes als Schuldner

Eine zunehmende Umorientierung von Anlegern und Schuldnern auf internationale Kapitalmärkte bedeutet für das Debt Management des Bundes, daß es seinen Kreditbedarf unausweichlich aus einem veränderten Spektrum an Kreditquellen zu decken hat. Das Debt Management kann zum einen auf eine gestiegene Anzahl von ausländischen Gläubigern zurückgreifen, die bereit sind, die nationalen Wertpapiere öffentlicher Haushalte zu zeichnen. Daneben muß jedoch ebenso berücksichtigen werden, daß die Schuldenstrukturpolitik infolge der Internationalisierung mit anderen, ausländischen Schuldnern nicht nur um diese neuen potentiellen

[38] Vgl. OECD (1983), S.15

Gläubiger, sondern ebenfalls um alle vormals allein oder primär auf den deutschen Markt ausgerichteten Gläubiger konkurriert[39] .

Bei der konkreten Analyse der zukünftigen Position des Bundes auf dem von ihm in Anspruch genommenen Kapitalmarkt ist (wie bereits im Zuge der traditionellen Theorie) zwischen seiner quantitativen und seiner qualitativen Bedeutung zu trennen. In quantitativer Hinsicht ist trotz eines (absolut) zunehmenden Schuldenstandes eine im Vergleich zur traditionellen Theorie deutliche Abnahme des Anteil des Bundes an den Kapitalmarktemissionen zu konstatieren. Bereits ohne die Berücksichtigung von allgemeinen Globalisierungsentwicklungen dokumentiert Tab. 5.1 in Anhang 1, daß der deutsche Kapitalmarkt sich seit den 80er Jahren tendenziell stärker ausweitet als der Schuldenstand des Bundes. Allein die Berücksichtigung der Erweiterung des deutschen in den europäischen Kapitalmarkt verschärft diese Entwicklung signifikant. Nach ersten Schätzungen wird der Euro-Kapitalmarkt nach seine Etablierung hinsichtlich Markttiefe und –breite etwa die fünffache Größe des deutschen Kapitalmarkts einnehmen[40]. In der Fortsetzung der Tab. 5.1 wird sich damit der potentielle Anteil der Bruttoverschuldung des Bundes am Bruttoabsatz aller festverzinslicher Wertpapiere auf unter 4% (unter der Annahme einer durchschnittlichen Restlaufzeit von 5 Jahren, gemessen am Schuldenstand Ende 1999) reduzieren. Bezieht man die über die europäische Währungsunion hinausgehende (ungleich schwerer zu quantifizierende) Globalisierungsentwicklung, also das Auftreten von Nicht-EU-Mitgliedern auf dem heimischen Kapitalmarkt, in die Überlegungen mit ein, sinkt die relative quantitative Bedeutung des Bundes am internationalen Kapitalmarkt tendenziell noch weiter ab.

Neben der relativ abgenommenen mengenmäßigen Bedeutung der Schulden ist eine weitere Reduzierung des Einflusses des Bundes auf den Kapitalmarkt durch seine veränderte qualitative Bedeutung zu erwarten. Für den Bund konnten auf dem abgeschlossenen nationalen Kapitalmarkt gegenüber anderen Schuldnern deutliche Vorteile hinsichtlich der Bonität und Liquidität seiner Schuldtitel festgestellt werden. Wie bereits in Anlehnung an das Rating von Standard&Poors zu erkennen war[41], werden die Debt Managements der anderen EWU-Mitgliedsländer eine zumindest vergleichbare Bonität vorweisen. Auch hinsichtlich der anderen qualitativen Merkmale, wie der Zinsrobustheit, Liquidität und Flexibilität, die im Zusammenhang mit dem nationalen Kapitalmarkt für das Debt Management des Bundes hervorgehoben wurden, sind keine offensichtlichen qualitativen Nachteile der ausländischen Debt Managements erkennbar. Als Konse-

[39] Vgl. Köhler, C. (1987), S.822
[40] Vgl. o.V. (1997), S.563
[41] Vgl. Kap. 4.1

quenz ist zu erwarten, daß die von den einzelnen Staaten emittierten Schuldtitel homogener und vergleichbarer werden. Die bisher vorhandenen vereinzelten Kapitalmärkte in der EU werden infolgedessen zu einem einheitlichen Markt verschmelzen, auf dem staatliche Schuldtitel mit gleicher Ausstattung, aber unterschiedlicher Emittenten als nahezu perfekte Substitute zu betrachten sind, deren Zinssätze überdies einheitliche Trends aufweisen[42]. Selbst wenn es dem Debt Management des Bundes gelänge, in Zukunft die Benchmarkfunktion auf dem europäischen Markt beizubehalten[43], so würde doch immerhin der Abstand zu den nächstbesten Schuldnern deutlich geringer werden. Es werden also dem Debt Management des Bundes in jedem Fall Möglichkeiten zur Beeinflussung des Kapitalmarktes verloren gehen, und es wird verstärkt zu einem marktkonformen Verhalten gedrängt. Der Bund wird am zukünftigen erweiterten Kapitalmarkt insofern höchstens noch die Rolle eines *primus inter pares* übernehmen können und nicht mehr die des (allein) dominierenden Marktführers.[44]

In einer Verallgemeinerung der Effekte auf alle westlichen Industrienationen läßt sich prognostizieren, daß sich die nationalen Debt Managements zunehmend auf ausländische bzw. internationale Märkte ausdehnen werden, daß dabei jedoch Einfluß auf angestammten Kapitalmärkten verloren geht. Zwar bleibt der Finanzierungsbedarf der öffentlichen Haushalte weiterhin hoch und wächst voraussichtlich sogar noch weiter. Durch die Abkehr von nationalen zu globalen Kreditmärkten nimmt die relative Bedeutung des Staates am Kapitalmarkt (sowohl in quantitativer als auch in qualitativer Hinsicht) jedoch ab, wodurch die nationalen Debt Managements zu Marktanpassungen und einem weniger selbstgesteuerten Verhalten gezwungen werden. Insofern läßt sich die Rolle des Bundes als Schuldner auf dem zukünftigen europäischen Kreditmarkt in etwa mit der bisherigen Position der einzelnen Bundesländer auf dem heutigen deutschen Kapitalmarkt vergleichen.

5.2.2 Zurückdrängung der stabilitätspolitischen Ziele ...

Da sich die traditionelle Theorie zur Schuldenstrukturpolitik auf die Annahme eines den Kapitalmarkt dominierenden Staates stützt, ist unter den geänderten Rahmenbedingungen eine Verschiebung der Zielgewichte in einem modernen Debt Management zu erwarten. Speziell das Stabilitätsziel verliert gegenüber anderen Zielgrößen an Bedeutung – jedoch nicht deshalb, weil eine Stabilisierung der Konjunktur nicht mehr als erstrebenswert erachtet wird, sondern weil die Möglichkeiten der Erreichung dieses Ziels abnehmen. Die folgende Analyse der

---

42 Vgl. Kaißer, R.-D. (1998), S.B6; Die verbleibende Differenzen lassen sich durch institutionelle Unterschiede wie die der Liquidität und der Bonität erklären (vgl. Köhler, C. (1989), S.103).
43 Vgl. Steltzner, H. (1998), S.22
44 Vgl. Tartler, J. (1998), S.9

zentralen Zins- und Liquiditätskanäle zeigt, wie gering die Aussichten geworden sind, beim Vorliegen globaler Kapitalmärkte eine antizyklische Stabilitätspolitik über das Debt Management zu betreiben. Zum einen sind die der traditionellen Theorie zugrundegelegten Wirkungsstärken der Kanäle geringer geworden, und/oder zum anderen lassen sich die entstehenden Wirkungen vom Debt Management nicht mehr auf die eigene, nationale Volkswirtschaft fokussieren. Letzteres impliziert, daß es zu spillovers gegenüber anderen Ländern kommt, die ihrerseits für die strategische Ausrichtung der Schuldenstrukturpolitik nicht unerheblich sind.

Als Voraussetzung einer Nutzung der Zinskanäle wurde bereits in Kap. 4.2 postuliert, daß das Debt Management in der Lage sein muß, einen hinreichend großen Einfluß auf den Kapitalmarkt auszuüben, um (über den interest-sensitivity-of-investment-channel) den Zinssatz für langfristige Schuldformen zu beeinflussen bzw. um die relativen Nachfragemengen in unterschiedlichen Laufzeiten zu variieren, damit sich der supply price of capital entsprechend der Tobinschen Portfolio-Theorie verändert. Die Durchsetzung derartiger Effekte in signifikanten Größenordnungen dürfte für das Debt Management des Bundes jedoch unter den neuen Gegebenheiten nur noch sehr reduziert möglich sein. Die vergleichsweise niedrige Bedeutung des Bundes auf dem vergrößerten Kapitalmarkt bewirkt, daß eine Beeinflussung der Zinsstruktur (sofern überhaupt möglich) ein Vielfaches an Anstrengungen erfordern würde, um den gleichen Effekt zu erzielen wie auf dem abgeschlossenen, nationalen Markt. Um sich weiterhin auf die Annahme gleichbleibend starker Zinswirkungen des Debt Management auf die heimische Volkswirtschaft stützen zu können, müßte davon ausgegangen werden, daß die Individuen starke persönliche Präferenzen für die Schuldner aus dem eigenen Land hätten[45]. Diese Präferenzen müßten stark genug sein, um Renditeunterschiede zwischen ansonsten homogenen Schuldtiteln zuzulassen. Im Ergebnis entspräche dies einer zumindest teilweisen Segmentierung des globalen Kreditmarktes und damit faktisch einer weitgehenden Aufrechterhaltung der bisherigen Trennung der Kapitalmärkte. Ein solches Ergebnis ist jedoch unter den vorgenommenen Betrachtungen einer Globalisierung und einer einheitlichen europäischen Währung kaum vorstellbar. Dies ist erkennbar anhand der Implikationen, die mit dem Schema der „vier I" verbunden sind: Insbesondere die zunehmende Institutionalisierung bewirkt, daß, selbst wenn persönliche Präferenzen bei den privaten Haushalten für inländische Schuldner existieren sollten, diese immer weniger auf den Kreditmarkt durchschlagen. Bei den institutionellen Anlegern als Agenten der privaten Haushalte ist kaum davon auszugehen, daß persönliche Präferenzen eine signifikante Rolle bei der Wahl des Schuldners spielen. Vielmehr wird üblicherweise davon ausgegangen, daß bei den international handelnden Institutionen die Größen

---

45 Im Sinne der Culbertsonschen Segmentationstheorie.

Rendite, Liquidität und Bonität im Zentrum der Anlageentscheidung stehen.[46] Etwaige persönliche Präferenzen der Haushalte werden somit aus dem Kapitalmarkt herausgefiltert, wenn die Haushalte ihre liquiden Mittel nicht auf direktem Wege anlegen, sondern sie statt dessen an die institutionellen Anleger als Finanzintermediäre übertragen und wenn erst diese dann die gebündelten Finanzströme in verschiedenen (unter anderem öffentlichen) Schuldformen anlegen.

Die Entwicklung des Kapitalmarktes steht damit gegen den Ansatz, die Zinskanäle für eine erfolgreiche Stabilitätspolitik durch eine antizyklische Schuldenstrukturierung zu nutzen. Die Grundvoraussetzungen für eine direkte Beeinfluß-barkeit von Zinsniveau und -struktur werden tendenziell immer schlechter erfüllt, da es zu einem Streuungseffekt der schuldenstrukturpolitischen Wirkungen über die nationalen Grenzen kommen kann und umgekehrt Verhaltensweisen ausländischer Akteure die deutsche Volkswirtschaft beeinflussen.

Bei den Überlegungen, inwiefern zumindest Liquiditätskanäle unter den geänderten Rahmenbedingungen des Debt Managements stabilitätspolitisch genutzt werden können, lassen sich analoge Effekte erkennen: Betrachtet man für ein modernes Debt Management den Tausch von langfristigen in kurzfristige Schuldtitel, so wird zwar c.p. gegenüber der traditionellen Betrachtung den privaten Haushalten die gleiche Menge an Liquidität zugeführt, da sich die absoluten Austauschvolumina nicht geändert haben. Und wenn der im liquidity-sensitivity-of-spending-channel modellierte Zusammenhang zwischen Liquiditätsausstattung und Ausgabenverhalten als gegeben angenommen wird, so führt dies absolut zu einem vergleichbaren Anstieg des Konsums, wie er aus der traditionellen Theorie der Schuldenstrukturpolitik abgeleitet wurde. Abhängig von dem Anteil der ausländischen Kapitalgeber an den Gläubigern der öffentlichen Schuld werden die Liquiditätswirkungen einer Umstrukturierung der inländischen öffentlichen Schuld aber nicht nur die inländische Volkswirtschaft berühren, sondern ebenso die Liquiditätsausstattung im Ausland erhöhen. Durch den zusammenwachsenden Kapitalmarkt werden also von nationalen Debt Managements erzeugte Liquiditätswirkungen in das Ausland gestreut. Im Vergleich zur traditionellen Theorie nimmt (in dem Maße wie die liquiden Mittel in das Ausland fließen) die unterstellte Wirkungsstärke auf das Inland – und dieses ist letztlich das Zielobjekt der schuldenstrukturpolitischen Maßnahme – ab. In welchem Umfang Liquidität letztendlich in das Ausland exportiert wird und wieviel im Inland zu einer tatsächlichen Erhöhung des Konsums führt, hängt von der effektiven Gläubigerstruktur und von ihrer Veränderung im Zuge der Umstrukturierungsmaßnahme ab. Wenn im Extremfall ausschließlich ausländische Marktteilnehmer als Kontrahierungspartner in die Schuldenumschichtung des Debt Management involviert sind, findet im Inland

[46] Vgl. Deutsche Bundesbank Monatsbericht 04/98, S.56 und Forum Finanzplatz (1997)

überhaupt kein direkter[47] Liquiditätseffekt statt. Es gelingt dem Staat dann auf direkten Wege nicht einmal ansatzweise, durch einen Wechsel der Verschuldung aus dem kurzfristigen in den langfristigen Laufzeitenbereich den anvisierten inländischen Haushalten Liquidität abzukaufen.

Selbst ohne ein solches extremes Szenario wird durch diese Betrachtungen insgesamt deutlich, daß das Debt Management seine Maßnahmen gegebenenfalls verschärfen müßte, um die Absorptionen durch das Ausland abzufangen und eine den bisherigen Liquiditätseffekten vergleichbare Wirkung auf das Inland zu erzielen. Ein zusätzliches Problem entsteht hierbei, wenn der Anteil der Wirkungsstreuung in das Ausland nicht stabil ist[48]. Wenn der Anteil der nationalen Schuldner als stochastische Größe zu betrachten wäre, bestünde eine latente Unsicherheit darüber, ob mit einer geplanten Maßnahme der Volkswirtschaft nicht zuviel Liquidität zugeführt bzw. entzogen würde. Es kann zu Abweichungen von der theoretisch optimalen bzw. gewünschten Liquiditätsausstattung kommen, die durch eine (durch die Absorptionseffekte motivierte) Intensivierung der antizyklischen Politik eine Hebelwirkung erhielten. Die stabilitätspolitische Steuerung stellt sich damit noch komplizierter und problematischer dar, als sie bisher bereits ist.

Als spezielles Problem des liquidity-sensitivity-of-spending-channels ist weiter zu berücksichtigen, daß der bisher kritiklos unterstellte Zusammenhang zwischen dem Liquiditätsgrad der Schuldtitel und dem einzelwirtschaftlichen Ausgabenverhalten unter einer zunehmender Institutionalisierung des Kapitalmarkts mit einem neuen Fragezeichen zu versehen ist. Der postulierte Zusammenhang des liquidity-sensitivity-of-spending-channels basiert auf der Vorstellung, die Haushalte würden direkt die öffentlichen Schuldtitel in ihren Wertpapierdepots halten und deshalb deren Liquiditätsgrad für die Ausgabenentscheidung von Bedeutung sein. Erneut greift hier jedoch das Argument, daß mit der massiven Nutzung der institutionellen Anleger als Finanzintermediäre diese enge Verbindung weitestgehend entfällt. Wenn die öffentlichen Schuldtitel in erster Linie in die Depots der institutionellen Anleger gelangen, so kann dies kaum zu einem veränderten Konsumverhalten der privaten Haushalte führen. Für das Verhalten der privaten Haushalte ist lediglich von Bedeutung, welchen Liquiditätsgrad ihre Kapitalanlagen, z.B. die Anteile des von ihnen gehaltenen Rentenfonds, aufweisen. Die Veräußerbarkeit eines Fonds kann aber als unabhängig davon angesehen werden, wie der Liquidi-

47 Grundsätzlich kann die Liquiditätserhöhung im Ausland über den Zusammenhang internationaler Verflechtungen zu Konjunkturimpulsen im Inland führen. Die Steuerbarkeit und Wirkungsstärke der Maßnahmen wird jedoch mit zunehmender Komplexität der Wirkungsketten geringer werden.

48 Eine solche Möglichkeit erscheint realistisch, da die Marktteilnehmer als flexibel angesehen werden und entsprechend bereit sind, schnell zwischen Anlegen in verschiedenen Vermögensgegenständen zu wechseln (vgl. Deutsche Bundesbank Monatsbericht 04/96, S.61)

tätsgrad der im Fond enthaltenen Vermögensgegenstände variiert. Wie bereits bezüglich der Zinseffekte wirken die institutionellen Anleger als Isolierschicht, die nicht nur persönliche Präferenzen, sondern außerdem Transmissionswirkungen der Schuldenstrukturpolitik auf die privaten Haushalte abfängt. Die Existenz der institutionellen Anleger verhindert, daß vom Debt Management initiierte Liquiditätsimpulse direkt zu den Haushalten gelangen und somit deren Konsumausgaben beeinflussen können.

Auch bei der Analyse des letzten von den Vertretern des Stabilitätsansatzes hervorgehobenen Transmissionskanals, der availability-doctrine, kann eine Abnahme ihrer Wirkungsstärke festgestellt werden, da Streueffekte in das Ausland zu berücksichtigen sind. Selbst wenn es dem Debt Management bei der Emission kurzfristiger Schuldtitel möglich wäre, über eine Selektion seiner Gläubiger zu steuern, welche (inländische oder ausländische) Geschäftsbanken die Schuldtitel in ihr Portefeuille aufnehmen, kann keine Aussage über die Lokalisierung der gesamtwirtschaftlichen Liquiditätseffekte getroffen werden. Hinsichtlich der Stabilitätswirkungen ist lediglich von Bedeutung, welche Volkswirtschaft von der Ausweitung des Kreditangebots durch die Geschäftsbanken betroffen wird und in welchen Ländern daraus folgend die Investitionstätigkeit erleichtert wird. Da die Geschäftsbanken in ihrer Funktion als Kreditgeber als Kapitalanbieter zu betrachten sind und mitunter eng mit institutionellen Kapitalsammelstellen verknüpft sind, kann für sie das Prinzip der internationalen Ausrichtung übernommen werden, d.h., daß sie hinsichtlich der Kreditvergabe keine nationalen Präferenzen besitzen. Ob und in welchem Maße also ein Debt Management durch seine Schuldenstrukturierung Einfluß auf die Stabilisierung der nationalen volkswirtschaftlichen Entwicklung nehmen kann, bleibt weitgehend offen. Anhand der availability-doctrine zeigt sich somit ein weiteres Mal, daß die zwischen einer schuldenstrukturpolitischen Maßnahme und ihren stabilitätspolitischen Effekten liegenden Handlungsabläufe infolge der Globalisierung nicht mehr lokal begrenzbar sind und daß entsprechend ebenso die Folgewirkungen zunehmend schlecht steuerbar sind.

In der Summe zeigt sich in den Diskussionen um die Transmissionskanäle der Schuldenstrukturpolitik, daß besonders die Entwicklungen der Internationalisierung und Institutionalisierung des Kapitalmarkts eine stabilitätspolitische Einflußnahme zunehmend erschweren. Schon das erste Zusammenrücken der internationalen Kreditmärkte hat die Bundesbank vor große Probleme gestellt, ihren geldpolitischen Einfluß abzusichern. Nach Köhler ist dies lediglich durch die von der Bundesbank auferlegte Beschränkung der Zulassung von DM-Emissionen auf Deutschland weitergehend möglich gewesen[49]. Eine Beeinflussung oder gar Steuerung der Zinsstruktur auf einem nicht beschränkbaren globalen Kapitalmarkt

---

[49] Vgl. Köhler, C. (1987), S.822

ist daher bestenfalls unter großen Anstrengungen (und Kosten) möglich, und gleichzeitig diffundieren die Liquiditätsimpulse auf die internationalen Märkte und erschweren so eine gezielte Ausstattung der nationalen Volkswirtschaft mit liquiden Mitteln. Wenn also die Bundesbank argumentiert, der mit der europäischen Währungsunion einhergehende Strukturwandel verbessere eine auf Preisstabilität ausgerichtete Geldpolitik[50], so kann sich diese Aussage nur auf eine Geldpolitik der EZB beziehen. Für nationale Institutionen wie das Debt Management des Bundes sind im Gegenteil eine weitgehende Abkehr von stabilitätspolitischen Gesichtspunkten und eine Konzentration auf andere Ziele zu erwarten. Wirtschaftspolitisch ist die beschriebene Entwicklung für den Bund besonders bemerkenswert, da sie zum Ausdruck bringt, daß zum gleichen Zeitpunkt, zu dem das bedeutsame Instrument der Zentralbankpolitik (durch die Übertragung auf die EZB) aus der Hand gelegt worden ist, sich die Einflußmöglichkeiten der Schuldenstrukturpolitik als zweites geldpolitisches Instrument verringern.

5.2.3 und die Setzung neuer Schwerpunkte

Parallel zur Abschwächung der Erfolgsaussichten einer antizyklischen Schuldenstrukturpolitik entwickeln sich die Strukturänderungen am Kapitalmarkt für den Bund als Nährböden für neue Ziele und als Beförderungen insbesondere der fiskalischen Ausrichtung. Neue Motive für eine spezifische Schuldenstrukturierung ergeben sich für den Bund insbesondere infolge der europäischen Währungsunion und des damit verbundenen Wettbewerbs zwischen den Mitgliedsländern um die Standorte der gemeinsamen Finanzmärkte sowie um die Benchmarkfunktion in Europa.

Zur Zeit befindet sich der gemeinsame europäische Kapitalmarkt noch in seiner Entwicklungsphase. Es ist daher noch unklar, an welchen (physikalischen) Finanzplätzen sich der Handel mit auf Euro lautenden Schuldtiteln langfristig etablieren wird. In dem Bemühen, einen Großteil des zukünftigen Handelsgeschehens mit europäischen Finanztiteln an den deutschen Markt zu binden, könnte sich der Bund unter anderem der Schuldenstrukturpolitik bedienen. So wäre es dem Debt Management aufgrund seiner (in der Phase des Übergangs noch vorhandenen) Vorreiterrolle auf dem hiesigen Markt möglich, durch die Anpassung seiner Schuldeninstrumente an internationalen Standards bereits frühzeitig ausländische Anleger anzuziehen. Ebenso könnte die von der damaligen Bundesregierung zum Zwecke der Internationalisierung geforderte Verbreitung bzw. Vertiefung bestimmter Marktsegmente in Deutschland[51] vom Debt Management forciert werden, bevor die Europäische Währungsunion in der Verschmelzung der Kapital-

---

[50] Vgl. Deutsche Bundesbank Monatsbericht 04/98, S.55

[51] Vgl. Pressemitteilung des BMF vom 02.12.1997

märkte mündet. Allgemein gesprochen kann die Schuldenstrukturpolitik im Sinne einer Standortpolitik genutzt werden, in der es durch die Anpassung ihrer Schuldformen einen Beitrag dazu leistet, die Akzeptanz der nationalen Finanzmarktprodukte durch die internationalen Gläubiger zu erhöhen und damit die Grundlage für einen Bedeutungszuwachs des heimischen Kapitalmarkts (im Vergleich zu ausländischen Märkten) zu schaffen.

Ebenfalls in Konkurrenz zu den anderen EWU-Mitgliedsländern steht der Bund vor der Frage, welcher Schuldner von den internationalen Marktteilnehmern am europäischen Kapitalmarkt die Benchmarkfunktion zugesprochen bekommt.[52] Nicht nur um im Sinne der fiskalischen Zielsetzung eine möglichst kostengünstige Verschuldung vornehmen zu können, ist die Benchmarkfunktion auf dem europäischen Kapitalmarkt interessant. Zugleich wird es für das Debt Management leichter, neue Kapitalquellen zu erschließen, und wirtschaftspolitisch behält die Institution, an deren Verschuldungskonditionen sich alle weiteren Gläubiger und Schuldner orientieren, zumindest einen Rest an Einfluß auf die Kapitalmärkte und ihre Entwicklung. Ohne eine normative Wertung dieses Ziels vornehmen zu wollen, kann der Politik zumindest das Bestreben unterstellt werden, ihre Handlungsspielräume und Einwirkungsmöglichkeiten so weit es geht zu erhalten und zu erweitern.

Die Verbesserung der Standortbedingungen und die Erlangung der Benchmarkfunktion sind zwei strategische Ziele, die sich in erster Linie zeitweise, während des Übergangs von den nationalen zu einem europäischen Kapitalmarkt, in den Vordergrund schieben. Daneben kann eine Rückbesinnung auf die „etablierten" allokativen und fiskalischen Ziele entdeckt werden, die nicht allein dadurch zu erklären ist, daß das zunehmende, als außerordentlich hoch wahrgenommene Volumen der Staatsschulden besondere politische Aufmerksamkeit erregt[53]. Insgesamt wirken sich ebenso Globalisierungstendenzen förderlich auf die allokativen und fiskalischen Ziele aus. Im Gegensatz zum antizyklischen Konzept, für das die Globalisierung als Problem bewertet werden muß, da u.a. der Einfluß auf die Zinsstruktur deutlich abnimmt, ist genau diese Entwicklung aus allokativer und fiskalischer Perspektive ein Vorteil. Infolge des größeren Kapitalmarktes wird es so (bei Bedarf) dem Debt Management möglich sein, auch hohe Schuldvolumina einseitig, d.h. über nur eine Schuldenform oder Laufzeit zu emittieren, ohne daß dadurch (allokativ verzerrend wirkende) Friktionen am Kapitalmarkt entste-

---

52 Vgl. Tartler, J. (1998), S.9; Hierbei wird davon ausgegangen, daß zumindest auf absehbare Zeit ein EU-Mitgliedsland, welches an der Währungsunion teilnimmt, die Position als Benchmark einnehmen wird. Grundsätzlich ist es jedoch ebenso möglich, daß andere Orientierungsgrößen durch den Kapitalmarkt letztlich als Benchmark angenommen werden.

53 Vgl. OECD (1993), S.16

hen. Wurde in der traditionellen Theorie die Gefahr der Erzeugung von Friktionen durch eine fiskalische Schuldenstrukturpolitik als zentrale potentielle Konfliktquelle mit der allokativen Zielsetzung identifiziert, so führt die Abnahme schuldenstrukturpolitischer Einflußmöglichkeiten zu einer weitgehenden Zielharmonisierung bzw. zumindest zu einer Abmilderung der bestehenden Konflikte. Selbst wenn z.B. durch die Benchmarkfunktion ein Mindestmaß an Einflußnahme und damit Friktionen einer einseitigen Verschuldung erhalten bliebe, ist der Freiraum, innerhalb dessen eine nebenwirkungsfreie Kreditkostenreduzierung betrieben werden kann, größer als nach den Ansätzen der traditionellen Theorie zur Schuldenstrukturpolitik.

Ein Argument für die erhöhte Bedeutung der fiskalischen Zielverfolgung läßt sich spezifisch für die Mitglieder der europäischen Währungsunion ableiten. Im Rahmen der Abwägung einer antizyklischen Schuldenstrukturpolitik gegen entsprechende Maßnahmen der Zentralbank in der traditionellen Theorie hielt insbesondere Milbradt dem fiskalischen Ansatz von Smith sachgerecht entgegen, dieser würde lediglich die Kosten der verzinslichen Schuld berücksichtigen, die Kosten der (zum Ausgleich der prozyklischen Wirkungen einer fiskalischen Strukturierung notwendigen) geldpolitischen Maßnahmen hingegen zu Unrecht als vernachlässigbar behandeln.[54] Kurioserweise wird dieser in der traditionellen Theorie nachvollziehbare Einwand von Milbradt durch die europäische Währungsunion stark relativiert, wenn ihm nicht sogar die Basis entzogen wird: Angesichts der europäischen Währungsunion ist in Zukunft die Geldpolitik nicht mehr derselben Gebietskörperschaft zuzurechnen wie das Debt Management. Selbst wenn also stabilitätspolitische Wirkungen von der Schuldenstrukturpolitik ausgehen sollten, so sind ihre Kosten aus nationaler Perspektive höher, als wenn eine Geldpolitik über die EZB betrieben würde. Umgekehrt sind die Zinskostenersparnisse einer prozyklisch wirkenden Schuldenstrukturpolitik größer als die Kosten, die eine (die negativen stabilitätspolitischen Folgen) kompensierende Geldpolitik erfordert. Während die mit der Schuldenstrukturpolitik anfallenden Kosten im Ergebnis vollständig bei dem Bund wirksam werden, gilt dies nur zum Teil für die Kosten der Geldpolitik durch die Europäische Zentralbank. Die von der Europäischen Zentralbank erzielten Gewinne werden nach dem Vertrag über die Europäische Union (EU-Vertrag) vom 07.02.1992 entsprechend den Anteilen am gezeichneten Kapital[55] an die Mitgliedsländer der Währungsunion ausgeschüttet[56]. Ein Rück-

[54] Vgl. Kap. 4.3

[55] Die Höhe des gezeichneten Grundkapitals ist nicht frei wählbar, sondern bestimmt sich nach Artikel 29 des Protokolls über die Satzung Europäischen Systems der Zentralbanken und der Europäischen Zentralbank.

[56] Vgl. Protokoll EZB (1992), Art. 33 Abs.1

gang des Zentralbankgewinns infolge der Kompensation einer fiskalischen Schuldenstrukturpolitik[57] würde den Bund somit nur zu einem Teil belasten.

Die Ursache für die unterschiedliche Bewertung von antizyklischer Zentralbankpolitik und antizyklischer Schuldenstrukturpolitik ist darin zu finden, daß bei einem geschlossenen Währungsverbund die Wirkung der Geldpolitik deutlich die Charakterzüge eines Kollektivgutes annimmt. Damit verbunden können je nach institutioneller Ausgestaltung des Währungsverbundes unterschiedliche Handlungsanreize für die Akteure erwachsen. Hinsichtlich der geldpolitischen Maßnahmen durch die nationalen Zentralbanken ist in der europäischen Währungsunion die für eine Kollektivguterstellung typische free-riding-Problematik durch die Bildung der EZB als übergeordnete Institution bereits im Vorwege vermieden worden. Die Konstituierung eines vertraglich festgelegten Arrangements zwischen den Mitgliedsländern gewährleistet dort eine weitgehend koordinierte Verfolgung eines gemeinsamen stabilitätspolitischen Ziels. Anders stellt sich dagegen die Situation für die nationalen Debt Managements dar. Selbst wenn eine (kollektive) antizyklische Schuldenstrukturierung als erfolgversprechend und wünschenswert erachtet würde[58], bestünden für die nationalen Debt Managements nur geringe Anreize, ihre eigene Schuldenstrukturierung danach auszurichten. Wenn aus nationaler Perspektive der eigene stabilitätspolitischen Beitrag durch das Debt Management gering, die mit den Maßnahmen verbundenen Kreditkosten dagegen hoch erscheinen, geraten die einzelnen EWU-Mitgliedsländer bei unabhängiger Strukturgestaltung in eine für das spieltheoretische Gefangenendilemma typische Entscheidungssituation. Gegeben die Schuldenstrukturen der weiteren Mitgliedsländer ist es für jeden Teilnehmer der Währungsunion individuell-rational, auf eine antizyklische[59] Schuldenstrukturierung zugunsten des fiskalischen Ziels zu verzichten[60]. Im Endeffekt resultiert aus der europäische Währungsunion damit für das Debt Management des Bundes die Entscheidungssituation, die Smith seinen Überlegungen zugrundegelegt hat: Im Normalfall ist eine stabilitätsorientierte Geldpolitik über die Zentralbank mit spürbar geringeren Kosten verbunden als über die Schuldenstrukturpolitik.

---

57 Unter der Annahme, daß die EZB alle prozyklischen Impulse ihrer Gliedstaaten zu kompensieren sucht.

58 Dieser Überlegung wird vereinfachend zugrundegelegt, daß eine einhellige Auffassung darüber besteht, welche schuldenstrukturpolitischen Maßnahmen anzustreben sind.

59 Auch auf andere Ziele mit Kollektivgutkomponenten (so etwa auch bei eventuell verbleibenden Zielkonflikten mit der allokativen Zielkomponente) kann diese Argumentation grundsätzlich übertragen werden.

60 Für eine vergleichbare spieltheoretische Modellierung eines Währungsverbundes mit unabhängigen Möglichkeiten der Geldschöpfung vgl. Illing, G. (1997), S.341f.

Wenn nun das fiskalische Ziel in Zukunft als mutmaßlich wichtigster Orientierungspunkt für das Debt Management identifiziert wurde, so wird ferner zu berücksichtigen sein, daß seine Erfüllung (ebenfalls ausgelöst durch die geänderten Rahmenbedingungen) schwieriger geworden ist. Zum einen ergeben sich durch die Vergrößerung des Kapitalmarktes erweiterte Handlungsspielräume einer Schuldenstrukturierung, um die Kreditkosten so gering wie möglich zu halten. Unter den prognostizierten Entwicklungen ist es für das Debt Management eher möglich, sich bei der Verschuldung auf einzelne Schuldformen oder Laufzeitenbereiche, die mit niedrigen Kreditkosten verbunden sind, zu konzentrieren. Im Idealfall, wenn von der Wahl der Verschuldungsform durch den Bund keinerlei Rückwirkung auf den Kapitalmarkt ausgeht, wäre es theoretisch sogar möglich, den kompletten Kreditbedarf über eine einzige Schuldform zu decken.

Für die Beantwortung der Frage, ob es selbst bei ausschließlicher Orientierung an dem fiskalischen Ziel angezeigt ist, sich einseitig in Bereichen mit vermeintlich niedrigen Zinskosten zu verschulden, werfen die Entwicklungen im Umfeld des Debt Managements neue Probleme auf. Bereits im Rahmen des fiskalischen Ansatzes der traditionellen Theorie wurde auf die Abhängigkeit der optimalen Schuldenstruktur von den jeweiligen Refinanzierungskonditionen der verschiedenen Schuldtitel hingewiesen. Um im Zuge der Schuldenstrukturplanung aus dem breiten Spektrum an Schuldeninstrumenten des Debt Managements die kostengünstigsten auszuwählen, reicht es nicht aus, allein die aktuell existierenden Verschuldungsbedingungen einander gegenüber zu stellen. Ebenso sind die Vorstellungen über die Refinanzierungsmöglichkeiten aller Schuldtitel, die während der betrachteten Planungsperiode fällig werden, zu berücksichtigen. Inbesondere der (zumindest zum gegenwärtigen Zeitpunkt gegebene) Charakters der Schuld des Bundes als Dauerschuld bewirkt, daß die Entscheidungen und das Handeln des Debt Managements stark zukunftsbezogen sind und eine kurzfristige Beurteilung von Finanzierungsalternativen anhand von bloßen Ist-Werten nicht den Anforderungen an eine Wirtschaftlichkeitsprüfung genügt. Durch den Zukunftsbezug wird deutlich, daß als Grundlagen für schuldenstrukturpolitische Maßnahmen neben den Ist-Daten auch unsichere Informationen genutzt werden müssen. Die Erkenntnis, daß alle Entscheidungen des Debt Managements, die beanspruchen, sämtliche relevanten Verschuldungsvarianten berücksichtigt zu haben, unausweichlich unter Unsicherheit bzw. unter Risiko getroffen werden, verleiht dem scheinbar griffigen Ziel der Zinskostenminimierung eine zusätzliche Dimension: Zwei mit gleichen prognostizierten Zinskosten verbundene Schuldformen können unterschiedliche Risiken aufweisen und dadurch als nicht gleichwertig angesehen werden. Im Vergleich zur traditionellen Theorie zum Debt Management ist das geschilderte Problem zwar nicht neu, bei Eintritt der erwarteten Entwicklung gewönne es aber zunehmend an Bedeutung. Übersetzt in die Zielfunktion der Kreditkostenminimierung bedeutet dies im Vergleich zur traditionellen Theorie, daß die erhöhte Zinsvolatilität und eine eventuelle Schuldenkonzentration in einem ex ante als zinsgünstig eingestuften Marktsegment ex post zu deutlich stärkeren Abweichungen von den Plankosten führen können. Die Gefahren einer Fehlplanung und -entscheidung des Debt Managements nehmen unter diesen Umständen zu. Die Erörterung, in welcher Weise das erhöhte Risiko im Sinne des fiskalischen Ziels beeinflußt werden kann und sollte, wird im Hinblick auf die Überlegungen in Kap. 6.2 an dieser Stelle zwar zurückgestellt, festzuhalten bleibt jedoch, daß eine fiskalische Zielsetzung unter den geänderten Rahmenbedingungen nicht mehr allein auf die entstehenden Zinsströme abstellen kann. Vielmehr sind auch die Risiken, die mit einer Kreditaufnahmen verbunden sind, relevante Entscheidungskriterien[61].

Nimmt man alle vorstehenden Argumentationen, die auf die Gegenüberstellung der traditionellen Theorie mit den aktuelleren Entwicklungen in Tätigkeitsbereich des Debt Managements abstellen, zusammen, kann von einer deutlichen Umorientierung in der Schuldenstrukturpolitik ausgegangen werden. Es ist zu betonen, daß die relevanten Zielkategorien (lediglich ergänzt um temporäre strategische Überlegungen) zwar weiterhin für die Bewertung der Verschuldungsalternativen maßgeblich sind, daß durch die Veränderung ihrer Beeinflußbarkeit aber eine Verlagerung der Zielschwerpunkte erfolgt. Damit wird deutlich, daß die Zielverfolgung der Debt Managements grundsätzlich nicht statisch und verallgemeinerbar ist, sondern wesentlich von den Umgebungsvariablen abhängt. Die gegenwärtige Entwicklung spricht zwar dafür, daß das fiskalische Ziel an Bedeutung zunehmen wird. Es ist aber theoretisch nicht auszuschließen, daß, wenn durch heute nicht absehbare Entwicklungen Resteinflüsse der Schuldenstrukturpolitik über Transmissionskanäle erhalten bleiben bzw. sich neue Einflußmöglichkeiten eröffnen, der stabilitätspolitischen Zinskomponente durch die politischen Entscheidungsträger eine derart bedeutende Funktion erneut zukommen wird, daß selbst Wirkungsabsorptionen durch das Ausland in Kauf genommen würden. Die beschriebenen Folgen des Wandels in der Schuldenstrukturpolitik sind insofern nicht ausreichend, um das antizyklische Konzept vollständig zu verwerfen und die Kreditkostenoptimierung als dauerhafte und dominante Strategie für die Schuldenstrukturpolitik festzulegen.

5.3 Entwicklungen in europäischen Debt Managements

Die verschiedenen Veränderungen in den Rahmenbedingungen des Debt Managements sind nicht allein für die theoretische Diskussion von Bedeutung. Es lassen sich die Zwänge, die aus den spezifischen Änderungen resultieren, ebenso klar

---

[61] Vgl. OECD (1993), S.70

in den aktuellen Entwicklungen der Praxis wiedererkennen. Zur Ermittlung eines „Trends“ in den zukünftigen Verhaltensmustern der Schuldenstrukturpolitik liefern zwei der wichtigsten europäischen Debt Managements seit einiger Zeit bereits deutliches Anschauungsmaterial. Frankreich und Großbritannien stechen hinsichtlich der Konsequenz und Transparenz ihrer Bestrebungen zur Umorientierung in der Schuldenstrukturpolitik hervor. Beide Länder haben im Vergleich zu Deutschland früh begonnen, sich über eine Veränderung ihres Instrumentariums und ihrer Strategien an die Globalisierungsentwicklungen anzupassen. Mittlerweile hat das deutsche Debt Management jedoch „nachgezogen“ und sein Verhalten an die beiden erstgenannten Länder angepaßt. Wie die folgenden Erörterungen belegen, findet im Ergebnis der Umgestaltungsmaßnahmen eine offensichtlich Abkehr von antizyklischen Schuldenstrukturgestaltungen statt.

5.3.1 Frankreich

Die erste aktive Weichenstellung innerhalb des Debt Managements in Richtung auf die Bildung eines globalen und in diesem Fall speziell eines europäischen Kapitalmarktes ist in Frankreich vollzogen worden. Mit der Einführung der erstmals auf ECU lautenden langfristigen Anleihen OAT (Obligations assimilables du Trésor) bereits im Mai 1989 wurde durch das französische Debt Management der erste Schritt seiner betont europäisch ausgerichteten Schuldenstrukturpolitik unternommen. Vertieft wurde die Ansprache internationaler Anleger, als bereits 1993 die Emission der kurzfristigen Staatstitel BTAN (Bons du Trésor à taux fixe et intérêts annuels) in ECU als weiterer Meilenstein hinzu kam. Im Zuge diese Maßnahmen hat das Umlaufvolumen der börsenfähigen ECU-Schuldtitel in 1996 den bedeutenden Anteil von 5,7% aller im Umlauf befindlicher börsenfähiger, französischer Schuldtitel erreicht.[62] Aus diesen Maßnahmen läßt sich unmittelbar ein Indiz für den Verzicht auf eine antizyklische Schuldenstrukturpolitik ableiten. Das französische Debt Management hat sich frühzeitig und ohne äußere Not aus dem begrenzten nationalen, jedoch durch den Staat stark beeinflußbaren Kapitalmarkt hinausbegeben. Dies bedeutet, daß das Debt Management gleichzeitig den für eine diskretionäre antizyklische Einflußnahme relevanten nationalen Wirkungskanälen ausweicht bzw. bewußt auf eine Nutzung derartiger Kanäle verzichtet.

Ein weiterer Schritt, der belegt, daß sich das französische Debt Management nicht um den Erhalt von wirtschaftspolitischen Steuerungsmöglichkeiten bemüht, ist die Anpassung seines schuldenstrukturpolitischen Instrumentariums an die Bedürfnisse internationaler Anleger. Parallel zu der Währungsumstellung ist das Repertoire der Schuldeninstrumente konsequent nach den Grundsätzen der Einfachheit, Li-

---

62 Vgl. Tresor de France (1997), Abschnitt: *Die ECU-Staatspapiere*

quidität und Transparenz ausgerichtet worden.[63] Hohe Liquidität und Einfachheit werden beispielsweise durch die Verwendung von re-opening-Techniken (Assimilationstechniken) erreicht. D.h. neue Wertpapieremissionen werden hinsichtlich aller Charakteristika (wie Nominalzins, Laufzeitende, etc.) an bereits existierende öffentliche Wertpapiere angepaßt[64]. Die neuen Titel werden dadurch in einen bereits existierenden Sekundärmarkt eingefügt, dessen Tiefe und Liquidität sich mit der neuen Emission erhöhen. Zugleich bedeutet die Assimilation neuer Emissionen in bestehende Märkte eine Vereinfachung im Hinblick auf die Anzahl der Schuldtitel: es werden keine neuen Titel geschaffen, sondern es werden lediglich bestehende im mengenmäßigen Umfang erweitert. Entsprechend ist es dem französischen Debt Management in der Vergangenheit möglich gewesen, z.B. die Anzahl der unterschiedlichen OAT auf zehn Varianten begrenzen, obwohl eine Versteigerung von ECU-Staatspapieren monatlich stattgefunden hat[65].

Als dritte Maßnahme in Richtung einer internationalen Ausrichtung werden seit 1992 über institutionalisierte Emissionspläne sowohl eine hohe Transparenz als auch eine strikte Bindung der schuldenstrukturpolitischen Handlungen angestrebt – ganz so, wie es Friedman nach dem neutralen Ansatz gefordert hat[66]. Durch die Bindung der Verschuldungen nicht nur in bezug auf die regelmäßigen Zeitpunkte, sondern auch hinsichtlich der Emissionsvolumina (unter Vorgabe eines Mindestumfangs der Emissionen)[67] verbleiben kaum noch Handlungsspielräume, die im Sinne einer antizyklischen Stabilisierungspolitik genutzt werden könnten. Statt dessen wird zum Vorteil der anderen Marktteilnehmer eine verbesserte Planungssicherheit hinsichtlich des Verhaltens des öffentlichen Schuldners erreicht.

Aus welchen Motiven eine Anpassung der Schuldenstrukturgestaltung an die internationalen Kapitalmarktusancen betrieben wurde, läßt sich, abgeleitet aus den eigenen Aussagen des französischen Debt Managements, aus einer Mischung verschiedener Zielkategorien erklären. Zum einen wird bezüglich der allokativen Wirkungen herausgestellt, daß durch den Wechsel in einen vergrößerten und liquideren Markt, Einflüsse auf das Marktgeschehen vermieden werden und es zusätzlich leichter fällt, den regelmäßigen Kreditbedarf einfach (im Sinne des Oberziels) und kosteneffizient zu decken. Zum anderen betont das Debt Management die strategischen Vorteile einer Vorreiterrolle auf dem europäischen Kapitalmarkt, wenn mit dem Euro der Wettbewerbsdruck zwischen den staatlichen Schuldnern zunehmen wird[68]. Im Hinblick auf eine starke strategische Stellung auf dem euro-

63 Vgl. Tresor de France (1997), Abschnitt: *Vom ECU zum Euro*
64 Vgl. OECD (1993), S.19
65 Vgl. Tresor de France (1997), Abschnitt: *Die ECU-Staatspapiere*
66 Vgl. Friedman, M. (1965), S.63f.
67 Vgl. Tresor de France (1997), Abschnitt: *Die ECU-Staatspapiere*
68 Vgl. Tresor de France (1997), Abschnitt: *Vom ECU zum Euro*

päischen Kapitalmarkt hat Frankreich bereits große Fortschritte erzielt. Sein Debt Management hat große Erfahrung im Umgang mit internationalem Kapital und eine Reputation bei den internationalen Anlegern aufgebaut, die wichtig sind, um als Marktführer akzeptiert zu werden und den Handel mit internationalem Kapital an die heimischen Finanzmärkte zu ziehen. Im Wettbewerb um die Gunst der internationalen Anleger hat es Frankreich geschafft, in Paris den nach den Vereinigten Staaten zweitliquidesten und durch internationales Kapital geprägten Finanzmarkt zu etablieren[69]. Frankreich werden deshalb neben Deutschland die besten Chancen eingeräumt, sich im Hinblick auf den Wettbewerb um die Benchmarkposition und den Standortwettbewerb in Europa durchzusetzen[70].

Insgesamt liefern die Umstrukturierungsmaßnahmen in Frankreich ein konsistentes Bild eines auf Marktanpassung ausgerichteten Debt Managements, dessen Ausrichtung sich weit von einer antizyklischen Strukturierung entfernt und statt dessen allokative bzw. fiskalische Ziele anstrebt. Die Orientierung der Schuldenstrukturpolitik an den Präferenzen internationaler Anleger bietet (bzw. bot speziell zu einem Zeitpunkt, zu dem viele nationale Debt Managements primär auf den heimischen Kapitalmarkt ausgerichtet waren und damit keine unmittelbare Konkurrenz darstellten) die Möglichkeit, auf ein breiteres Kapitalangebot zu treffen und darüber tendenziell zu einer effizienteren und kostengünstigeren Verschuldung zu gelangen.

5.3.2 Großbritannien

Einen interessanten Vergleich zur französischen Schuldenstrukturpolitik liefert die Gegenüberstellung mit dem britischen Debt Management. Obwohl Großbritannien an der ersten Phase der europäischen Währungsunion und infolge dessen am strategischen Wettbewerb um die Benchmarkposition der Euro-Schuldner nicht partizipiert, ist auch dort eine bewußte Umorientierung in der Schuldenstrukturpolitik zu erkennen. Dabei macht das britische Schatzamt (HM Treasury) als Träger der Schuldenstrukturpolitik den Wechsel in seiner Prioritätensetzung explizit wie kein anderes. Im Financial Statement and Budget Report 1990/91 werden die verfolgten Ziele noch in folgender Rangfolge aufgeführt:

> *"(i) to support and complement monetary policy*
> *(ii) subject to this, to avoid distorting financial markets*
> *(iii) subject to this, to fund at least cost and risk"*[71]

---

[69] Vgl. Tresor de France (1997), Abschnitt: *Vom ECU zum Euro*
[70] Vgl. Tartler, J. (1998), S.9
[71] Vgl. HM Treasury (1996a), Abschnitt: *Objectives of the Debt Management Policy*

Die Schuldenstrukturpolitik war demnach primär durch eine stabilitätspolitische Orientierung geprägt (wobei durch die vorliegende Formulierung noch keineswegs festgelegt ist, ob die Schuldenstrukturierung im Sinne der traditionellen Theorie zur Schuldenstrukturpolitik diskretionär antizyklisch zu gestalten sei), in zweiter Linie galt es allokative Gesichtspunkte zu beachten, und erst dann war das fiskalische Kriterium von Interesse. Distributive Überlegungen fanden in den Entscheidungen über die Strukturierung keine explizite Berücksichtigung.

In der Debt Management Review vom 10.11.1994 wird jedoch eine radikale Veränderung der bis dato gültigen Zielhierarchie dokumentiert. Dort wird formuliert (und bis heute hat der Inhalt dieses Satzes Gültigkeit[72]):

> *"The primary objective of the debt management policy is to minimize over the long term the cost of matching the government's financing needs, taking account of risks, whilst ensuring that debt management policy is consistent with monetary policy"*[73].

Und konkretisierend heißt es:

> *"debt management is not a major tool of monetary policy; nor is monetary policy the main objective of debt management"*[74].

Aus den beiden Zitaten lassen sich folgende zentrale Aussagen hinsichtlich der neuen Zielausrichtung deutlich herauslesen. Erstens tritt die Bedeutung des bisher vorrangigen Ziels der Stabilitätspolitik durch die Formulierung als Nebenbedingung deutlich in den Hintergrund. Wenn ergänzend die Geldpolitik gedanklich auch noch von der Schuldenstrukturpolitik getrennt wird, so folgt daraus, daß letztere ihr Hauptaugenmerk nicht mehr auf etwaige geldpolitische Kanäle legen soll. Diese Kanäle bilden jedoch die einzigen Ansatzpunkte für ein stabilitätsorientiertes Debt Management, und wenn sie nicht mehr im Mittelpunkt der Betrachtung stehen, entspricht dies einer relativen Unterordnung von konjunkturellen Erwägungen unter andere Ziele. Durch die grundsätzliche Forderung nach einer Abstimmung mit anderen geldpolitischen Entscheidungsträgern bleibt eine allgemeine Stabilisierungspolitik allerdings weiterhin anerkannt. In diesem Zusammenhang ist zu beachten, daß Geldpolitik und Schuldenstrukturpolitik in Großbritannien lange Zeit ohnehin institutionell nicht derart strikt voneinander getrennt waren wie in Deutschland. Traditionell ist die Bank of England als Zentralbank

---

72 Vgl. HM Treasury (2000)
73 Vgl. HM Treasury (1996a), Abschnitt: *Executive Summary*
74 Vgl. HM Treasury (1996a), Abschnitt: *Objectives of the Debt Management Policy*

von Großbritannien stark mit der Schuldenpolitik verflochten[75]. Bis zur vollständigen Unterstellung aller mit der Schuldengestaltung und -verwaltung verbundenen Tätigkeiten unter das Schatzamt am 6.5.1997[76] konnte daher erwartet werden, daß stabilitätspolitische Ziele, sofern sie von der Bank of England verfolgt wurden, ohnehin nicht vollständig vernachlässigt blieben.

Als weitere zentrale Aussage ist den angeführten Zitaten unmittelbar zu entnehmen, daß (die Deckung des staatlichen Kreditbedarfs vorausgesetzt) in der Zukunft die Minimierung der Kreditkosten vorrangiges Ziel der britischen Debt Managements ist. Um diese Zielvorgabe zu erreichen, strebt HM Treasury erklärtermaßen an, daß mit diversen geplanten bzw. teilweise bereits vorgenommenen Umstellungen des schuldenstrukturpolitischen Instrumentariums eine Entwicklung der britischen Finanzmärkte vollzogen wird, wie sie in Frankreich bereits abgeschlossen ist. Das britische Debt Management setzt daher ebenso re-opening-Techniken zur Vertiefung der Sekundärmärkte ein und greift die frühzeitige Veröffentlichung eines Emissionskalenders für staatliche Anleihen auf.[77]

In welcher Weise eine Verbesserung der Allokation, wie im Budget Report 1990/91 noch direkt gefordert, als erstrebenswert erachtet wird, ist nicht eindeutig dokumentiert. Selbst wenn durch die Erweiterung des Kapitalmarktes von einer größeren Zielharmonie zwischen Allokationsziel und fiskalischem Ziel ausgegangen werden kann, erscheint die vollständige Vernachlässigung allokativer Gesichtspunkte im oben zitierten Zielkatalog ungewöhnlich. Und tatsächlich findet trotz seiner fehlenden expliziten Erfassung das Allokationsziel indirekt Berücksichtigung durch HM Treasury. In verschiedenen Argumentationszusammenhängen zur Begründung finanz- und schuldenstrukturpolitischen Schritte nutzt das britische Schatzamt Hinweise auf die Verbesserung von Markteffizienz und die Beseitigung von Verzerrungen. So wird etwa für die Umgestaltung der Besteuerung von Kapitaleinkünften aus Anleihen im Hinblick auf ihre schuldenpolitischen Aufgaben argumentiert, daß eine steuerliche Erfassung aller Erträge aus Anleihen (d.h. sowohl der Zinserträge als auch der Kurswertveränderungen) die Besteuerung neutraler und dadurch den Kapitalmarkt effizienter gestalte[78]. Und zusätzlich wird in diesem Sinne im Debt Management Report 1996/97 eine Ver-

[75] Der Gründungszweck der Bank of England bestand 1694 allein darin, den Staat mit Kreditmitteln zu versorgen, also die ureigene Funktion der heute als Debt Management bezeichneten Institution zu übernehmen. (vgl. Valdez, S. (1997), S.41f.) Sie sah sich daher lange Zeit noch in ihrer vornehmlich ausführenden Rolle als eigentliches Debt Management und HM Treasury „nur" als Emittenten an. (vgl. HM Treasury (1996a), Abschnitt: *Foreword by the Governor of the Bank of England*)

[76] Vgl. HM Treasury (2000)

[77] Vgl. HM Treasury (1996b), Abschnitte: *Introduction* und *Table 4*

[78] Vgl. HM Treasury (1996a), Abschnitt: *Tax*,

besserung der Effizienz des Anleihemarktes und des gesamten britischen Finanzsystems (als Folge der bis zu jenem Zeitpunkt durchgeführten Änderungen) besonders hervorgehoben.[79] Selbst wenn eine Reihe der allokativ begründeten Maßnahmen nicht unmittelbar in den Aufgabenbereich des Debt Managements fallen, so deutet ihre Berücksichtigung im Debt Management Report doch darauf hin, daß HM Treasury die unterschiedlichen finanzpolitischen Instrumente gebündelt auf einheitliche Ziele ausrichtet. Den Argumentationen des britischen Debt Managements folgend, sind die allokativen Ziele damit zwar wie die stabilitätspolitischen Aspekte in den Hintergrund getreten, von eine vollständigen Abkehr von diesen Zielen kann aber keine Rede sein.

Ähnlich deutlich wie das neue Zielsystem selber lassen sich auch die Ursachen für die angesprochenen deutlichen Änderungen im Zielsystem des britischen Debt Management aus der Debt Management Review herauslesen. Unmittelbar von den fortschreitenden Maßnahmen des französischen Debt Managements angeregt, trägt HM Treasury dem zunehmenden Wettbewerb um internationale Kapitalgeber Rechnung. Für den britischen Kapitalmarkt werden die bereits angeführten Argumente wie die erhöhte Kapitalmobilität der Anleger oder steigende Volatilitäten als hinreichende Gründe angesehen, die eine inhaltliche Überarbeitung der öffentlichen Angebots an Schuldtiteln erforderlich machen[80]. Die einzelnen Entwicklungen, mit denen sich die Globalisierung der Kapitalmärkte verbindet, können als letztliche Ursachen dafür angesehen werden, daß sich das britische Debt Management einer Modernisierung unterzogen hat. Belegt durch die zahlreichen Konsultationen mit institutionellen Anlegern und Finanzintermediären, zeigt sich das britische Schatzamt gewillt, sich von der dominanten Position auf dem nationalen Markt zu lösen und seine Schuldenstrukturpolitik bewußt an den Wünschen der international agierenden Gläubiger auszurichten.[81] Obwohl keine strategische Anreize (wie beim oben betrachteten französischen Debt Management) dafür existieren, sich im Hinblick auf die europäische Währungsunion eine gute Position bei den Anlegern zu sichern, bemühen sich die Briten, die eigenen Schuldtitel für den internationalen Wettbewerb zu rüsten. Allein die Globalisierungsentwicklung kann deshalb als ausreichende Ursache dafür interpretiert werden, daß sich das Debt Management einem strukturellen und konzeptionell durchdachten Wandel unterzieht.

---

[79] Vgl. HM Treasury (1996b), Abschnitt: *Foreword*

[80] Vgl. HM Treasury (1996a), Abschnitt: *Introduction*

[81] Vgl. HM Treasury (1996a), Abschnitt: *Consultations with the market*

5.3.3 Deutschland

Angesichts der Bemühungen in anderen Ländern, die Schuldenstrukturpolitik zu modernisieren, ist es nicht verwunderlich, daß auch in Deutschland in den 90er Jahren verstärkt Anzeichen für eine veränderte wirtschaftspolitische Nutzung des Debt Managements zu entdecken sind. Anhaltspunkte für eine zunehmende Beachtung des Debt Managements als wirtschaftspolitisches Instrument lassen sich besonders deutlich in den Vorschlägen des Forum Finanzplatz beim BMF (einem regelmäßig zusammentretenden Gesprächskreis, zusammengesetzt aus Vertretern der Bundesregierung, der Banken, Versicherungen, Emittenten und Börsen[82]) erkennen. Gleichgerichtet mit andere wirtschaftspolitischen Maßnahmen (wie z.B. den Finanzmarktförderungsgesetzen) wird die Schuldenstrukturpolitik als wichtiges Instrument zur Forcierung und Förderung des deutschen Finanzmarkte angesehen.

Vom Forum Finanzplatz wird die Notwendigkeit, größtmögliche Anstrengungen in die Förderung der deutschen Finanzplatzes zu setzen (und damit eine veränderte Schuldenstrukturpolitik zu betreiben), zum einen über die Entwicklungen begründet, wie sie oben unter dem Globalisierungsbegriff zusammengefaßt wurden. Zum anderen werden in der Schaffung der EU-Binnenmarktes, den finanziellen Belastungen infolge der deutschen Einheit sowie in der Wandlung Deutschlands zu einem Kapitalimporteur Sonderentwicklungen gesehen[83], die speziell Deutschland in einen Wettbewerb mit anderen Finanzplätzen drängen. Der (Standort-)Wettbewerb wird als derart bedeutend hervorgehoben, daß neben schuldenstrukturpolitischen Maßnahmen ein breites Spektrum wirtschaftspolitischer Instrumente, bis hin zu steuerrechtlichen Änderungen (so die Abschaffung der Börsenumsatz-, Wechsel- und Gesellschaftsteuer mit dem Ersten Finanzmarktförderungsgesetz), konzertiert gefordert bzw. umgesetzt wurde und wird.

Von Seite der Bundesregierung wurden 1997 dementsprechend dem Debt Management zwei Aufgaben konkret zugewiesen, mit deren Erfüllung eine Stärkung des deutschen Finanzmarktes erwartet wurde: Erstens sollte durch eine Umstrukturierung des schuldenstrukturpolitischen Instrumentariums der deutsche Finanzmarkt verbreitert und vertieft werden, um den Anlagepräferenzen der internationalen Kapitalgeber besser gerecht werden zu können[84]. Und zweitens sollte das Debt Management anstreben, den Bund als Benchmark auf dem Finanzmarkt der EWU zu etablieren[85].

---

82 Vgl. Pressemitteilung des BMF vom 8.7.1997
83 Vgl. Pressemitteilung des BMF vom 8.7.1997
84 Vgl. Pressemitteilung des BMF vom 2.12.1997
85 Vgl. Pressemitteilung des BMF vom 4.12.1997

Tatsächlich hat zur Veränderung des schuldenstrukturpolitischen Instrumentariums das Debt Management bereits 1996 (im Vorgriff auf die Forderungen der Bundesregierung) erstmals Schuldtitel mit einer Laufzeit von unter einem Jahr sowie nach langer Pause wieder eine 30-jährige Anleihe aufgelegt. Zusätzlich ist seit 1997 ein „Stripping", d.h. die Trennung einer Anleihe von ihrem Zinsertragsschein, bei Schuldtiteln des Bundes möglich[86]. Eine Vertiefung des Marktes für öffentliche Schuldtitel ist neben der Diversifizierung seit 1998 erreichbar, seitdem es dem Debt Management möglich ist, die Sondervermögen des Bundes unter dessen Adresse zu bündeln.[87] Die damit verbundene verbesserte Liquidierbarkeit der Schuldtitel des Bundes wird vom Forum Finanzplatz zugleich als die zentrale Voraussetzung für die Erreichung des zweiten Ziels, der Benchmarkfunktion angesehen[88].

Versucht man, die neuen, der Schuldenstrukturpolitik vorgegebenen Zielsetzungen (Förderung des Finanzplatzes und Erlangung der Benchmarkfunktion) in den traditionellen Zielzusammenhang zu stellen, so bieten sich grundsätzlich verschiedene Interpretationsmöglichkeiten. Die Förderung des deutschen Finanzplatzes ist im wesentlichen als standortpolitische Zielsetzung zu sehen, die der strategischen Vorteilserzielung gegenüber bzw. im Wettbewerb mit anderen Mitglieder der EWU dient. Zwar meint das Forum Finanzplatz darüber hinaus unter Hinweis auf die gesamtwirtschaftliche Verantwortung des Staates, die Förderung der deutschen Finanzplatzes als Voraussetzung für eine effiziente Allokation zu identifizieren[89]. Diese Argumentation ist jedoch nur dann halbwegs nachvollziehbar, wenn unter „Gesamtwirtschaft" nicht die EWU (als Summe der betroffenen Wirtschaften) verstanden wird, sondern „nur" die deutsche Volkswirtschaft, deren Interessenvertreter das Debt Management des Bundes darstellt. Zwar ist es grundsätzlich nachvollziehbar, daß „ohne ein funktionierendes Finanzsystem eine optimale Ressourcenallokation nicht möglich" sei, unter allokativen Gesichtspunkten bleibt es aber selbst aus nationaler Perspektive relativ unbedeutend, ob der Finanzplatz beispielsweise in Frankfurt oder in Paris angesiedelt ist.

Die von der Bundesregierung geforderte Benchmarkfunktion unterstützt grundsätzlich zwei Zielkategorien des Debt Managements. Durch ihre überragende Bedeutung für die internationalen Anleger zieht sie zum einen Kapital an und unterstützt dadurch das strategische Ziel der Finanzplatzförderung. Nicht zu übersehen ist zum anderen, daß die mit der Benchmarkfunktion verbundenen Renditevorteile

---

[86] Vgl. BMF/BMJ (1997), S.9; Zeitgleich hat sich HM Treasury zu dem gleichen Schritt entschlossen (vgl. HM Treasury (1996b), Abschnitt: *Developments in the Structure of the Gilt Market*

[87] Vgl. Pressemitteilung des BMF vom 4.12.1997

[88] Forum Finanzplatz (1997), Abschnitt: *Entwicklung seit Mitte der 80er Jahre*

[89] Forum Finanzplatz (1997), Abschnitt: *Entwicklung seit Mitte der 80er Jahre*

gleichzeitig dem Debt Management zu einer kostengünstigeren Kreditfinanzierung verhelfen. Dieses mit der Benchmarkfunktion explizit angestrebte Ziel[90] ist eine Hinweis darauf, daß die vom Forum Finanzplatz genannten Globalisierungs- und deutschlandspezifischen Entwicklungen faktisch die fiskalische Komponente in der Zielsystematik der Schuldenstrukturpolitik tendenziell in den Vordergrund rücken. Daß dabei allerdings andere gesamtwirtschaftlich Zielkategorien nicht völlig ignoriert werden, signalisiert die argumentative Berücksichtigung allokativer Kriterien durch das Forum. Auch weiterhin ist davon auszugehen, daß Aspekte, die über die eigene Interessenwahrung des Bundes hinausgehen, relevante Beurteilungsgrundlagen darstellen.

Obwohl sich für Außenstehende ein Bild der derzeitigen Zielverfolgung der Debt Managements des Bundes nur indirekt, aus dessen Partizipation an der Förderung des deutschen Finanzplatzes, gewinnen läßt, deuten die gesammelten Indizien auf eine verstärkt fiskalische Ausrichtung hin. Dieser Trend kann als Folge der Ausrichtung des heimischen Marktes auf die Bedürfnisse der internationalen Anleger interpretiert werden, wie die Parallelität der aufgedeckten Argumentationsmuster und der erkennbaren schuldenstrukturpolitischen Handlungen mit denen des französischen und britischen Debt Managements belegt. Ähnlich den international uniformen, auf ein Stabilitätspolitik ausgerichteten Veränderungen in den 70er Jahren werden heute die Sekundärmarktstrukturen und -abläufe und auch Markttechniken und Titelausstattungen zunehmend einheitlich an die etablierten Standards angepaßt, um effiziente und sichere Märkte für Staatsschulden zu erhalten[91]. Ob die These, daß „[k]onjunkturpolitische Ziele .. heute für die Schuldenmanager ... keine Rolle mehr [spielen]“[92] in dieser Schärfe zutrifft, läßt sich zum heutigen Zeitpunkt nicht mit Bestimmtheit bestätigen; die nahezu vollständige Vernachlässigung des Stabilitätskriteriums in der aktuellen Diskussion einer Umgestaltung verdeutlicht zumindest, daß die Rolle als dominierendes Zielkriterium gegenwärtig von anderen Zielen eingenommen wird.

---

90 Vgl. Pressemitteilung des BMF vom 4.12.1997 und Forum Finanzplatz (1997), Abschnitt: *Weitere Förderung für den Finanzplatz Deutschland*

91 Vgl. OECD (1993), S.15

92 Tartler, J. (1996), S.8

Kapitel 6 Derivate – neue Instrumente der Schuldenstrukturpolitik

Die unter dem Stichwort der Globalisierung zusammengefaßte Entwicklung auf den Kapitalmärkten und ihre Folgen berühren naturgemäß nicht allein den Staat, dem die bisher getroffenen Aussagen gegolten haben. Ebenso werden international tätige Unternehmen, und insbesondere Banken, Versicherungen und andere Gesellschaften des Finanzsektors, in ihrer Tätigkeit von gewandelten Kapitalmärkten sowie den erhöhten Zins- und Währungsvolatilitäten beeinflußt. Um speziell den veränderten Marktrisiken[1] besser begegnen zu können, ist im privatwirtschaftlichen Sektor ein breites, „heterogene[s] Spektrum von neuartigen Finanztiteln, Finanzierungstechniken, Investitionsstrategien und institutionellen Neuerungen“[2] entwickelt worden, das unter dem (Sammel-) Begriff der Finanzinnovationen zusammengefaßt wird[3].

Eine herausragende Bedeutung innerhalb der Fülle von Finanzinnovationen nehmen die Finanzderivate ein.[4] Nicht nur, daß sie (derzeit) eine explosionsartige Verbreitung erfahren und als Mittelpunkt der Innovationen wahrgenommen werden. Insbesondere ihr, im Vergleich zu anderen Instrumenten, enger Zusammenhang mit den angesprochenen Preisschwankungen schafft die Grundlage dafür, daß Finanzderivate besonders geeignet erscheinen, einen Einfluß auf risikobehaftete Komponenten einer Vermögens- oder Schuldenzusammensetzung auszuüben. In diesem Sinne bieten sich Zinsderivate auch dem Debt Management des Bundes unmittelbar als Instrumente an, die mit dem originären Tätigkeitsfeld der Schuldenstrukturpolitik in Verbindung gebracht werden können und als Gestaltungswerkzeug prinzipiell in Frage kommen. Die verbreitete Unkenntnis, inwiefern Derivate zu einer verbesserten Erfüllung der besonderen Ziele des Staates führen können, trägt aber entscheidend dazu bei, daß bisher ein zwiespältiges Verhältnis der Gebietskörperschaften zu diesen Instrumenten zu beobachten ist. Auf der einen Seite besitzen heute die meisten Bundesländer schon eine mehrjährige Erfahrung im Umgang mit Derivaten[5], und ebenso haben bereits einige Städte sämtliche

---

1 Entscheidungstheoretisch ist grundsätzlich zwischen Unsicherheiten und Risiken zu trennen. Der hier gewählte Begriff impliziert eine Vorstellung der Wirtschaftssubjekte über die Wahrscheinlichkeitsverteilung der möglichen Ereignisse. Diese Unterstellung ist jedoch für die Betrachtung von Derivaten nicht zwingend erforderlich.

2 Pampel, R. (1993), S.77

3 Für einen umfangreichen Überblick über Formen von Finanzinnovationen und ihre Eigenschaften vgl. Finnerty, J.D. (1992), S.30ff.

4 Zuweilen werden die Begriffe Finanzinnovationen und Finanzderivate sogar synonym verwendet. Obwohl eine solche Gleichsetzung undifferenziert erscheint, unterstreicht sie doch zumindest die Wahrnehmung von Derivaten als besonders wichtigen Bestandteil der Finanzinnovationen.

5 Vgl. Rickert, B./Müller, W. (1996), S.432

Voraussetzungen für den Einsatz derartiger Instrumente geschaffen[6]. Auf der anderen Seite hat sich gerade der Bund, dem man aufgrund seiner politischen Bedeutung und seines hohen Schuldenstandes eine Vorbild- oder zumindest eine Vorreiterfunktion bei der Nutzung innovativer Techniken und Instrumente unterstellen kann, in der Vergangenheit nur vorsichtig an dieses Thema herangewagt. Erstmals mit der Verabschiedung des Haushaltsplans 1998 hat der Deutsche Bundestag die rechtlichen Voraussetzungen dafür geschaffen, daß das Debt Management des Bundes die Möglichkeit erhält, isolierte Swapgeschäfte abzuwickeln[7].

Die bisherige Unsicherheit des Bundes bezüglich der Einschätzung derivativer Geschäfte spiegelt sich nicht nur in einer zurückhaltenden, sondern mitunter sogar in einer inkonsistenten Haltung wider. So ist es verwunderlich, daß bis zur Verabschiedung des Haushaltsplans 1998 der Bund eine primär zurückhaltende Position gegenüber dem Einsatz von Derivaten eingenommen hat[8], daß aber faktisch, teilweise bewußt, teilweise unbewußt, derivative Komponenten in einigen Instrumenten zur Kreditbeschaffung bereits seit geraumer Zeit enthalten sind. So sind in direkter Verknüpfung mit Schuldscheindarlehen Caps und Collars abgeschlossen worden[9], d.h. mittelbar durch die Nutzung von (kombinierten) Derivaten wurden Zinsbegrenzungen der Schuldscheingeschäfte verabredet, und auch die bewährten Bundesschatzbriefe vom Typ B beinhalten mit der einseitigen Berechtigung des Käufers, pro Monat bis zu einer festgelegten Höhe die Bundesschatzbriefe zum Emissionspreis an den Bund zurückzugeben, ein derivatives Vertragselement.

Für die folgende Betrachtung des Debt Managements stellt sich vor dem Hintergrund der bestehenden und seit 1998 erweiterten Legitimierung des Einsatzes von Derivaten die Frage, inwieweit die Nutzung von Derivaten einen größeren Handlungsspielraum und Möglichkeiten einer verbesserten Zielerreichung bei der Schuldengestaltung bietet, als wenn der Bund ausschließlich mit traditionellen Schuldeninstrumenten operieren würde.

6.1 Systematik der Derivate

Um das Grundprinzip und den Charakter von Derivaten verstehen zu können, ist im Vorfeld die Erläuterung ihrer sog. *Basiswerte* oder *Underlyings* erforderlich. Derivative Kontrakte (Derivate) sind vollwertige Verträge, die jedoch, wie etymologisch bereits erkennbar, keine völlig unabhängigen Instrumente darstellen, sondern von anderen Gegenständen – eben den Basiswerten – abgeleitet werden.

[6] So z.B. München seit 1994 (vgl. o.V., Börsen-Zeitung vom 25.10.1994, S.8)
[7] Vgl. Haushaltsgesetz 1998, S.3256
[8] Vgl. Fox, K.-P. (1995), S.B4 und Deutscher Bundestag Drucksache 13/979, S.1
[9] Vgl. Deutscher Bundestag Drucksachen 13/979, S.2 und 13/1530, S.4

Als Basiswerte kommen zum einen grundsätzlich alle realen Güter und Vermögensgegenstände in Betracht, die an Märkten gehandelt werden. Neben diesen „klassischen" Underlyings haben sich in der Entwicklung der Derivate jedoch ebenso Instrumente gebildet, die sich selbst auf ein Derivat als Basis beziehen (so z.B. Optionen auf Futures oder sog. Swaptions).

Der zentrale Unterschied zwischen Basiswert und Derivat ist in ihrem Markt, an dem sie gehandelt werden, und damit in der Form des Leistungsaustauschs zu erblicken. Der Handel von Basiswerten selbst erfolgt am *Kassa- (oder Spot-)markt* und impliziert eine sofortige (oder zumindest sehr kurzfristige) Erfüllung des Leistungsaustauschs[10]. Ein derivativer Kontrakt wird dagegen am Terminmarkt geschlossen. An ihm werden die Konditionen festgesetzt, zu denen in einem späteren Zeitpunkt ein Leistungsaustausch (also quasi ein Leistungsaustausch an einem in der Zukunft existierenden Kassamarkt) zustande kommen wird. Als Konsequenz des Terminbezugs finden bei Vertragsabschluß über Derivate keine unmittelbaren Bewegungen der Basiswerte statt. Während am Kassamarkt, vereinfacht ausgedrückt, eine Lieferung des realen Vertragsgegenstandes gegen den Kaufpreis erfolgt, entstehen bei den Derivaten üblicherweise keine Güter- oder Geldströme bzw. vergleichsweise geringe Ströme in Form von Risikoprämien oder Sicherheitsleistungen.

Trotz der verschachtelten Konstruktion dieser Instrumente bleibt eine enge ökonomische Beziehung zwischen Derivaten und ihren Basiswerten erhalten. So wird die Bewertung der Derivate theoretisch ausschließlich durch die Preise und Preisbewegungen ihrer Basiswerte bestimmt[11], so daß sich die physischen und ökonomischen Eigenschaften der Basiswerte (z.B. Lagerfähigkeit oder auflaufende Dividenden) in den Preisen der Derivate niederschlagen. Aus der engen Verbindung zwischen Basiswert und Derivat ist zu folgern, daß im Vergleich untereinander die unterschiedlichen Derivate trotz der Homogenität ihres Mechanismusses zu heterogenen Instrumenten werden, sie also nicht beliebig austauschbar sind. Die Unterscheidung nach Basiswerten ist daher für die Interpretation der Nutzungsmöglichkeiten von Derivaten von nicht unerheblicher Bedeutung.

In der Systematik der Basiswerte wird getrennt zwischen Kategorien der Financial Underlyings (auf Aktien, Devisen und festverzinsliche Wertpapiere bezogen) und der Commodity Underlyings (mit stofflichen Gütern wie Metallen, Agrarprodukten oder Rohstoffen als Gegenstand)[12]. Diese Aufteilung hilft neben der Funktion als inhaltliche Abgrenzung auch weiter bei der Frage, weshalb Derivate überhaupt

---

[10] Vgl. Gablers Banklexikon (1995), S.917 und Marshall, J.F. (1989), S.25
[11] Vgl. Rubinstein, M. (1992), S.45
[12] Vgl. Müller-Möhl, E. (1995), S.21

als innovative Instrumente deklariert werden, obwohl das ihnen zugrundeliegende Prinzip des Terminhandels alles andere als neu erscheint. Die ersten Nutzungen derivatähnlicher Instrumente, durchaus entsprechend den heutigen Verwendungen, sind bereits für die Zeit der Antike nachzuweisen[13], der erste ausgedehnte Handel mit Derivaten an einer Börse wird in der Literatur dagegen nahezu einstimmig auf das Jahr 1865 datiert, in dem die Chicago Board of Trade (CBOT) erstmals Futures (als eine der Derivatformen) auf einzelne Agrarprodukte eingeführt hat.[14] Insofern fällt es schwer, aus heutiger Sicht derivative Kontrakte und ihren Mechanismus als innovativ zu bezeichnen. Als Neuerungen auf dem Gebiet der Derivate können im wesentlichen nur ihre Bezugnahme auf Finanzwerte und ihre Börsennotierung angesehen werden. In ihrer Nutzungsform als standardisierte Finanzderivate sind Zinsterminkontrakte erstmals 1975 (wiederum am CBOT) eingeführt worden[15], und sie haben sich seither als stark genutzte Marktinstrumente etabliert. Als Auslöser dieser Entwicklung wird in der Literatur nahezu übereinstimmend die Auflösung des Systems fester Wechselkurse von Bretton Woods, aus der zunehmende Unsicherheiten an den Finanz- und Devisenmärkten entstanden sind, angesehen.[16] Für die Finanzmärkte war der Einsatz derartiger Termininstrumente seinerzeit tatsächlich „neu", und aufgrund der anfangs noch langsamen Verbreitung ist bis heute ihre Einordnung als Innovationen erhalten geblieben. Die Entstehungsgeschichte der Zins- und Devisenderivate weist eine interessante Parallelität zur Entstehung der Derivate auf Commodity Underlyings an der CBOT auf. Auch bei letzterer wurden die Derivate eingeführt, um starken Preisschwankungen (insbesondere bei Hafer- und Schweinepreisen infolge des amerikanischen Bürgerkriegs) begegnen zu können.[17] In beiden Fällen sind also Marktrisiken als Auslöser der Entwicklung von Derivaten anzusehen, und in beiden Fällen kann ihre Nutzung als Ansatz aufgefaßt werden, individuelle Marktrisiken zu steuern.

Um die Einsatzmöglichkeiten der Zinsderivate im Debt Management sowie deren Probleme überprüfen zu können, ist eine Systematisierung der verschiedenen Derivatformen notwendig. So existiert eine Fülle unterschiedlicher derivativer Formen, die ständig durch neue, komplexe Konstruktionen (wenngleich diese häufig nur eine geringe Lebensdauer aufweisen) erweitert werden. Es ist daher üblich und sinnvoll, die Nutzungsmöglichkeiten von Derivaten anhand ihrer elementaren Grundformen zu analysieren, aus denen durch Variation und/oder Kombination untereinander letztlich alle neuen und komplexen Formen generiert werden kön-

13 Vgl. Knabenhans, W./Christen, P. (1993), S.84
14 Vgl. z.B. Kynaston, D. (1997), S.2 und Marshall, J.F. (1989), S.11
15 Vgl. Kynaston, D. (1997), S.10 und Fiebach, G. (1994), S.8
16 Vgl. u.a. Fiebach, G. (1994), S. 5 und Büschgen, H.E. (1988), S.13
17 Vgl. Kynaston, D. (1997), S.2

nen. Diese Grundformen werden im (phantasievollen[18]) Börsenjargon als *plain-vanilla-Derivate* bezeichnet und umfassen *Futures, Forwards, Swaps* und *Optionen.*

Trotz ihrer Heterogenität sind diese vier Grundformen nicht völlig getrennt voneinander zu sehen. Die Möglichkeit, aus diesen Elementen im Rahmen des financial engineering nahezu beliebige Finanzinstrumente zusammenzusetzen, ist nur deshalb gegeben, weil ihre Funktions- und Wirkungsweisen einander sehr ähnlich sind. Die Eigenständigkeit und gleichzeitige Verbindung untereinander veranschaulicht C.W. Smithson treffend mit einer LEGO-Stein-Analogie: „The four basic .. instruments – forwards, futures, swaps, and options – are much like those plastic building blocks, children snap together“[19]. Hinsichtlich ihrer technischen Konstruktionskomponenten sind die plain-vanilla-Derivate weitgehend gleich und daher auch kompatibel, wenn aus ihnen größere Derivatgebilde zusammengesetzt werden sollen. Ihre Verwandtschaft untereinander ist derart eng, daß (wie zu sehen sein wird) vielfach in der Literatur Bemühungen erkennbar sind, Verbindungen zwischen einzelnen Derivaten herzustellen. So werden zuweilen nicht die genannten vier, sondern lediglich die Futures und Optionen als elementare derivative Instrumente kategorisiert. Forwards und Swaps werden in dieser Sichtweise lediglich als Spielarten der Futures angesehen.[20] Eine derartige starke Polarisierung vernachlässigt jedoch, daß bestimmte Eigenschaften (gleichsam die Form und Farbe der LEGO-Steine) existieren, welche die Eigenständigkeit von Forwards und Swaps begründen. Im wesentlichen sind es zwei Unterscheidungsmerkmale, die bei der Systematisierung der Derivate zu berücksichtigen sind. Zum einen ist dies die Art der Leistungsverpflichtungen, zum anderen die Standardisierung des Handels. In Kombination führen die beiden Kriterien zu einer Aufgliederung der Derivate, wie sie Abb. 6.1.1 darstellt.

Der Charakter des Leistungsaustauschs bestimmt, welche terminbezogenen Pflichten die Vertragsparteien mit dem Kontrakt auf sich nehmen. Zu unterscheiden sind Derivate mit *Options-* und solche mit *Verpflichtungscharakter.* Bei der Gruppe mit Optionscharakter bestehen keine automatischen Verpflichtungen zu Vertragsbeginn. Vielmehr hat ein Vertragspartner die Möglichkeit zu entscheiden, ob im Zeitpunkt (oder -raum) der Fälligkeit ein Austausch des Basiswertes zu den fixierten Gegenleistung zustande kommt oder nicht. Offensichtlich ergeben sich für die Vertragsparteien aus einem Kontrakt der Gruppe der Optionen unter-

---

[18] Für exemplarische Wortschöpfungen bezüglich der Finanzderivate vgl. Schweizer Bank, zitiert bei: Knabenhans, W./Christen, P. (1993), S.87

[19] Smith, C.W./Smithson, C.W./Wilford, D.S. (1992), S.9 und vgl. auch Galitz, L. (1994), S.252

[20] Vgl. z.B. Valdez, S. (1997), S. 226 und Knabenhans, W./Christen, P. (1993) S.85

Abb. 6.1.1 Systematik der Grundformen von Derivaten

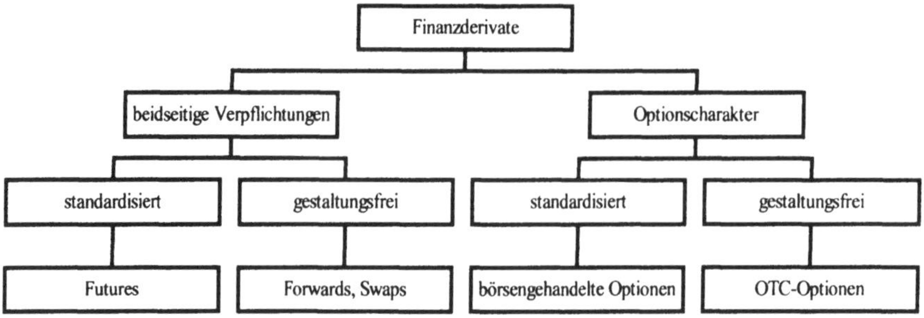

schiedliche Rechte, auf den Austausch des Basiswerts Einfluß zu nehmen. Möglicherweise findet überhaupt kein Handel (im Sinne eines Leistungsaustauschs) mit dem Basiswert statt – hierüber befindet jedoch nur eine der beiden Vertragsseiten. Im Falle beidseitiger Verpflichtungen legen sich hingegen beide Vertragsparteien zu Zeitpunkt des Derivathandels definitiv fest, am Erfüllungstermin die im Kontrakt definierten Leistungen zu erbringen. Eine einseitige Einflußnahme auf den Handel ist entsprechend nicht möglich.

Das zweite elementare Unterscheidungskriterium für Derivate besteht in der institutionellen Gestaltung des Marktes, an dem die Derivate gehandelt werden. Auf der einen Seite stehen die börsengehandelten Derivate. Sie sind in ein hoch standardisiertes und formalisiertes institutionelles (Handels-)System eingebunden, wodurch die Voraussetzung für einen liquiden Markt geschaffen wird.[21] Unmittelbar mit den börsengehandelten Derivaten verknüpft ist ihre Abwicklung über die Einschaltung von sogenannten Clearingorganisationen, die stets als passive Partei auftreten und deren Zweck die Gewährleistung einer weitestgehend effizienten Durchführung der derivativen Geschäfte ist. Von ihrer Tätigkeit und ihrer ökonomischen Funktion wird noch die Rede sein. Neben den börsengehandelten Derivaten stehen die Over-the-Counter-(OTC-)Derivate, deren Ausgestaltungsmerkmale in ihrem strengsten Sinne direkt zwischen zwei Verhandlungsseiten festgesetzt werden und keinerlei institutionell geprägter Ordnung unterliegen. In den folgenden Abschnitten werden die Konsequenzen, die sich aus den systematisierten Unterschieden ergeben, anhand der verschiedenen Grundformen der Derivate aufgegriffen und im Hinblick auf ihre möglichen Einsatzmöglichkeiten im Debt Management aufbereitet.

---

[21] Vgl. Fiebach, G. (1994), S.7

Obwohl die Trennung in börsengehandelte und OTC-Derivate lediglich als ein formales Element erscheint, folgen aus ihr auch markante ökonomische Unterschiede, z.B. hinsichtlich der Liquidität der Derivate oder der Notwendigkeit von Bonitätsprüfungen. Besonders deutlich werden die Differenzen bei einer Gegenüberstellung von Forwards und Futures. Forwards werden zuweilen sogar als OTC-Futures bezeichnet[22], womit verdeutlicht wird, daß allein die Verschiedenheit in der Standardisierung des Marktes ursächlich für ihre Unterscheidung ist. Es bietet sich somit an, die ökonomischen Implikationen der Unterschiede in der Standardisierung der Märkte anhand dieser beiden Instrumente zu erörtern. Die Swaps sind, wie in Abb. 6.1 erkennbar, OTC-Derivate mit beidseitigen Leistungsverpflichtungen. Ihre Besonderheiten im Vergleich zu den ebenso dieser Kategorie angehörenden Forwards liegen in einer sehr spezifischen, aber gebräuchlichen Form der Vertragsgestaltung und verlangen dadurch nach einer eigenständigen Behandlung. Auch Optionen werden in börsengehandelte und OTC-Formen unterschieden, die formal und hinsichtlich ihrer ökonomischen Folgen analog zur Gegenüberstellung von Forwards und Futures sind. Die ihnen innewohnende Asymmetrie von Rechten und Pflichten der Vertragsparteien bewirkt jedoch gegenüber den anderen Derivaten deutlich andere Konsequenzen insbesondere hinsichtlich der erzeugten Risikostruktur.

6.1.1 Forwards

Ein Forward ist die einfachste und grundlegendste Form eines Terminkontrakts. In ihm verpflichtet sich der Käufer (Verkäufer), einen Basiswert an einem spezifizierten Datum zu einem festgelegten Preis zu beziehen (zu liefern).[23] Im Prinzip ist der Kontrakt vergleichbar mit einem am Kassamarkt abgeschlossenen Handel, an dem die Vertragsparteien Leistungen unmittelbar untereinander austauschen. Anders als dort fallen jedoch bei einem Forward Verhandlungen und Vertragsabschluß einerseits sowie Vertragserfüllung andererseits zeitlich deutlich auseinander. Die Vokabel „Verhandlungen" ist bei Forwards (in ihrer strengsten Form) durchaus wörtlich zu nehmen. Die Vertragspartner sind in der Ausgestaltung des Vertrages nicht reglementiert, und sie sind daher darauf angewiesen, die verschiedenen Vertragselemente im Detail festzulegen. Anders formuliert: sie sind darin frei, den Kontrakt an ihren spezifischen Bedürfnissen auszurichten. Diese Möglichkeit der „Maßschneiderung" ist der wichtigste Vorteil der Forwards und anderer OTC-Instrumente etwa gegenüber den standardisierten Futures.[24] Wie bereits erwähnt, ist die Entstehungsgeschichte der Derivate eng mit dem Wunsch verbunden, auftretende Marktrisiken steuern zu können. Da Marktrisiken sehr verschie-

---

22 Vgl. Gablers Banklexikon (1995), S.1198
23 Vgl. Smith, C.W./Smithson, C.W./Wilford, D.S. (1992), S.9
24 Vgl. Fiebach, G. (1994), S.26

dene Ausprägungen aufweisen können, ist ein flexibel gestaltbares Instrument besonders gut geeignet, spezifischen Absicherungsbedürfnissen zu entsprechen und eine möglichst genaue Steuerung eines Gesamtportfolios zu erreichen.

Bei der Analyse von Forwards (und ebenso bei Futures) ist stets die eigentümliche definitorische Trennung zwischen ihrem Preis und ihrem Wert zu beachten.[25] Unter dem Preis (fw_t) wird die im Zeitpunkt t bewertete Leistung verstanden, welche zwischen den Vertragsseiten ausgetauscht wird. Als Produkt aus dem ausgehandelten Stückpreis des Basiswertes und dessen gehandelter Menge stellt sich bei Vertragsabschluß der Forwardpreis (fw_0) dar als[26]

$$(6.1.1) \qquad fw_0 = p_0^{fw} b$$

Die leicht verwirrende Definition des Forwardpreises bezieht sich damit auf das abgeschlossenen Gesamtgeschäft beider Vertragsseiten und umfaßt infolgedessen die Zahlung, die der Käufer am Ende der Laufzeit für den Erwerb des Basiswerts insgesamt zu leisten hat. Der Wert des Forwards (FW_t) ist hingegen als Gewinn oder Verlust definiert, der dem Käufer durch das Eingehen des Forwardkontraktes entsteht. Er bemißt sich anhand der Differenz des theoretischen Forwardpreises in t und dem Forwardpreis bei Vertragsabschluß:

$$(6.1.2) \qquad FW_t = fw_t - fw_0 \ \text{ mit } \ t = 0,...,T$$

Ein besonderes Problem der OTC-Derivate ist, daß während ihrer Laufzeit ihr Preis und ihr Wert in der Regel nicht objektiv bestimmbar sind. Da sie infolge der hohen Spezifität nicht oder nur schwer handelbar sind, lassen sich für diesen Zeitraum keine vergleichbaren Marktpreise für ihre Bewertung heranziehen. Lediglich zu Beginn und am Ende seiner Laufzeit ist eine Bestimmung des Wertes eines Forwards möglich. Ex definitione ist bei Vertragsabschluß der Forwardwert gleich Null[27], und der Wert des Forwards am Erfüllungstag (t=T) kann ermittelt werden, da mit den Marktpreisen für den Basiswert ein geeigneter Maßstab zur objektiven Bewertung zur Verfügung steht.

$$(6.1.3) \qquad FW_T = fw_T - fw_0$$

[25] Vgl. Chance, D.M. (1991), S.328
[26] Die vorliegende Darstellung folgt im wesentlichen Chance (vgl. Chance, D.M. (1991), S.328f.).
[27] Vgl. Chance, D.M. (1991), S.328

Da anderenfalls Arbitragemöglichkeiten existieren würden, muß der Forwardpreis in T (fw_T) exakt mit dem Wert eines Kassakontrakts mit gleichen Spezifikationen übereinstimmen[28]. Beide Verträge beschreiben die gleichzeitige Lieferung eines identischen Gutes, stellen also ökonomisch identische Transaktionen dar. Dadurch läßt sich die Wertentwicklung fassen als

$$(6.1.4)\quad \begin{aligned} FW_T &= fw_T - fw_0 \\ &= B_T - fw_0 \\ &= p_T b - p_0^{fw} b \end{aligned}$$

Der Wert des Forwards bei Fälligkeit drückt sich für den Käufer in diesem Fall aus als Wert des erhaltenen Basiswertes abzüglich der monetären Leistungen, zu denen er sich im Gegenzug verpflichtet.

In diesem Ausdruck stellt ab dem Zeitpunkt des Vertragsabschlusses die Variable p_T die einzige unsichere Größe dar. Zur Verdeutlichung der Konsequenzen einer Nutzung von Forwards oder anderen Finanzinstrumenten können die *Risikoprofile* als gängige Darstellungsformen genutzt werden.

Abb. 6.1.2 Kauf und Verkauf eines Forwards

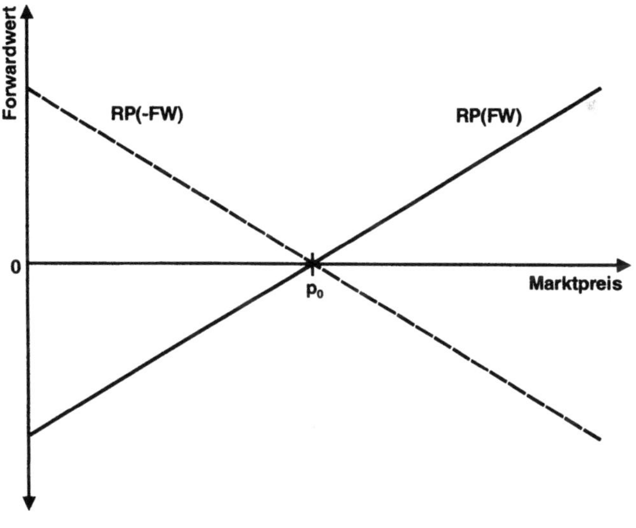

[28] Transaktionskosten werden an dieser Stelle vernachlässigt.

Ein Risikoprofil bildet ab, welchen Wert oder welche Wertveränderung ein Vermögensgegenstand in Abhängigkeit von einer unsicheren, erklärenden Variable annehmen kann.[29] Hierbei läßt sich jedem Schuldeninstrument ein eindeutiges Risikoprofil zuordnen. Anhand der Zusammensetzung eines Portfolios aus verschiedenen Finanzinstrumenten läßt sich mithilfe der Risikoprofile verdeutlichen, welche Möglichkeiten einer Risikosteuerung der Einsatz von Derivaten eröffnet. Zu beachten ist dabei, daß das Risikoprofil eines Finanzinstruments von den Perspektiven des Käufers und Verkäufers abhängt, wie die Risikoprofile in Abb. 6.1.2 verdeutlichen.

Die Risikoprofile in der Abbildung erfassen, welche Werte der Kauf (RP(FW)) bzw. der Verkauf (RP(-FW)) eines Forwards am Ende der Laufzeit annehmen kann. Für den Käufer ist der Forwardwert positiv, wenn der Marktpreis für den Basiswert größer ist als der im Forward festgeschriebene Tauschpreis p_0, da er den Basiswert dann über den Forward zu günstigeren Konditionen erhält, als wenn er seinen Bedarf über den Markt deckte. Umgekehrt ist für den Verkäufer des Forwards das Geschäft bei hohen Marktpreisen verlustbringend, da er durch den vorzeitig abgeschlossenen Kontrakt selber nicht mehr den Marktpreis für den Basiswert erzielen kann bzw. das Underlying zu dem höheren Preis beschaffen muß. Durch eine gemeinsame Betrachtung von Käufer und Verkäufer zeigt sich, daß sich – unter Vernachlässigung aller Transaktionskosten – ein Forwardgeschäft als Nullsummenspiel hinsichtlich der Kosten und Erträge darstellt. Anders verhält es sich dagegen mit den eingegangenen Risiken. Bei isolierter Betrachtung des Forwards setzten sich beide Vertragsseiten bewußt neuen Risiken in Form von Marktpreisrisiken aus, die sich in Unsicherheiten über den Wert des Forwards niederschlagen.

Neben den gezielt eingegangenen Preisänderungsrisiken verbergen sich in OTC-gehandelten Instrumenten weitere Risikoquellen, die ausschließlich bzw. besonders ausgeprägt bei ihnen zur Geltung kommen. Ursächlich für die besonderen Risiken ist die oben noch als Vorzug hervorgehobene Spezifität des Vertragsabschlusses. Neben hohen Suchkosten (zur Findung eines passenden Gegenüber) und Vertragsabschlußkosten führt sie bei bereits bestehendem Kontrakt zu *Adressenausfall-* und *Marktliquiditätsrisiken:*

Unter einem Adressenausfall wird verstanden, daß eine Vertragspartei die eingegangenen Verpflichtungen nicht erfüllen kann. Anders als bei standardisierten Derivaten mit ihrem institutionellen Absicherungsmechanismus ist es bei OTC-

[29] In der Literatur sind Risikoprofile sowohl in Anlehnung an die Bewegung der absoluten Werte (wie hier) als auch an Wertveränderungen zu finden (vgl. z.B. Müller-Möhl, E. (1995), S.177ff. im Gegensatz zu Smith, C.W./Smithson, C.W./Wilford, D.S. (1992), S.10ff.).

Instrumenten deutlich problematischer, einen Schutz gegen den Adressenausfall zu implementieren.[30] Tritt ein Adressenausfall ein, wird der verbliebene Marktteilnehmer ökonomisch in die Situation versetzt, wie wenn er den (ex-ante als vorteilhaft eingestuften) Forwardkontrakt nicht abgeschlossen hätte. Bemüht er sich, um die ursprüngliche Absicherung wieder herzustellen, ersatzweise um einen neuen Vertragspartner, so ist ihm dies eventuell (z.B. im Falle von Zinsforwards bei einer ungünstigen Zinsentwicklung) nur noch zu schlechteren Bedingungen möglich. Dieser Aspekt des Adressenausfalls wird als *Eindeckungsrisiko*[31] bezeichnet. OTC-Derivate sind für diese Risikoform und ihre Folgen deutlich stärker anfällig als ihre börsengehandelten Entsprechungen. Zum einen ist es schwierig, einen Kontrakt als exakte Kopie des ausgefallenen Vertrags gegenüber einem neuen Vertragspartner (mit seinerseits spezifischen Gestaltungsbedürfnissen) durchsetzen zu können. Zum anderen können Kontrahenten, die an diesen Vertragsausgestaltungen interessiert sind, erneut (analog zum ursprünglichen Bemühen um einem Kontrahenten) nur unter hohen Suchkosten oder vertraglichen Zugeständnissen gefunden werden. Zweites Element des Adressenausfallrisikos ist, je nach Vertragsform oder -ausgestaltung, das *Vorleistungsrisiko*. Wenn ein Vertragspartner während der Vertragsdauer einseitig Vorleistungen erbringt, kann ein Adressenausfall seines Vertragspartners dazu führen, daß über die Kosten einer neuen Eindeckung hinaus auch die Vorleistungen verloren sind.[32] Um bei einem Einsatz von Derivaten durch den Bund derartige Risiken unbeachtet lassen zu können, wird in der Regel zu einer ausschließlichen Nutzung von etablierten Vertragspartnern mit höchster Bonität geraten[33].

Das Marktliquiditätsrisiko kennzeichnet die Gefahr, daß dem Nutzer von Derivaten Wertverluste entstehen können, wenn der Kontrakt nicht aufgelöst oder zumindest über den Abschluß eines entgegengesetzten Kontrakts neutralisiert werden kann[34]. Die vorangegangene Kennzeichnung der Forwards hat bereits verdeutlicht, daß vergleichsweise wenig Marktteilnehmer als Kontrahierungspartner in Frage kommen. Insofern entspricht die Marktsituation der eines bilateralen Monopols oder zumindest der eines Oligopols. Daher ist es möglich, daß bei Bedarf eine Neutralisierung des Kontrakts mangels verfügbarer Kontrahenten nicht zustande kommen kann bzw. nur zu hohen Kosten möglich ist.[35] Wie schwerwiegend das Problem des Marktliquiditätsrisikos eingeschätzt wird, hängt davon ab,

---

30 Vgl. Lee, P. (1992), S.40

31 Nach Erreichung des Erfüllungstermin wird das Eindeckungsrisiko als Abwicklungsrisiko bezeichnet. (vgl. Freiling, A. (1998b), S.274)

32 Zur Systematik der Risiken von Derivaten vgl. Freiling, A. (1998b), S.274

33 Vgl. Rickert, B./Müller, W. (1996), S.437 und Freiling, A. (1998a), S.7

34 Der Wunsch zur Auflösung oder Neutralisierung des Forwards kann etwa durch geänderte Markteinschätzungen ausgelöst werden.

35 Vgl. Fiebach, G. (1994), S.26

aus welchen Gründen der Forward abgeschlossen wird. Steht als Ziel hinter dem Forward die Lieferung bzw. der Empfang eines realen Gutes am Erfüllungstermin, so ist die Liquidierbarkeit des Kontrakts ein nachrangiger Aspekt zur Beurteilung des Instruments. Ex post mag dann zwar bei Kenntnis der Wertentwicklung des Basiswerts der starke Wunsch nach einer Liquidierung des Forwards existieren, ex ante ist dies jedoch nicht das zentrale Bewertungskriterium der Entscheidungssituation. Vor diesem Hintergrund wirkt das Marktliquiditätsrisiko häufig als Selektionskriterium, das dazu führt, daß Forwards primär dann als Instrumente gewählt werden, wenn es gilt, eine (spätestens am Erfüllungstermin existierende) Ware zu verwerten oder zu erwerben[36].

6.1.2 Futures

Die Definition eines Futures entspricht nahezu vollständig der eines Forwards. Auch dies ist ein Vertrag, der zwei „Vertragsparteien dazu verpflichtet, eine bestimmte Anzahl oder Menge eines Basiswerts zu einem festgelegten Preis an einem vereinbarten Abwicklungsdatum zu liefern bzw. zu übernehmen."[37] Die (formal) einzigen Unterschiede zwischen den Instrumenten bestehen darin, daß (1) Futures an Börsen gehandelt werden und (2) (als Voraussetzung für (1)) die Vertragsbestandteile standardisiert sind. Zentrale Vertragselemente wie Art des Basiswerts, Kontraktgröße, Laufzeit, Erfüllungstermin u.a. werden durch die Terminbörsen, an denen die Titel gehandelt werden, festgesetzt. Lediglich der Preis eines Futures kann als Variable angesehen werden, die sich aus der Marktpreisbildung an der Terminbörse ergibt.[38] Ausmaß und Konsequenzen der hohen Standardisierung lassen sich anhand eines Zinsfutures, dem grundsätzlich ein festverzinsliches Wertpapier zugrundeliegt, verdeutlichen. Der bedeutendste auf DM lautende Future etwa, der Bund-Future (mit der Deutschen Terminbörse (DTB) und der LIFFE als Emittenten), bezieht sich auf eine idealtypische Bundesanleihe mit einem Nominalwert von 250.000 DM, einer Verzinsung von 6% sowie einer Laufzeit von 8,5 bis 10 Jahren. Die Laufzeit des Bund-Futures ist auf maximal 9 Monate begrenzt, wobei als Erfüllungstermine jeweils ein Tag der Monate März, Juni, September und Dezember als Auswahl zur Verfügung stehen. Die logische Konsequenz aus diesen (letztlich von den jeweiligen Terminbörsen vorgenommenen) restriktiven Spezifizierungen der Futures ist, daß den Marktteilnehmern nur eine sehr begrenzte Anzahl von Zinsfutures zur Verfügung steht.[39] Eine weitere Eingrenzung der Varianten von Zinsfutures resultiert daraus, daß nahezu ausschließlich verbreitete festverzinsliche Wertpapiere von erstklassigen Emittenten

---

[36] Vgl. Müller-Möhl, E. (1995), S.29
[37] Müller-Möhl, E. (1995), S.29
[38] Vgl. Chance, D.M. (1991), S.242, Büschgen, H.E. (1988), S.20 und Fiebach, G. (1994), S.15
[39] Vgl. Arrow, K.J. (1981), S.111

als Basiswerte genutzt werden[40]. Anders als bei den Forwards wird es den Marktteilnehmern dadurch schwer fallen, einen Terminkontrakt zu finden, der seinen individuellen Gestaltungsbedürfnissen entspricht. Sie werden lediglich jenen Future als Instrument wählen können, der den Gestaltungsabsichten am nächsten kommt, ohne damit eine exakte Steuerung der Marktrisiken erzielen zu können.

Zentraler Vorteil der hohen Standardisierung von Futures ist, daß mit ihnen die Grundlage geschaffen wird, um aus den Futures börsenfähige Instrumente gewinnen zu können. Die Standardisierung ermöglicht eine hohe Markttiefe, und die daraus folgende Liquidität des Instruments führt erst zu der Gewinnung eines funktionsfähigen, effizienten[41] und von den Marktteilnehmern akzeptierten Marktes für den Future. Eine stärkere Diversifikation der Varianten von Futures würde einer Aufspaltung der jetzigen Futuremärkte entsprechen, die dann jeder für sich über eine niedrigere Liquidität verfügen würden.[42] Der Liquidität von Futures wird grundsätzlich eine große Bedeutung zugesprochen, da die Liquidität den Besitzern der Wertpapiere die Gewährleistung verschafft, jederzeit eine Futureposition neutralisieren zu können.[43] Aufgrund der durch die Standardisierung erzeugten Homogenität der Futures kann ein Verkäufer beispielsweise seine Lieferverpflichtungen durch den Anspruch auf Lieferung des gleichen Basiswertes (infolge des Ankaufs) sehr einfach vollständig egalisieren, um damit den status quo ante wieder herzustellen. Die bei Forwards deutlich hervortretenden Marktliquiditätsrisiken werden somit nahezu vollständig ausgeschlossen.

Unmittelbar mit den börsengehandelten Derivaten verbunden ist eine formalisierte, strengen Regeln unterworfene institutionelle Abwicklung über die Einschaltung von in Organisationen zusammengefaßten Clearingstellen (Clearing Houses). Ihre Aufgabe ist es, neben der organisatorischen Durchführung der Lieferverfahren, die Erfüllung der aus den Derivaten entstehenden Leistungsverpflichtungen zu gewährleisten. Dadurch werden im Gegensatz zu Forwards auch die Adressenausfallrisiken weitestgehend eliminiert. Dies ist möglich, da die Clearingstelle nicht nur koordinierend tätig ist, sondern stets in den Handel der börsengestützten Derivate zwischengeschaltet wird. Betrachtet man analog zu der Vorgehensweise bei den Forwards einen Käufer (A) und einem Verkäufer (B) eines Futures, so werden hier keine direkten Vertragsbeziehungen zwischen den Parteien unterhal-

---

40 Vgl. Müller-Möhl, E. (1995), S.39

41 „Futures markets come close to the economist's ideal of perfectly competitive markets" (Marshall, J.F. (1989), S.28). Eine vollständige Effizienz der Märkte für Futures wird zwar in der Regel bestritten, das Ausmaß der Ineffizienz wird jedoch als nur gering, durch Transaktionskosten bedingt angesehen. (vgl. am Beispiel des größten Markts für Zinsfutures: Rendleman, R.J./Carabini, C.E. (1979) und Elton, E.J./ Gruber, M.J./ Rentzler, J. (1984))

42 Vgl. Büschgen, H.E. (1988), S.23 und S.53 sowie Fiebach, G. (1994), S.14

43 Vgl. Chance, D.M. (1991), S.361 und Marshall, J.F. (1989), S.57

ten. Der ökonomisch induzierte Vertrag zwischen A und B wird statt dessen in zwei getrennte Verträge aufgegliedert: in einen zwischen A und der Clearingstelle und einen zwischen der Clearingstelle und B[44]. Für den ersten stellt sich die Clearingstelle als Verkäufer, für den zweiten als Käufer des Futures dar. Sie nimmt somit zwei völlig symmetrische, entgegengesetzte Vertragspositionen ein und führt dadurch quasi eine simultane Saldierung ihrer Risiken durch.[45]

Die eben beschriebene Vorgehensweise wirkt auf den ersten Blick umständlich, gewährleistet aber eine Sicherstellung der Leistungsverpflichtungen aus den Derivatkontrakten für die Marktteilnehmer. Da stets die Clearingstelle der Kontrahierungspartner ist, entfallen die ansonsten regelmäßig neu durchzuführenden Einschätzungen der Adressenausfallrisiken bei jedem neu eingegangenen Derivatkontrakt. Als Nebeneffekt wird durch die Clearingstelle als feststehendem Vertragspartner ein weiterer Schritt zu einer vollständigen Homogenisierung börsengehandelter Terminkontrakte vollzogen. Um eine hohe Bonität der Clearingstellen selber zu gewährleisten, werden von den einzelnen Mitgliedern einer Clearingorganisation z.B. Garantiefonds gehalten und die Erfüllung von Bonitätsanforderungen an den Mitgliedern ständig geprüft.[46]

Das primäre und bedeutendste Instrument zur Sicherung der Leistungserfüllungen besteht jedoch in dem sog. *Marginsystem*, mit dem die Ausfallrisiken weitestgehend auf die einzelnen Marktteilnehmer zurückgespiegelt werden. Eine Margin bezeichnet eine monetäre Sicherheitsleistung, die von jedem Käufer und Verkäufer eines Futures bei der Clearingstelle auf einem Marginkonto zu hinterlegen ist, um die Erfüllung ihrer Pflichten aus dem Kontrakt zu gewährleisten. Ohne an dieser Stelle auf formale oder technische Einzelheiten einzugehen[47], läßt sich dieses System der einzuschießenden Sicherheiten wie folgt skizzieren: Auf der Grundlage einer täglichen Bewertung der Futures (marking-to-market) findet eine Überprüfung statt, ob die bei Vertragsabschluß zu hinterlegenden Sicherheitsleistungen (initial margins) noch eine ausreichende Sicherheit für die Eventualverpflichtungen darstellen. Verändern sich die Marktpreise der Basiswerte, werden die Wertgewinne (-verluste) des Futures dem Marginkonto gutgeschrieben (angelastet).[48] Wird eine definierte Sicherheitsuntergrenze (maintainance margin) unterschritten, so fordert die Clearingstelle den entsprechenden Vertragspartner zur sofortigen Zahlung eines zusätzlichen Einschusses (variation margin) auf. Kommt er dieser

---

44 Genau genommen lassen sich die vertraglichen Beziehungen noch weiter aufspalten, wenn weitere Agenten in den Geschäftsabschluß eingebunden sind (vgl. Fiebach, G. (1994), S.40f).

45 Vgl. Büschgen, H.E. (1988), S.19

46 Vgl. Büschgen, H.E. (1988), S.38

47 Für Details vgl. Büschgen, H.E. (1988), S.43ff.

48 Chance beschreibt den Vorgang der täglichen Wertanpassungen als "investors who incur losses pay them every day to investors who make profits"(Chance, D.M. (1991), S.4).

Aufforderung nicht nach, wird seine Futureposition durch die Clearingstelle unmittelbar aufgelöst und an der Börse verwertet.[49] Die Marktteilnehmer müssen somit täglich den Nachweis erbringen, daß sie in der Lage sind, (zumindest wertmäßig) ihren Leistungsverpflichtungen nachzukommen, während bei Forwards diese Information erst bei Fälligkeit des Kontraktes offenbart wird. Bezogen auf diesen täglichen Wertausgleich der Futures läßt sich die Aussage von Black nachvollziehen, ein Future würde sich als Kette von Forwards mit eintägiger Laufzeit darstellen[50].

Eine weitere Funktion der Clearingstelle neben der bonitätsmäßigen Absicherung des Futuregeschäftes besteht in der koordinierenden Unterstützung bei der physikalischen Lieferung eines Basiswerts am Erfüllungstermin. Da eine ausreichende Verfügbarkeit des spezifischen Basiswertes mitunter nicht gesichert ist[51], hat der Verkäufer des Futures in der Regel die Wahl innerhalb eines definierten Spektrums von festverzinslichen Wertpapieren, die dem definierten Basiswert in ihren Merkmalen zumindest nahe kommen. Etwaige Wertdifferenzen zwischen dem Basiswert und dem gelieferten Papier werden dadurch aufgefangen, daß ein Konversionsfaktor diese Größen in Beziehung setzt. Ebenso wie die Terminbörse den (die) Erfüllungsort(e) bestimmt, wird von ihr eine Zeitspanne für den Liefertermin festgesetzt, innerhalb der die vertraglichen Leistungen erfüllt werden müssen.[52]

Die Bedeutung von tatsächlichen Lieferungen der Basiswerte am Erfüllungstermin wird im allgemeinen in der Literatur als sehr niedrig eingeschätzt.[53] Neben den Mühen der Lieferabwicklung bestünde zumindest für die Käufer eine Unsicherheit darüber, welchen der lieferbaren Titel und zu welchem Zeitpunkt sie den Titel erhalten würden. Selbst wenn der Käufer also den realen Erhalt des Basiswertes wünscht, ist es für ihn in der Regel vorteilhafter, unmittelbar vor dem Erfüllungstermin seinen Future zu verkaufen und den Basiswert direkt am Kassamarkt zu erwerben. Einige Futures schließen sogar eine Lieferung des Basiswerts von vornherein aus. Statt dessen wird über ein *cash settlement*, einem Barausgleich zwischen den Preisen des Basiswerts a) wie im Future festgesetzt und b) wie am Kassamarkt am Erfüllungstermin notiert, der Kontrakt erfüllt.[54] Obwohl physikalische Lieferung und Barausgleich wertmäßig übereinstimmen, liegt der Anteil der tatsächlich gelieferten Basiswerte bei Finanzderivaten empirisch nur in einer Grö-

---

49 Für Details vgl. Büschgen, H.E. (1988), S.25ff.

50 Black, F. (1976), S.169

51 Mit der Bezugnahme auf künstliche, idealtypische Anleihen (wie bei dem Bund-Future) wird sogar im vorherein ein Basiswert zugrundegelegt, der zwar existieren könnte, aber nicht unbedingt real existieren muß.

52 Vgl. Müller-Möhl, E. (1995), S.31 und S.39f.

53 Vgl. z.B. Marshall, J.F. (1989), S.27

54 Vgl. Chance, D.M. (1991), S.260

ßenordnung von ein bis fünf Prozent.[55] Aber trotz dieses geringen Anteils kann eine Gefährdung der theoretischen Lieferbarkeit den Futuremarkt schwer belasten. Wie etwa das Beispiel des September-Bund-Futures von 1998 gezeigt hat, ist ein Mangel an lieferbaren Wertpapieren geeignet, zumindest starke Unsicherheiten und Kursbewegungen, die unabhängig von den Entwicklung des Basiswertes sind, in den Markt zu tragen.[56] Selbst wenn also die Lieferung des Basiswertes im Regelfall nur ein Randereignis bleibt, stellt sie kein irrelevantes Element des Futurekontrakts dar. Wenn in den folgenden Erörterungen primär von einer Lieferung des Barwerts bei Fälligkeit die Rede ist, soll dies lediglich zum Zwecke einer vereinfachten Sprachregelung erfolgen und in gleicher Weise die physikalische Lieferung als auch den Barausgleich umfassen.

Mit dem Ausschluß bonitätsmäßiger Risiken und der liefertechnischen Abwicklung schaffen die Clearingstellen die Voraussetzungen, daß sich die Käufer und Verkäufer von Futures auf deren Funktion als Gestaltungsinstrumente von Marktrisiken konzentrieren können. Diesbezüglich drückt sich die Identität des zugrundeliegenden Mechanismusses von Forwards und Futures in einer hohen Parallelität der Bewertungen und Risikoprofile am Erfüllungstag aus. In Anlehnung an die Definitionen von Preis und Wert beim Forward ergibt sich der ursprüngliche Preis eines Futures erneut aus dem Produkt der zugrundegelegten Menge des Basiswerts und des vereinbarten Lieferpreises.

$$(\ 6.1.5\ )\quad f_0 = p_0^f b$$

Wie bei den Forwards muß am Erfüllungstermin der Preis eines Futures mit dem Wert des Kassakontrakts übereinstimmen.[57] Analog zur Herleitung der Formel bei den Forwards stellt sich der Wert eines Futurekontrakts bei Fälligkeit dar als

$$\begin{aligned}(\ 6.1.6\ )\quad F_T &= f_T - f_0 \\ &= B_T - f_0 \\ &= p_T b - p_0^f b\end{aligned}$$

mit einer im Vergleich zum Basiswert implizit identischen linearen Abhängigkeit von der unsicheren Preisentwicklung, wie von den Forwards bereits bekannt. Dadurch stimmen die Verläufe der Risikoprofile von Forwards und Futures überein.

55 Vgl. Büschgen, H.E. (1988), S.48
56 Vgl. o.V., FAZ vom 27.08.1998, S.25
57 Z.B. Chance, D.M. (1991) S.33 und Black, F. (1976), S.168

Unterschiede können sich nur dann ergeben, wenn die Verhandlungspreise nicht übereinstimmen. Etwaige Preisdifferenzen können sich in erster Linie infolge ihrer unterschiedlichen Standardisierungen ergeben. Die Folge ist, daß der Preis eines Forwards als Ergebnis bilateraler Verhandlungen zu interpretieren ist, während der Futurepreis das Ergebnis eines Wettbewerbsmarktes ist. Aufgrund der unterstellten Effizienz der Futuremärkte wird der Futurepreis (im Gegensatz zum Forward) mitunter als Spiegel der Erwartungen der Gesamtheit der Marktteilnehmer über den terminbezogenen Preis des Basiswerts interpretiert.[58] Die Differenz zwischen den Preisen kann dadurch als Folge einer Abweichung der individuellen von den (markt-) kollektiven Erwartungen interpretiert werden. Ebenso zum Teil aus der Standardisierung folgend, können Unterschiede hinsichtlich der Liquidierbarkeit, Sicherheit und Notwendigkeit von Marginleistungen zu Preisdifferenzen führen.

Trotz ihrer weitgehenden Ähnlichkeit stellen sich Forwards und Futures insgesamt als eng verwandte, aber dennoch unterscheidbare Instrumente dar. Sowohl mögliche Preisunterschiede[59] als auch die diversen unterscheidenden Merkmale stellen sicher, daß Futures und Forwards häufig nicht in gleicher Weise für ein spezifisches Termingeschäft geeignet erscheinen.

6.1.3 Swaps

Wie ein Forward stellt auch ein Swap ein OTC-Derivat mit beidseitigen Leistungsverpflichtungen dar. Definiert wird er als „contractual agreement ... in which two parties ... agree to make periodic payments to each other"[60]. Abgeleitet werden die gegenseitigen Zahlungsströme aus einem *notional principle*, einem dem Kontrakt zugrundegelegten Vermögensgegenstand, der, im Gegensatz zu dem Basiswert bei Forwards und Futures, zu keinem Zeitpunkt zwischen den Vertragsparteien ausgetauscht wird, sondern lediglich als Berechnungsbasis für einen Barausgleich dient. Die Vertragsleistungen bestehen dadurch aus cash flows, die sich aus einem hypothetischen Leistungsaustausch ergeben, wobei sich in vielen Fällen die periodischen Leistungen nur auf die Differenz der Zahlungsströme beschränken.[61]

Bei den Zinsswaps fungiert als notional principle stets ein nominelles Grundkapital, und die auf ihm basierenden Zinsdienste bilden die Gegenstände des Leistungsaustauschs. Die klassische und am weitesten verbreitete Form eines Zins-

---

58 Vgl. Marshall, J.F. (1989), S.71

59 Bezüglich der Ursachen und Bedeutung von Preisunterschieden vgl. Hull, J.C. (2000), S.60f.

60 Marshall, J.F./Kapner, K.R. (1993), S.3, und vgl. auch Jentzsch, S.J. (1990), S.47

61 Vgl. Wall L.D./Pringle J.J. (1992), S.283, Abken, P.A. (1992), S.267 und Jentzsch, S.J. (1990), S.47

swaps beinhaltet beispielsweise den Austausch fixer gegen variable Zinsdienste (fixed-for-floating-swap)[62]. Hierbei leistet der als Käufer definierte Vertragspartner dem Verkäufer periodisch[63] eine feste Zinszahlung und erhält im Gegenzug von diesem eine variable Verzinsung[64].

Die Vertragsgestaltung eines Swaps ermöglicht es grundsätzlich, ihn nicht als originäres plain-vanilla Derivat anzusehen, sondern „nur“ als kompliziertes Termingeschäft[65] oder als Verknüpfung einer Reihe von Forwards. Die spezifische Kombination von derivativen Kontrakt(element)en gewinnt jedoch ihre eigenständige Rolle innerhalb der Derivate, da im Vergleich zu den anderen betrachteten Instrumenten systematische, arbitrageähnliche Zinskosteneinsparungen erzielbar sind. Die Besonderheit einer Arbitrage gegenüber den beiden später betrachteten Einsatzmotiven für Derivate, dem Hedging und der Spekulation, ist darin zu finden, daß die Arbitrage keine Veränderung der Risikostruktur des Portfolio eines Investors bewirkt. Das theoretische Konzept eines Arbitragegeschäftes stellt sich weitgehend als „free lunch“ dar: Es umfaßt alle risikolosen Geschäfte, in denen Preisunterschiede identischer oder ähnlicher Güter ausgenutzt werden, ohne daß zu diesem Zweck Nettoinvestitionen erforderlich sind, und in denen sich die Arbitrage also selbst finanziert[66]. Derartige Idealbedingungen für eine Gewinnerzielung können beispielsweise dadurch entstehen, daß ein Gut an räumlich getrennten Märkten zu unterschiedlichen Preisen gehandelt wird. Sofern keine Transport-, Informations- oder Transportkosten den freien Güterfluß zwischen den Märkten behindern, kann durch den gleichzeitigen Kauf des Gutes zu dem günstigen Preis und Verkauf zu dem höheren Preis ein Gewinn ohne Verlustgefahr und ohne temporäre Kapitalbindung erzielt werden.

Mit der Nutzung von Derivaten ist es theoretisch möglich, über Preisdifferenzen auf räumlichen Märkten hinaus auch zeitliche Preisunterschiede im Sinne einer Arbitrage zu nutzen. Wie gesehen stellen Derivate bei ihrer Fälligkeit vollständige Substitute zu ihren Basiswerten dar, da sie zu diesem Zeitpunkt identische Güter beschreiben. Aus diesem Grund besteht bereits während der Laufzeit des Derivats ein enger wertmäßiger Zusammenhang zwischen beiden Größen. Zu starke Abweichungen der Preise voneinander bieten daher die Möglichkeit einer Arbitrage.

---

62 Sofern nicht anders gekennzeichnet, beziehen sich die folgenden Ausführungen auf diese Form eines Swaps. Für andere Varianten vgl. Abken, P.A. (1992), S.269ff. und Marshall, J.F./Kapner, K.R. (1993), S.74ff.

63 Bei einer Laufzeit von ein bis zehn Jahren und mindestens jährlichen Zahlungen werden die Zinsströme in der Regel mehrfach „geswapped“.

64 Z.B. orientiert am LIBOR (London Interbank Exchange Rate) oder einem anderen stichtagsbezogenen, börslich festgestellten Referenzzins.

65 Vgl. Knabenhans, W./Christen, P. (1993), S.85

66 Vgl. Dybwig P.H./Ross, S.A. (1989), S.57

In welchem Maße Abweichungen zwischen den Preisen ökonomisch gerechtfertigt sind, ist Untersuchungsgegenstand verschiedener Theorien der Preisbildung für Derivate[67]. Sie ermitteln unter Einbeziehung der verfügbaren Informationen bzw. der Erwartungen über die Preisbildung, welches ein „fairer" Preis für ein betrachtetes Derivat ist. Berücksichtigt man ausschließlich sichere Komponenten der Preisbildung, so ist es möglich, theoretische Mindest- und/oder Höchstpreise zu ermitteln. Eine Überschreitung dieser Grenzen würde sofortige Arbitragemöglichkeiten eröffnen. Mithilfe des Cost of carry-Ansatzes ist es beispielsweise möglich, für Forwards oder Futures eine theoretischen Preisgrenze zu bestimmen. Bei den genannten Derivaten liegt der theoretische Höchstpreis bei der Summe aus aktuellem Preis der Basis und Cost of carry[68]. Die Cost of carry repräsentieren dabei die Gesamtheit aller Kosten (abzüglich der Erträge), die notwendig sind, um das zugrundeliegende Gut in der Zeit bis zur Fälligkeit des Futures zu „tragen".[69] Läge der Marktpreis des Futures oberhalb seines theoretischen Maximums, könnte ein Arbitrageur das Derivat verkaufen und gleichzeitig den Basiswert am Kassamarkt kaufen. Bei Fälligkeit des Derivats kann er seine Lieferverpflichtungen mithilfe des gekauften und bis zur Fälligkeit transportierten Basiswerts erfüllen. Solange der Preis des Futures noch größer ist als der Kassapreis zuzüglich der Cost of carry, können Arbitrageure fortlaufend die Möglichkeit dieser sicheren Gewinnerzielung wahrnehmen.

In erster Linie wird eine Arbitrage lediglich als akademisches Konzept betrachtet, weil einerseits die für eine Arbitrage notwendige Durchführung simultaner Transaktionen technisch nur selten möglich ist[70], und weil andererseits existierende Arbitragemöglichkeiten starke Anreize bieten, diese sofort und vollständig auszuschöpfen. Diese Auffassung spiegelt sich als Grundlage in der Arbitrage Pricing Theory von Ross[71] zur Bestimmung der Preise von Termingeschäften wieder. Begründet wird die Annahme, daß Arbitragemöglichkeiten grundsätzlich nicht existieren können, mit der Argumentation, daß rationale, nutzenmaximierende Individuen in ihrem Angebots- bzw. Nachfrageverhalten keine Arbitragespielräume und -gewinne (etwa bei dem genannten Futurehandel) ungenutzt einem Dritten überlassen würden, sondern eine den eigenen Gewinn erhöhende Preisangleichung vornähmen. Aufgrund der Risikolosigkeit und Selbstfinanzierung würden selbst wenige rationale Marktteilnehmer unter einer Mehrzahl irrationaler Akteure ausreichen, um schnell sämtliche Arbitragemöglichkeiten auszuschöpfen und zu eliminieren[72]. Durch diesen Mechanismus trägt die Arbitrage dazu bei, daß zwei

---

[67] Z.B. die Unbiased-futures-pricing-theory oder das Optionspreismodell nach Black/Scholes.
[68] Vgl. Marshall, J.F. (1989), S.243, Müller-Möhl, E. (1995) S.79
[69] Vgl. Marshall, J.F. (1989), S.241
[70] Vgl. Marshall, J.F. (1989), S.232f.
[71] Vgl. Ross, S.A. (1976)
[72] Vgl. Dybvig P.H./Ross, S.A. (1989), S.57f.

perfekte Substitute einen identischen Preis aufweisen[73]. Entsprechend kann ein Arbitragegeschäft höchstens die Wahrnehmung einer Gelegenheit darstellen und nicht als dauerhafte oder systematische Möglichkeit der Gewinnerzielung die alleinige Ursache für ein Engagement an Derivatmärkten sein. In diesem Sinne soll auch im folgenden für den Einsatz von Derivaten eine regelmäßige Abwesenheit von Arbitragemöglichkeiten unterstellt werden.

Als Ausnahme von dieser Regel ist es allein mit Swaps unter bestimmten Umständen möglich, eine systematische Reduzierung der Verschuldungskosten zu erzielen, ohne im Gegenzug erhöhte Zinsänderungsrisiken in Kauf nehmen zu müssen. Die Überlegungen zu dieser Möglichkeit orientieren sich an der Theorie komparativer Kostenvorteile. Die Grundlagen für die Anwendung von Swaps in der Theorie komparativer Kostenvorteile bilden die inter- und intrapersonell unterschiedlichen Verschuldungsmöglichkeiten von Kapitalnachfragern. Abbildung 6.1.3 verdeutlicht anhand eines Beispiels zweier fiktiver Schuldner, einem mit hoher (AAA) und einem mit niedriger (BBB) Bonität für jeweils zwei Schuldformen, wie unterschiedlich die jeweiligen Verschuldungsmöglichkeiten sein können. Die Laufzeiten und Termine der Schuldendienste seien zur Vereinfachung als identisch angenommen.

Abb. 6.1.3 Isolierte Verschuldungsmöglichkeiten zweier Kapitalnachfrager

	AAA	BBB	Differenz
Fixe Verschuldung	6%	6,6%	0,6%
Variable Verschuldung	LIBOR+0,1%	LIBOR+0,4%	0,3%

Der Kreditnehmer mit der hohen Bonität kann sich sowohl im Festzinsbereich als auch mit der flexiblen Verschuldungsform absolut günstiger verschulden als der Schuldner BBB. Die relativen Vorteile von AAA gegenüber BBB sind jedoch im Vergleich der beiden Schuldformen nicht identisch, wie die Spalte der Zinsdifferenzen belegt. Im Beispiel hat BBB bei einer festen Verzinsung einen Kreditkostennachteil von 60 Basispunkten[74] gegenüber AAA, im Bereich der variablen Verzinsung dagegen einen Nachteil von lediglich 30 Basispunkten. BBB kann sich damit relativ besser über die variable Verschuldungsform finanzieren und AAA relativ besser über die Verschuldung zu fixierten Zinssätzen. Diese komparativen Kostenvorteile (bzw. hier Verschuldungsvorteile) können zu einer Pareto-Verbesserung ausgenutzt werden, indem sich die beteiligten Seiten jeweils in den

[73] Vgl. Marshall, J.F. (1989), S.234f.

[74] Ein Basispunkt entspricht einem Hundertstel eines Prozentpunktes.

Bereichen verschulden, in denen ihre relativen Stärken liegen, und zusätzlich zwischen den Seiten ein Swapvertrag abgeschlossen wird. Für das Beispiel sei angenommen, ein abgeschlossener Swapvertrag beinhalte eine feste Zinszahlung in Höhe von 6,1% von BBB an AAA und eine variable Zahlung in Höhe des LIBOR von AAA an BBB. Abbildung 6.1.4 verdeutlicht die Gesamtheit der Zahlungsströme aus variabler Verschuldung durch BBB, der Festzinsverschuldung durch AAA und dem Swapgeschäft. In der Summe verschulden sich AAA variabel zu einem Zinssatz von LIBOR-0,1% und BBB zu einem Festzins von 6,5%. Für beide Seiten des Swapvertrags stellt sich die individuelle synthetische Verschuldung (die Kombination aus einer unerwünschten Schuldform und einem Swap, die faktisch zu einer beabsichtigten Verschuldung führt) als vorteilhaft gegenüber einer gleich gegliederten, direkten Verschuldung dar.

Abb. 6.1.4 Zahlungsströme einer synthetischen Verschuldung mit Swaps

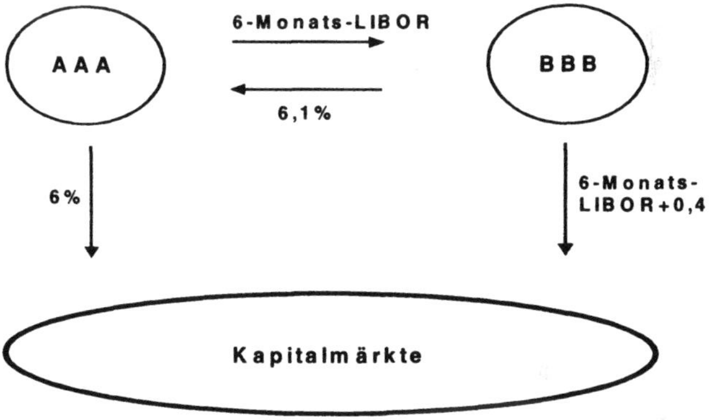

Da es beiden Vertragsparteien im Ergebnis gelingt, risikolos und ohne neuerlichen Kapitaleinsatz einen Gewinn zu erzielen, wird diese Ausnutzung komparativer Kostenvorteile mitunter als eine Form der Arbitrage aufgefaßt.[75] Im Sinne der Arbitrage Pricing Theory folgert Tucker entsprechend, daß komparative Kostenvorteile auf effizienten Kapitalmärkten nicht existieren dürften – sie würden sofort durch Arbitragegeschäfte beseitigt werden.[76] Dem gegenüber zeigen jedoch Wall/Pringle und Jentzsch diverse Erklärungsansätze auf, weshalb qualitativ unterschiedliche Zinsdifferenzen zwischen Schuldnern bestehen bleiben können[77]. Darüber hinaus ist zu beachten, daß, anders als bei den typischen Arbitragemög-

[75] Vgl. Tucker, A.L. (1991), S.485 und Jentzsch, S.J. (1990), S.49
[76] Vgl. Tucker, A.L. (1991), S.485
[77] Vgl. Wall L.D./Pringle J.J. (1992), S.286ff. und Jentzsch, S.J. (1990), S.47

lichkeiten, das Swapgeschäft ein bestimmtes Verhalten der Parteien erfordert. Eine Verbesserung des status quo ist nur dann möglich, wenn sich beide Seiten letztlich synthetisch in dem Bereich verschulden, in denen ihre komparativen Kosten*nach*teile liegen. Es wäre demnach nicht möglich, aus den komparativen Kostenvorteilen einen Nutzen zu ziehen, wenn AAA sich effektiv über einen Festzins und/oder BBB sich über eine variable Verschuldung finanzieren wollten. Beide Seiten begeben sich deshalb durch den Swap in spezifische Risikopositionen, die sie nicht wieder kostenfrei verlassen können. In dieser Restriktion ist der zentrale Unterschied zur typischen Form der Arbitrage zu sehen. Die zwingend erforderlichen Bedingungen für die Ausnutzung der komparativen Kostenvorteile sind von neutralen Marktteilnehmern nicht oder nicht beliebig häufig replizierbar, so daß die Renditedifferenzen durch den Wettbewerbsmechanismus nicht zwingend ausschöpfbar sind.

Neben der Ertragserzielung über komparative Kostenvorteile können Swaps freilich ebenso wie die anderen Derivate auch zur Risikogestaltung eines Portfolios eingesetzt werden. Infolge ihrer Charakterisierung als einer Reihe von Forwardkontrakten unterscheiden sich die Swaps in ihren Eigenschaften dann aber kaum noch von diesen bereits betrachteten Instrumenten. So stimmen ihre Risikoprofile überein, und die Probleme der Nutzung von Swaps ergeben sich wie bereits bei den Forwards aus den Besonderheiten als OTC-Derivate: Ihre hohe Spezifität ermöglicht zwar eine Maßschneiderung der Vertragselemente, dem stehen jedoch die hohen Kosten der Suche eines Vertragspartners sowie die signifikanten Kreditrisiken gegenüber. In praxi werden aus diesen Gründen häufig Swapdealer in den Kontrakt als Vermittler oder Intermediäre zwischengeschaltet, deren Gebühren und Prämien entsprechend den Nutzen des Swapeinsatzes schmälern.[78]

6.1.4 Optionen

In der Systematik der Derivate bilden Optionen eine eigenständige Klasse von Instrumenten, die sowohl börsen- als auch OTC-gehandelte Instrumente umfaßt. Unabhängig von ihren unterschiedlichen Ausgestaltungen weisen sie markante Gemeinsamkeiten auf, die maßgeblich für eine Klassifizierung sind. Wie Forwards, Futures und Swaps ist eine Option ein Termingeschäft über den Austausch einer Leistung (in Form eines spezifizierten, mengenmäßig abgegrenzten Basiswerts) gegen eine monetäre Zahlung (den Ausübungspreis). Im Gegensatz zu den erstgenannten Derivaten handelt es sich bei einer Option jedoch um ein *bedingtes* Termingeschäft: mit dem Vertragsabschluß erhält der Käufer einer Option das

[78] Vgl. Marshall, J.F./Kapner, K. (1993), S.15f., Jentzsch, S.J. (1990), S.101ff. und Wall L.D./Pringle J.J. (1992), S.283f.

Recht, aber nicht die Pflicht, unter den festgelegten Bedingungen den Basiswert zu handeln.[79]

Als grundsätzliche Optionstypen ist zwischen einem Put und einem Call zu unterscheiden. Mit dem Put erwirbt der Käufer das Recht, den spezifizierten Basiswert zum Ausübungspreis zu verkaufen, während sich ein Call als Recht auf den Kauf des zugrundeliegenden Vertragsgegenstandes darstellt. In beiden Fällen fungiert der Verkäufer als Stillhalter, der bei Ausübung der Option dessen Erfüllung zu den festgelegten Bedingungen gewährleistet. Ein Teilnehmer am Optionsmarkt kann damit vier verschiedene Handlungspositionen einnehmen: als Käufer eines Calls (long call), als Käufer eines Puts (long put), Verkäufer eines Calls (short call) oder Stillhalter eines Puts (short put)[80]. Sowohl bei Puts als auch bei Calls kann der Käufer die Entwicklung des Marktes für den Basiswert bis zum Verfallstermin[81] der Option abwarten und erst dann entscheiden, ob der spezifizierte Handel des Basiswerts für ihn vorteilhaft ist oder nicht. Für die Gewährung des Optionsrechts erhält der Optionsverkäufer eine Gegenleistung in Form einer Optionsprämie (= Preis der Option[82]), die unabhängig vom Austausch des Basiswerts bei Abschluß des Optionsvertrags zu leisten ist. Diese Prämie kennzeichnet den ersten markanten Unterschied zu anderen Derivaten. Nur bei Optionen findet dadurch bereits bei Beginn der Laufzeit des Terminkontraktes ein Leistungsaustausch statt[83]. Genau genommen ist das erteilte Optionsrecht selber das werthaltige Vermögensobjekt und damit Gegenstand des Kontraktes und nicht in erster Linie der mit dem Basiswert verbundene, mögliche Leistungsaustausch[84].

Der zweite maßgebliche Unterschied von Optionen gegenüber anderen Derivaten ist in der Asymmetrie der erzeugten Risikoprofile zu sehen[85]. Die Konstruktion der Freiheit in der Optionsausübung ermöglicht es dem Käufer, ungünstigen Marktentwicklungen auszuweichen, positive Entwicklungen hingegen weiter zu nutzen. Während durch den Einsatz von Derivaten mit beidseitigen Leistungsver-

---

79 Vgl. Kohler, H.-P. (1992), S.17, Müller-Möhl, E. (1995), S.49 und Tucker, A.L. (1991), S.249

80 Bei allen anderen Derivaten sind die Handlungspositionen lediglich auf zwei Ausprägungen, Käufer oder Verkäufer, begrenzt.

81 Optionen, bei denen das Ausübungsrecht ausschließlich am festgesetzten Fälligkeitstermin geltend gemacht werden kann, werden als europäische Optionen bezeichnet. Sogenannte amerikanische Optionen erlauben hingegen eine Ausübung an jedem beliebige Handelstag während der Laufzeit. Sofern nicht anders gekennzeichnet, werden im folgenden Optionen amerikanischen Typs betrachtet.

82 Vgl. Müller-Möhl, E. (1995), S.49

83 Bei anderen Derivaten sind lediglich Marginzahlungen zu leisten, die bei standardisierten Optionen zusätzlich anfallen.

84 Vgl. Kohler, H.-P. (1992), S.17, Black, F./Scholes, M. (1992), S.157, Müller-Möhl, E. (1995), S.49 und Büschgen, H. E. (1988), S.20f

85 Vgl. Galitz, L. (1994), S.189

pflichtungen sowohl negative als auch positive Risiken in gleichem Maße (symmetrisch) verändert werden, gelingt es mit Optionen, diese zu separieren und unterschiedlich zu beeinflussen. Abb. 6.1.5 stellt diese Möglichkeit am Beispiel des Kaufs eines Calls dar, dem der Kauf eines Forwards als Alternative gegenüber gestellt wird. Es sei unterstellt, daß Forward und Option qualitativ und quantitativ auf denselben Basiswert abgestellt sind.

Abb. 6.1.5 Risikoprofil für der Kauf eines Calls

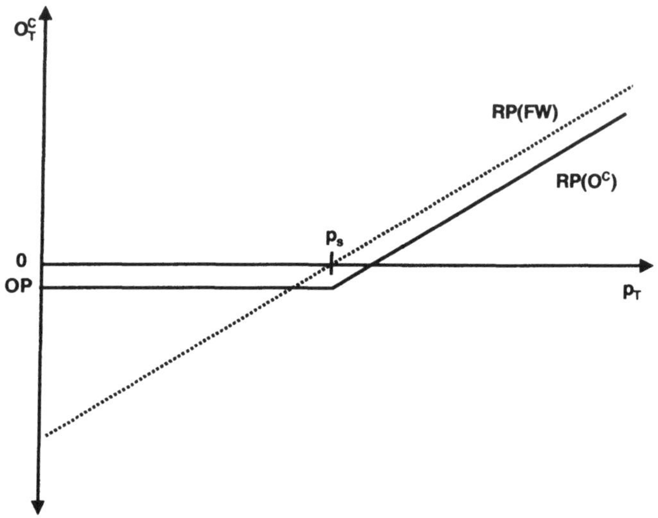

Entscheidend für die Frage, ob die Option effektiv ausgeübt wird oder nicht, ist das Verhältnis von Kassapreis am Verfallstag (p_T) zu dem Ausübungspreis (dem Strike- oder Exercise-Price), in der Abbildung gekennzeichnet durch p_S[86]. Liegt der Kassapreis unterhalb des Strikepreises, wird der Käufer die Option nicht ausüben, da er den gleichen Basiswert vorteilhafter am Kassamarkt verkaufen könnte. Das Ausübungsrecht der Option ist dann für ihn mit einem Wert von Null anzusetzen[87]. Durch die bei Vertragsabschluß gezahlte Optionsprämie (OP) ergibt sich jedoch insgesamt ein Verlust aus dem Optionsgeschäft – eben in Höhe der Prämie. Sie stellt für den Käufer die Verlustobergrenze aus dem Optionsgeschäft dar. Im Vergleich zum Risikoprofil des Forwards ist somit erkennbar, daß selbst bei ei-

[86] In Abb. 6.1.5 entspricht der Strikepreis lediglich zur Vereinfachung dem erwarteten Kassapreis.

[87] Während der Laufzeit der Option gilt diese Schlußfolgerung nicht. Sofern noch die Möglichkeit besteht, daß der Kassapreis unter den Ausübungspreis sinken kann, verbleibt ein positiver Zeitwert (vgl. zur Komplexität der Preisbildung von Optionen während ihrer Laufzeit Galitz, L. (1994), S.200ff.).

nem deutlichen Preisverfall des Basiswerts am Kassamarkt unter p_S das Verlustrisiko für den Käufer der Option stets limitiert ist.

Erst ab einem Kassapreis oberhalb des Strikepreises ist es für den Call-Käufer vorteilhaft, die Option auszuüben. In diesem Bereich des Risikoprofils findet der terminbezogene Leistungsaustausch zwischen den Vertragsparteien in gleicher Weise wie bei einem Forward statt und weist daher den gleichen Verlauf auf. Da jedoch auch hier die Optionsprämie zu berücksichtigen ist, stellt sich der rechte Zweig von $RP(O^c)$ als parallel nach unten verschobenes Risikoprofil des Forwards dar.

Aus der Kombination der Verhaltensregeln stellt sich der Wert des Optionsgeschäfts für den Käufer bei Fälligkeit dar als

$$(6.1.7) \quad O_T^c = \begin{cases} -OP & \text{wenn } p_T \leq p_S \\ p_T b - p_0^c b - OP & \text{wenn } p_T \geq p_S \end{cases}$$

Die Nutzung anderer Optionspositionen führt zu abweichenden Risikoprofilen, die in der Übersicht 6.1.6 erfaßt werden[88]. Sie verdeutlichen noch einmal die systematische Trennung zwischen positiven und negativen Risiken und die Möglichkeiten, nach Bedarf eine Risikosteuerung vornehmen zu können, die selektiver als jene anderer Derivate ist.

Wie zwischen Forwards und Futures ist auch bei Optionen eine Unterscheidung zwischen standardisierten, börsengehandelten und spezifizierbaren, OTC-gehandelten Instrumenten möglich. Standardisierte Optionen nutzen in weitgehend gleicher Weise wie die Futures Clearingstellen, um die Erfüllung der vertraglichen Leistungen durch die Vertragsparteien abzusichern[89]. Die dort angeführten Vorzüge einer institutionalisierten Abwicklung gelten somit auch hier. Umgekehrt werden wie bei Forwards und Swaps die Vor- und Nachteile der Nichtstandardisierung bei OTC-Optionen wirksam: sie können theoretisch optimal an die vorliegende Struktur der Marktrisiken angepaßt werden, bergen jedoch neue Risiken der Vertragsabwicklung und sind in bezug auf die Kontraktgründung und eventuelle -auflösung mit höheren Transaktionskosten verbunden, da für sie nur wenig liquide Märkte existieren.[90]

---

88 Vgl. z.B. Tucker, A.L. (1991), S.355

89 Vgl. Müller-Möhl, E. (1995), S.56ff., Chance, D.M. (1991), S.33ff.

90 Das Bild der Zuordnung liquider Märkte zu börsengehandelten Instrumenten und einer hohen Illiquidität zu OTC-Derivaten ist jedoch nicht zwingend verallgemeinerbar. Auch standardi-

Abb. 6.1.6 Überblick der Risikoprofile von Optionen

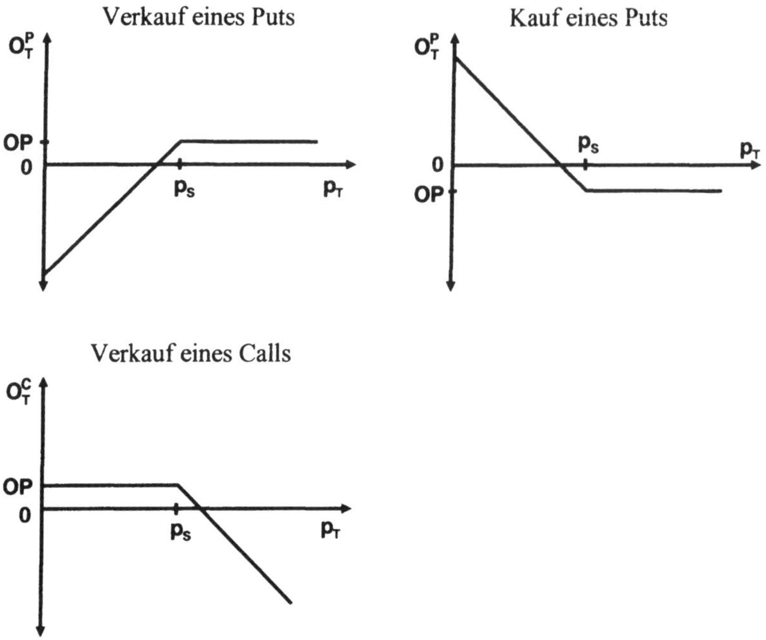

6.2 Perspektiven einer Gestaltung der Schuldenstrukturpolitik mit Derivaten

Nach der Vorstellung der derivativen Grundformen eröffnet sich für ihren Einsatz in der Schuldenstrukturpolitik des Bundes unweigerlich die Frage, in welcher Weise diese Instrumente zu einer verbesserten Zielerreichung beitragen können. Angesichts der aktuellen Betonung der fiskalischen Komponente interessiert vor allem, ob mit den neuen Instrumenten eine Absenkung der Kreditkosten erreicht werden kann. Im Zuge der Ermächtigung zur Nutzung von Derivaten infolge der Verabschiedung des Haushaltsgesetzes 1998 ist in diesem Sinne von der Bundesregierung die Hoffnung formuliert worden, Zinsersparnisse im Umfang von 1,5 Mrd. DM zu erzielen[91]. Skeptische Stimmen (wie die vom Direktoriumsmitglied

---

sierte, börsengehandelte Optionen hatten in den ersten Jahren ihrer Gründung mangels Akzeptanz mit engen Märkten zu kämpfen. Aus diesem Grund haben sich statt ihrer Futures-Optionen (dies sind Optionen mit einem Future als Basiswert) etabliert, welche an der Liquidität der Futuremärkte partizipieren können. (vgl. Büschgen, H.E. (1988), S.128f.)

91 Vgl. o.V., FAZ vom 8.11.97, S.13

der Deutschen Bundesbank J.H. Gaddum) vermuteten dagegen, daß die als Zinskostenersparnisse deklarierten Beträge nur im Austausch gegen erhöhte Risiken ausgewiesen werden könnten und daher möglicherweise sogar fiskalische Nachteile in sich bergen[92]. Die in diesen Unterschiedlichen Bewertungen zum Ausdruck kommenden Hoffnungen und Befürchtungen spiegelt sich die untrennbare Verbindung von Kosten und Risiken wider, die bei der schuldenstrukturpolitischen Verschuldungsentscheidung stets zu beachten ist. Unter Berücksichtigung dieses Zusammenhangs soll in den folgenden Betrachtungen die Verschuldungsproblematik modelliert und untersucht werden, in welcher Weise das Debt Management Einfluß auf das Risiko-Kosten-Verhältnis nehmen kann.

6.2.1 Modellierung der fiskalischen Zielsetzung unter Berücksichtigung von Zinsänderungsrisiken

Der Zusammenhang zwischen den Risiken und Kosten einer Anlage- oder Verschuldungsentscheidung läßt sich auf verschiedene Weise erfassen und darstellen. Um eine einheitliche Erfassung von Risiken und Kosten einer Anlage- oder Verschuldungsentscheidung zu gewährleisten und die Derivate als neue Komponenten in die Analyse integrieren zu können, wird bei der folgenden Modellierung weiterhin auf die Darstellung über Risikoprofile zurückgegriffen.

Als Ausgangspunkt für die Veranschaulichung der Wirkungen von Derivaten in der Schuldenstrukturpolitik sei im folgenden eine spezifische, aber typische Planungs- bzw. Entscheidungssituation des Debt Managements untersucht: Um einen aktuellen Kapitalbedarf von heute (Zeitpunkt t=0) bis zum Ende eines festgelegten Zeitraums T zu decken, soll überprüft werden, mit welchen Kosten und Risiken eine Verschuldung durch zwei aufeinander folgende Kredite (mit den Laufzeiten T und T-τ) verbunden ist. In Abgrenzung zu einer Deckung des Kreditbedarfs mit einem einzigen, langfristigen Schuldeninstrument soll diese Variante im folgenden als kurzfristige Verschuldung interpretiert werden.

Der gesamte Zeithorizont bis T läßt sich in zwei Teilperioden untergliedern. Unter Risikogesichtspunkten ist eine erste Teilperiode von t=0 bis τ als sicher einzustufen, da für diesen Zeitraum die zahlungswirksamen Zinskosten für das Debt Management durch den ersten kurzfristigen Schuldtitel determiniert sind. Im Gegensatz dazu ist die notwendige Anschlußfinanzierung für die Periode T-τ als unsicher zu bezeichnen. Dabei ist es irrelevant, über welche Laufzeiten sich die jeweiligen Teilperioden erstrecken.

---

[92] Vgl. o.V., FAZ vom 14.11.97, S.19

Abb. 6.2.1 Risikopolitische Aufspaltung des Planungshorizonts im Fall einer kurzfristigen Verschuldung

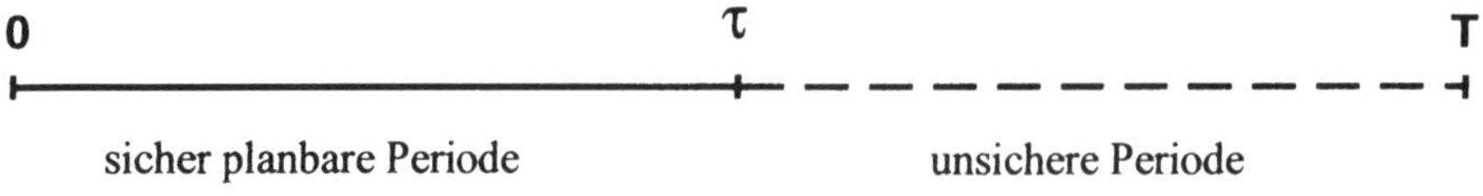

Im Gegensatz zur ersten Teilperiode (von 0 bis τ), in der die zahlungswirksamen Zinskosten dem Debt Management bei Vertragsabschluß bekannt sind, stellen sich während der Budgetplanung in t=0 die Kosten der Periode T-τ als unsicher dar. Angesichts der Irrelevanz der ersten Teilperiode unter Risikoaspekten stellt allein die unsichere Periode T-τ den Betrachtungsgegenstand der folgenden Überlegungen (aus der Perspektive von t=0) dar. In Anlehnung an die von Tobin für die Schuldenstrukturpolitik genutzte, einfache Operationalisierung der Zinskosten durch das Produkt aus Schuldenbetrag (S) und Marktrendite (r_t)[93], bestimmt sich in Zeitpunkt t=τ die Höhe der anfallenden Zinskosten für die Zeitspanne T-τ durch

$$(6.2.1) \quad K_{0,\tau} = S \cdot r_{\tau,T-\tau} \quad \text{mit } r_{\tau,T-\tau} \sim NV\,(r^e_{\tau,T-\tau}, \sigma^2_r)$$

Zur Vereinfachung des Analyserahmens wird unterstellt, daß das Debt Management normalverteilte Erwartungen über die zum Entscheidungszeitpunkt unbekannten Marktrenditen bildet, alternative Verteilungen sind aber prinzipiell in gleicher Weise in das Modell implementierbar. Die hier gewählte Form der Erfassung der Zinskosten ist weitgehend aus der Berechnung der periodisierten Zinskosten[94] ableitbar[95]. Nach dem Konzept der periodisierte Zinskosten werden die Zinskosten nicht nur durch die Nominalzinszahlungen des Schuldtitels, sondern zuzüglich durch die Marktwertänderungen des Schuldtitels in der betrachteten Periode bestimmt. Es wird damit die hypothetische Situation betrachtet, daß jedes Wertpapier, das zu Periodenbeginn ausgegeben wird, am Periodenende zurückgekauft wird. Diese Form der Kreditkostenermittlung ist zweckmäßig, selbst wenn entsprechend der kameralistischen Buchführung der öffentlichen Hand Kurswertveränderungen der Schuldtitel im Bundeshaushalt nicht dokumentiert werden. Erst durch die Berücksichtigung der Kursbewegungen wird es möglich, Schuldeninstrumente unterschiedlicher Laufzeiten miteinander vergleichbar zu machen, da

93 Vgl. Tobin, J. (1963), S.425
94 Der Begriff der periodisierten Zinskosten wird hier von Pampel übernommen (vgl. Pampel, R. (1993), S.47).
95 Für die Herleitung und Erläuterung dieses Zusammenhangs vgl. Tobin J. (1963), S.426f.

die mit ihnen verbundenen Kosten auf einen einheitlichen Zeitraum zugeschnitten werden.[96]

Anders als bei der Betrachtung von Pampel, der in einer ex-post-Beurteilung der Wirtschaftlichkeit staatlicher Schuldenmaßnahmen auf die tatsächlichen Marktpreise als Berechnungsgrundlage zurückgreift, um die Zinskosten zu ermitteln, werden hier die Erwartungen des Debt Managements über Marktpreisentwicklungen in τ genutzt. In der komplexen Planungs- und Entscheidungssituation des Debt Managements über eine optimale Schuldenstrukturierung stehen die zukünftigen Marktpreise der Schuldtitel faktisch nicht zur Verfügung und können so nicht zu einer Aussage über die Qualität der schuldenstrukturpolitischen Strategie führen. Mithilfe der tatsächlichen Marktpreise wäre es höchstens möglich, eine Aussage über die Qualität der Erwartungsbildung der Debt Manager zu treffen.

Die Risiken, die in dem Kostenbegriff der Gleichung 6.2.1 enthalten sind, können durch sehr verschiedene Größen ausgedrückt werden[97], die folgenden Überlegungen zur Beschreibung der Risiken einer staatlichen Kreditaufnahme konzentrieren sich auf zwei Alternativen. Als erstes operationalisiertes Risikomaß kann die Varianz der Zinskosten verwendet werden, wie sie bereits in die Portfolio-Theorie nach Markowitz[98] Eingang gefunden hat. Eine solche Abgrenzung des Risikos berücksichtigt jede Abweichung der Zinskosten von dem erwarteten Wert, obwohl, dem Haushaltsgrundsatz der Wirtschaftlichkeit und Sparsamkeit folgend, die Möglichkeiten sinkender Zinskosten anders zu bewerten sind als die steigender Kosten. Durch diese Berücksichtigung sowohl vorteilhafter als auch ungünstiger Konsequenzen ist es möglich, den Risikobegriff nicht zwingend und ausschließlich als unvorteilhaftes, negativ besetztes Phänomen zu interpretieren[99]. Bei der alleinigen Nutzung der Varianz als ausgewählte Risikogröße ist ferner zu beachten, daß es grundsätzlich sehr problematisch ist, einen komplexen Begriff wie das Risiko in nur einer einzigen Kennzahl abzubilden[100]. Unberücksichtigt bleibt so unter anderem die Höhe des maximalen Verlustes einer Verschuldungsentscheidung, obwohl diese Größe gerade im Bereich der Portfoliostrukturierung häufig als zentrales Entscheidungskriterium angesehen wird[101]. Um diesem Aspekt Rechnung zu tragen, sollen beide Risikobegriffe bei den folgenden Analysen schuldenstrukturpolitischer Entscheidungen berücksichtigt werden.

---

96 Vgl. Pampel, R. (1993), S.47ff.

97 Für Übersichten alternativer Risikogrößen vgl. Arditti, F.D. (1967), S.19ff. und Jungermann, H./Slovic, P. (1993), S.169

98 Vgl. Markowitz, H.M. (1991)

99 Vgl. Bonß, W. (1995), S.31f. und Galitz, L. (1994), S.85

100 Vgl. Kaplan, S./Garrick, J.B. (1993), S.97 und Helten, E. (1994), S.23

101 Vgl. Braun, T. (1990), S.4

Graphisch kann die Zinskostenfunktion aus Gleichung 6.2.1 in einem Risikoprofil erfaßt werden, das in der Abb. 6.2.2 durch $RP(K_k)$ bezeichnet wird.

Abb. 6.2.2 Risikoprofile einer variablen und zinsfixierten Verschuldung

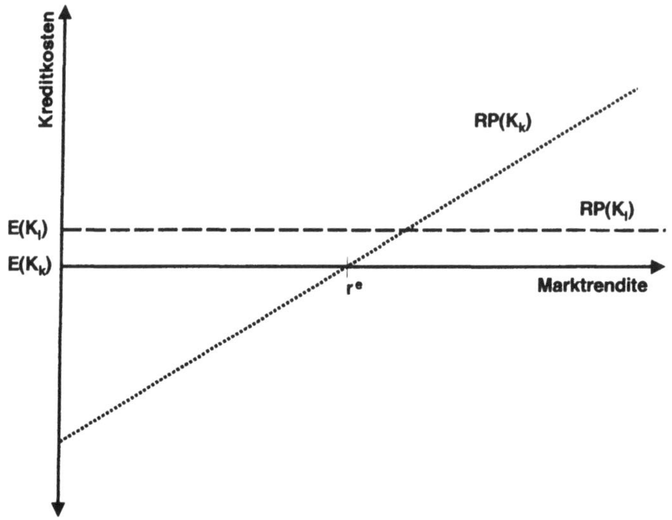

Wie bedeutsam dieses Risikoprofil für das Debt Management ist, läßt sich daran verdeutlichen, daß $RP(K_k)$ nicht nur die bereits beschriebene Entscheidungssituation des Debt Managements abbildet, sondern ebenso für zwei weitere Entscheidungssituationen als repräsentativ aufgefaßt werden kann. Zum einen liegt ein derartiges Risikoprofil vor, wenn eine existierende Schuld zum Zeitpunkt τ fällig wird und einer Refinanzierung bis zum Zeitpunkt T bedarf, und zum anderen ist auch jede geplante Neuverschuldung, die nicht sofort, sondern erst in τ zu einer Kapitalbeschaffung führt, auf diese Weise abbildbar. Allen drei Entscheidungen ist gemein, daß zum Zeitpunkt der Betrachtung ein absehbarer Kreditbedarf für den Zeitraum τ bis T noch nicht durch einen gültigen Kreditkontrakt abgedeckt ist. Wenn also das Debt Management "tatenlos" bleibt, d.h. keine Maßnahmen zur Zinsfixierung einleitet, ist $RP(K_k)$ das inhärente Risikoprofil jedes offenen Kreditbedarfs.

Die Bewertung von $RP(K_k)$ hängt wesentlich davon ab, welche alternativen Risikoprofile über die Schuldenstrukturpolitik erreichbar sind. In zwei der angesprochenen Verschuldungsszenarien (der Kette kurzfristiger Titel und der Refinanzierungssituation) wäre es im Extremfall bereits mit traditionellen Schuldeninstrumenten möglich, den inhärenten Risiken von $RP(K_k)$ vollständig auszuweichen.

So würde mit einer Umschuldung in t=0 zugunsten eines langfristigen Schuldtitels mit der Laufzeit T die Höhe der Zinskosten vollständig unabhängig von den Marktrenditen in τ. Sowohl die Varianz der Zinskosten als auch die maximale Verlustabweichung gegenüber den erwarteten Zinskosten wären gleich Null. In Abb. 6.2.2 und in allen folgenden Betrachtungen wird davon ausgegangen, daß der Schuldner eine normale Zinsstruktur erwartet, infolge der die periodisierten Zinskosten einer Verschuldung über langfristige Wertpapiere höher sind als über ein Kette kurzfristiger Titel[102]. Das Risikoprofil $RP(K_l)$ liegt daher oberhalb der erwarteten Zinskosten einer unsicheren, kurzfristigen Verschuldung. Aus Sicht des Debt Managements können die höheren Erwartungskosten dabei als Prämie angesehen werden, die bei einer langfristigen Verschuldung für eine Ausschaltung der vorher existierenden Risiken zu leisten wäre.

In der Betrachtung aller Risikoprofile einer Verschuldung über traditionelle Schuldeninstrumente stellen die beiden bisher betrachteten Risikoprofile zwei Extrempositionen dar. Während $RP(K_k)$ unter den aufgestellten Annahmen ein Maximum an Risiken beinhaltet, ist $RP(K_l)$ vollständig gegen Risiken abgesichert. Weitere Risikoprofile könnten durch eine Portfoliomischung konstruiert werden, indem der festgestellte Schuldenbetrag teilweise variabel gestaltet, teilweise durch eine Umschuldung fixiert wird. Für die graphische Betrachtung gilt dabei grundsätzlich, daß die Höhe des eingegangenen Risikos um so größer ist, je steiler das Risikoprofil verläuft. Stellt das Debt Management nun alle relevanten Verschuldungsalternativen einander gegenüber, ist es prinzipiell in der Lage, im Sinne seiner Zielsetzung eine bestmögliche Abwägung zwischen (Erwartungs-) Kosten und Risiken der Kapitalbeschaffung vorzunehmen. Eine Einschränkung der Gestaltbarkeit der Schuldenstruktur besteht jedoch bezüglich der Situation einer geplanten Neuverschuldung. Hier stellt in der Regel eine vorzeitige Verschuldung in langfristigen Titeln kein geeignetes Mittel zur Risikoabsicherung dar. Ausgehend von $RP(K_k)$ ist eine Festlegung der unsicheren Zinskosten über einen langfristigen Schuldtitel insofern problematisch, als damit Zinskosten erzeugt werden, bevor überhaupt ein Kreditbedarf existiert. Zwar hat sich in der Vergangenheit das Debt Management des Bundes durchaus derartiger Vorratskredite bedient, um eine Verstetigung der Kreditbeschaffung zu erreichen und damit teure Finanzierungsspitzen zu vermeiden[103]. Daß aber die Zinskosten einer Kreditbevorratung durch die zukünftigen Zinsersparnisse dieser Maßnahme überkompensiert werden können, ist eine starke Bedingung. Unter dem Gesichtspunkt der Wirtschaftlichkeit dürfte ein solches Verfahren daher eher nur ausnahmsweise vertretbar erscheinen.

---

[102] Nach Campbell ist eine derartige Konstellation zumindest in Teilbereichen von Zinsstrukturkurven in praxi signifikant und regelmäßig beobachtbar. (vgl. Campbell, J.Y. (1995), S.9ff.)

[103] Vgl. Wissenschaftlicher Beirat beim BMF (1979), S.35ff.

Neben der traditionellen Methode der Mischung eines Portfolios stellt vor allem der Einsatz von Derivaten eine neue Möglichkeit dar, eine Steuerung des Verhältnisses von Risiko und Erwartungskosten im Schuldenportfolio des Bundes zu betreiben. Wie zu sehen sein wird, eröffnet sich durch diese Instrumente sogar eine größere Anzahl von Handlungsalternativen, die eine verbesserte Erreichung des fiskalischen Ziels versprechen. Welche verschiedenen Möglichkeiten das Debt Management hat, um mit Derivaten Einfluß auf die mit der Schuldenaufnahme verbundenen Risikoprofile zu nehmen, läßt sich am besten anhand der zwei (neben der Arbitrage) dominierenden Motive verdeutlichen, nach denen häufig die Akteure an den Derivatmärkten kategorisiert werden: dem Hedging und der Spekulation[104].

6.2.2 Hedging-Strategien

Unter einem Hedging mit Derivaten ist die Betreibung einer Absicherung von Marktpreisrisiken zu verstehen, die dem scheinbar paradoxen Grundprinzip der Risikoausweichung durch Risikoaufnahme folgt. In der Umsetzung bedeutet dies, daß bewußt neue Risikopositionen aufgebaut werden, die dem abzusichernden Risiko entgegengesetzt sind (offsetting positions)[105] und in der Summe, also bei Betrachtung der neuen Gesamtposition, die bestehenden Risiken kompensieren. Dabei kann sich eine Hedgingstrategie sowohl auf ein gesamtes Portfolio (Makrohedge) als auch auf ein Teilportfolio (Mikrohedge) erstrecken, und es ist ebenso möglich, ein antizipatives Hedging, d.h. die Absicherung einer noch nicht bestehenden Risikoposition, vorzunehmen[106]. Wie gut eine Absicherung der Risiken gelingt, hängt in jedem dieser Fälle davon ab, wie genau die neue Risikoposition ein Spiegelbild der ersten darstellt. Ein perfektes Hedging, d.h. die vollständige Beseitigung von Marktpreisrisiken, ist nur dann möglich, wenn die ursprüngliche und die neue Risikoposition vollständig negativ korreliert sind[107]. Aufgrund der Spezifität der möglichen Risikopositionen und der daraus erwachsenden Schwierigkeiten, eine exakte Gegenposition zu finden, wird ein perfekter Hedge jedoch meist nur als theoretisches Ideal anzusehen sein[108].

Um zu zeigen, in welcher Weise es möglich ist, mit Derivaten bestehende Risiken abzusichern, möge im folgenden erneut das inhärente Risikoprofil aus Abb. 6.2.2 betrachtet werden. Durch den Verkauf eines Zinsforwards verpflichtet sich das Debt Management, dem Käufer zum Zeitpunkt τ eine bestimmtes Wertpapier mit

---

[104] Vgl. Marshall, J.F. (1989), S.51ff.

[105] Vgl. Marshall, J.F. (1989), S.53

[106] Vgl. Chance, D.M. (1991), S.356 und S.364

[107] Für einen Überblick, unter welchen Umständen im Detail eine vollständig negative Korrelation erreicht wird vgl. Kolb, R.W./Chiang, R. (1992), S.516

[108] Vgl. z.B. Marshall, J.F. (1989), S.361

der Laufzeit T-τ zu liefern. Bereits bei der Planung bzw. der Erkennung eines zukünftigen Kreditbedarfs wird also für die spezifische Periode der Abschluß eines Kreditvertrages vereinbart, dessen Konditionen vorzeitig festgelegt werden. Entsprechend ist die Höhe der Zahlungsverpflichtungen für den Bund bereits in t=0 determiniert und auch ex post unabhängig von der in τ vorliegenden Rendite für dieses Marktsegment. Umgekehrt kann dasselbe für den Käufer des Forwards gelten, auch er ist kann bereits sicher sein, zu welchen Konditionen er etwaige liquide Mittel in τ anlegen kann.

In der formalen Analyse verdeutlicht sich, daß mit dem Verkauf des Forwards eine bewußte Risikoaufnahme verbunden ist, aber der Wert des Gesamtarrangements, also die Summe aus variabler Verschuldung und Forward, unbeeinflußbar durch die unsichere Marktrendite ist. In Anlehnung an die in Kap. 6.1.1 eingeführte Definition kann der Preis eines Forwards hier als Zinsleistung interpretiert werden, zu dem sich die Vertragsparteien auf einen Kreditvertrag in t (t=0,...,τ) einigen, der die Laufzeit T-τ aufweist. Der in t=0 festgelegte „Preis" für die Kreditvergabe im Zeitraum T-τ läßt sich daher erfassen als

$$(\ 6.2.2\ )\quad fw_0 = S \cdot r_{0,T-\tau}$$

Da der Bund als Verkäufer des Forwards auftritt, wird er in t=0 den Wert des Kontrakts für den Zeitpunkt τ bestimmen durch

$$(\ 6.2.3\ )\quad (-FW_0) = S \cdot r_{0,T-\tau} - S \cdot r_{\tau,T-\tau} \quad \text{mit} \quad r_{\tau,T-\tau} \sim NV(r_\tau^e, \sigma_r^2)$$

Die Differenz zwischen den Kosten einer marktgerechten Verschuldung in τ und den vorab festgelegten Kosten gibt also Aufschluß darüber, welchen Wert der Forwardkontrakt für den Bund hat. Faßt man die ursprüngliche Risikosituation einer variablen Verschuldung mit dem Ergebnis des Forwardkontrakts zusammen, so ist erkennbar, daß sämtliche Marktrisiken verschwinden. Für die betrachteten Komponenten eines Portfolios ergibt sich eine Fixierung der Zinskosten durch Größen, die bereits in t=0 determiniert sind,

$$\begin{aligned}(\ 6.2.4\ )\quad P_0^{Fw} &= K_0 + (-FW_0)\\ &= S \cdot r_{0,T-\tau}\end{aligned}$$

Abb. 6.2.3 drückt diesen Zusammenhang über eine vertikale Aggregation beider Risikoprofile aus, die zu einem waagerechten Risikoprofil des Gesamtportfolios (RP(P)) führt.

Abb. 6.2.3 drückt diesen Zusammenhang über eine vertikale Aggregation beider Risikoprofile aus, die zu einem waagerechten Risikoprofil des Gesamtportfolios (RP(P)) führt.

Abb. 6.2.3 Hedging mit einem Forward

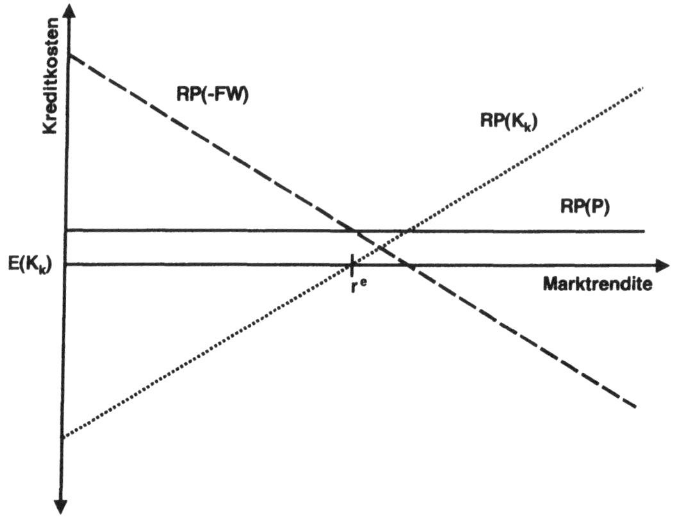

Die Ähnlichkeit mit der durch RP(K_l) Abb. 6.2.2 dargestellten Verschuldung über einen langfristigen Schuldtitel ist offensichtlich. Zumindest hinsichtlich der Risiken sind die langfristige Verschuldung und die Kombination aus Forward und variabler Verschuldung gleichwertig. Inwiefern bzw. unter welchen Umständen die beiden Möglichkeiten Unterschiede hinsichtlich der Höhe der anfallenden Zinskosten aufweisen und dadurch Arbitragemöglichkeiten bietet, wurde bereits in Kap. 6.1.2 untersucht. Zumindest dann, wenn Möglichkeiten des Hedgings oder der Spekulation als Motive für den Einsatz von Derivaten isoliert betrachtet werden, ist der Ausschluß von Arbitragemöglichkeiten eine zweckmäßige Arbeitshypothese. Dieser Überlegung folgend sollen RP(K_l) und RP(P) als identisch betrachtet werden. Hinsichtlich der Kombination aus Zinskosten und Risiken ist es für das Debt Management dann gleich, über welchen der beschriebenen Mechanismen eine Risikoabsicherung erfolgt. Anders formuliert: das Risikoprofil der langfristige Verschuldung kann durch die Kombination aus kurzfristiger Verschuldung und Forward synthetisch kopiert werden.

Alternative Möglichkeiten für eine synthetische Reproduktion eines sicheren Risikoprofils über Forwards bieten sich durch den Verkauf von Futures und Swaps.

Vorausgesetzt Forward und Future beziehen sich auf das gleiche Underlying, entspräche der Hedgingprozeß beim Future der Vorgehensweise bei dem Forward. Unterschiede zwischen den beiden Instrumenten können aber hinsichtlich ihrer Preise, also der für den Zeitraum T-τ zugrunde gelegten Rendite, existieren. Während der Preis eines Forwards als Ergebnis bilateraler Verhandlungen interpretiert wurde, resultiert der Futurepreis aus einem Wettbewerbsmarkt. Aufgrund der unterstellten Effizienz der Futuremärkte wird der Futurepreis als Spiegel der Erwartungen der Gesamtheit der Marktteilnehmer über den terminbezogenen Preis des Basiswerts interpretiert. Doch auch im Vergleich von Forwards und Futures führt die Annahme der Abwesenheit von Arbitrageeffekten zu einer weitgehenden Übereinstimmung der Preise und damit Risikoprofile beider Instrumente[109]. Infolge der oben bereits angeführten Auslegung eines Swapgeschäftes als einer Folge von Forwards ist ersichtlich, daß auch ein Swap dem aufgezeigten Absicherungsprozeß folgt.

Eventuelle qualitativen Unterschiede der Instrumente hinsichtlich ihrer Absicherungsfunktion ergeben sich in erster Linie infolge der unterschiedlichen Standardisierungsmerkmale der Instrumente. Stärker noch als bei gestaltbaren OTC-Derivaten ist es bei der Nutzung von standardisierten Futures unwahrscheinlich, daß der abzusichernde Gegenstand mit dem Basiswert des Futures übereinstimmt – was die Voraussetzung für identische relative Preisreaktionen beider Portfoliokomponenten ist[110]. Zumindest theoretisch scheint jedoch gerade für den Bund als Schuldner dieses Problem elegant umschiffbar. Über die Nutzung der etablierten Bund-Futures wäre er in der nahezu einmaligen Lage, eine vollkommene Angleichung von Basiswert und abzusicherndem Wert zu erzeugen. Zu diesem Zweck wäre es aber bei der Gestaltung einer Neuemission notwendig, deren Ausstattungsmerkmale an den Basiswert des Bund-Futures anzupassen. D.h. also, daß die dem Bund-Future zugrundeliegende idealtypische Anleihe tatsächlich erschaffen würde. Anders als bei den OTC-Derivaten, bei denen von einer Anpassung der Spezifikationen des Derivates an die abzusichernden Risiken ausgegangen werden kann, würde hier der abzusichernde Gegenstand antizipativ an das Absicherungsinstrument angepaßt werden. Eine solche Vorgehensweise mag zwar ungewöhnlich erscheinen, eröffnet aber dem Debt Management die seltene Möglichkeit eines perfekten Hedgings. Inwiefern eine Ausrichtung der Emissionen an die Instrumente zur Risikosteuerung in der Praxis sinnvoll sein kann, hängt wesentlich von den weiteren schuldenstrukturpolitischen Zielen des Debt Managements ab. Angesichts der gegenwärtigen Bekundungen, ein breites Spektrum unterschiedli

---

109 Vgl. Chance, D.M. (1991), S.331ff.

110 Vgl. Marshall, J.F. (1989), S.71

cher Schuldtitel anzubieten[111], erscheint eine konzentrierte Verschuldung in der idealtypischen Anleihe des Bund-Futures zur Zeit in erster Linie lediglich als theoretische Option des Debt Managements.

Aufgrund welcher Argumente aber sollte das Debt Management für ein Risikoabsicherung auf die dargestellten Hedgingmethoden unter Nutzung von Derivaten zurückgreifen, wenn bereits mit traditionellen Methoden eine gleichwertige Risikoabsicherung betrieben werden kann?

Erster erkennbarer Vorzug der Derivate bei der Risikoabsicherung ist die nur geringe Notwendigkeit, die Zusammensetzung des Portfolios substantiell zu ändern. Wie anhand von Gleichung 6.2.4 erkennbar ist, werden die Derivate lediglich als neue Bestandteile in das Portfolio aufgenommen. Die bereits bestehenden, als Quelle des Risikos identifizierten Schuldtitel bleiben im Portfolio enthalten. Im Gegensatz zu der Umschuldung in eine langfristigen Verschuldung bedeutet dies, daß die Risikosteuerung über Derivate ein geringeres Maßnahmenbündel und eine geringere Bestandsbewegung erforderlich macht. Gerade wenn man das Ausmaß einer risikopolitischen Umstrukturierung anhand des Umfangs der damit verbundenen Zahlungsströme mißt, wird der Unterschied eklatant deutlich. Eine Umschuldung erfordert die Auflösung des vorhandenen, gebundenen Bestandes an Schuldtiteln und die Plazierung desselben Betrages in einer neuen Laufzeit. Im Vergleich dazu ist bei Derivaten nur eine geringe Kapitalbewegung notwendig. Bei den Futures resultiert eine Kapitalbindung lediglich aus den Marginleistungen an die Clearingstelle. In Abhängigkeit von der Marktpreisentwicklung des Futures können diese Sicherheitseinschüsse während der Laufzeit zwar zunehmen oder reduziert werden, im Verhältnis zu der abzusichernden Position gelten diese Beträge aber als geradezu vernachlässigbar klein[112]. Fehlt bei den OTC-Instrumenten, also bei Forwards und Swaps, im Extremfall jegliche Absprache über vergleichbare Sicherheitsleistungen, würde die Absicherung des Marktpreisrisikos sogar vollständig ohne Kapitaleinsatz erfolgen. Bis zur Periode $T-\tau$ würden also keinerlei Kapital- oder Liquiditätsbewegungen ausgelöst werden, trotz einer Veränderung des Portfolios unter Risiko- und Ertragsgesichtspunkten. Infolge dieser Zusammenhänge ist das Debt Management in der Lage, mit vergleichsweise geringem Aufwand ein großes Portfolio zu steuern. Entsprechend erhöht sich die Flexibilität des Debt Managements, auf eine neue Zinsentwicklung oder eine veränderte Informationslage zu reagieren und eine Anpassung der Schuldenstruktur an ihre Ziele durchzuführen.

---

[111] Vgl. Kap. 5.3.3
[112] Vgl. Chance, D.M. (1991), S.363

Der zweite unmittelbare Vorteil der Derivate ergibt sich aus der Möglichkeit eines antizipativen Hedging. Wurde die Vorratskreditaufnahme als Maßnahme zur Sicherung einer erwarteten Nettoneuverschuldung bei der ausschließlichen Nutzung traditioneller Schuldeninstrumente oben noch verworfen, eröffnen die genannten Derivate für Neuverschuldungen realistische Absicherungsperspektiven. Erneut erweist sich als Vorteil der Derivate, daß trotz ihres Einsatzes die Zusammensetzung eines bestehenden Portfolios nahezu unverändert bleibt. Im Gegensatz zu einer Umschuldung sind dadurch die Deckung des gegenwärtigen Kreditbedarfs und die Festschreibung der Usancen einer zukünftigen Kapitalbeschaffung separierbar. Entsprechend führt die Absicherung einer absehbaren Neuverschuldung mit Forwards und Futures im Zeitraum von 0 bis τ zu keinen (oder zumindest vernachlässigbar geringen) zahlungswirksamen Kosten. Im Vergleich zu einer Vorratskreditaufnahme sind dadurch die Derivate unter dem Gesichtspunkt der Wirtschaftlichkeit bei einer antizipativen Absicherung tendenziell vorzuziehen und kontinuierlicher einsetzbar.

Eine weitere besondere Form der Risikoabsicherung, die nicht mit traditionellen Schuldeninstrumenten vergleichbar durchführbar ist, bietet sich dem Debt Management über die Nutzung von Optionen. Durch die Möglichkeit, mit Optionen einzelne Risiken selektiv zu verändern, können negative Marktpreisrisiken abgesichert werden, ohne auf Einsparpotentiale durch vorteilhafte Kreditmarktentwicklungen verzichten zu müssen. Zur Verdeutlichung dieses Zusammenhangs sei das inhärente Risikoprofil einer kurzfristigen Verschuldung in Kombination mit dem Kauf einer Put-Option betrachtet.

Mit dem Put erhält der Bund das Recht, einen definierten Schuldtitel bis zu seiner Fälligkeit an den Stillhalter zu verkaufen. Das Debt Management erhält also die Möglichkeit, sich zu den festgelegten Bedingungen Kapital zu beschaffen, und es leistet für dieses einseitige Recht eine Optionsprämie an den Stillhalter. Ob die Option effektiv ausgeübt wird, hängt dabei von der Rendite ab, zu der eine Kreditaufnahme für T-τ möglich wäre. Wenn die Marktrendite in τ günstiger ist als die im Optionskontrakt festgelegten Konditionen, wird das Debt Management die Option nicht ausüben, sondern einer direkte Deckung ihres Schuldenbedarfs anstreben. Der Wert der Option selber fällt in dieser Situation auf Null, bei Betrachtung des Gesamtgeschäftes entstehen dem Debt Management jedoch Kosten in Höhe der bei Vertragsschluß geleisteten Optionsprämie, also dem Kaufpreis der Option in $t=0$. Übersteigt die Marktrendite den Strikepreis, ist die Optionsausübung vorteilhaft. Der Wert der Option bzw. die Höhe der Zinskostenersparnis aus dem Optionsgeschäft wächst dabei proportional mit dem Anstieg der Marktrenditen.

$$(6.2.5)\quad O_0^P = \begin{cases} -OP & \text{wenn } r_{0,T-\tau} \geq r_{\tau,T-\tau} \\ S(r_{0,T-\tau} - r_{\tau,T-\tau}) - OP & \text{wenn } r_{0,T-\tau} \leq r_{\tau,T-\tau} \end{cases}$$

In der Aggregation mit der Kostenfunktion der kurzfristige Verschuldung verdeutlicht sich die zweigeteilte Behandlung der Zinsrisiken.

$$(6.2.6)\quad P_0^P = K_0 + O_0^P$$
$$= \begin{cases} S\ r_{0,T-\tau} + p_0 & \text{wenn } r_{0,T-\tau} \leq r_{\tau,T-\tau} \\ S\ r_{\tau,T-\tau} + p_0 & \text{wenn } r_{0,T-\tau} \geq r_{\tau,T-\tau} \end{cases}$$

Durch die Zahlungen der Optionsprämie gelingt es dem Debt Management, eine Obergrenze der Zinskosten zu fixieren und gleichzeitig die Chancen einer Zinssenkung zu erhalten.

Abb. 6.2.4 Hedging mit Optionen

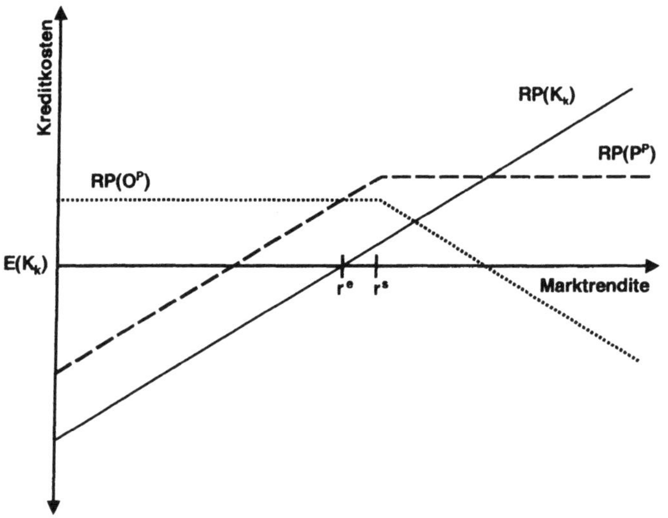

Es ist aber zu beachten, daß bei einer vorteilhaften Entwicklung der Marktzinsen die Zinskosten eines mit Optionen abgesicherten Portfolios stets um die Optionsprämie höher liegen als bei einem ungesicherten Portfolio.

Mit der isolierten Darstellung alternativer Methoden zur Absicherung von Zinsänderungsrisiken wird zwar noch nicht gezeigt, daß der Einsatz von Derivaten Vorteile für das Debt Management mit sich bringt. Aber es wird belegt, daß Derivate nicht nur als Ersatz für traditionelle Absicherungsmechanismen dienen können. Unter den angesprochenen Normalsituationen sind Forwards, Futures, Swaps und Optionen flexiblere Absicherungsinstrumente, die zudem den Handlungsspielraum in der Schuldenstrukturpolitik erweitern können. Die Möglichkeiten eines antizipativen oder eines selektiven Hedgings schaffen darüber hinaus dem Debt Management Raum für neue risikopolitische Strategien.

6.2.3 Spekulative Gestaltungsalternativen

Um die Spekulation als Handlungsmotiv für das Debt Management mit der gebotenen Objektivität zu analysieren, ist es notwendig, den im üblichen Sprachgebrauch häufig diffusen Begriff der Spekulation zu konkretisieren. Auch in der politischen Diskussion um den Einsatz von Derivaten im Debt Management wird spekulatives Handeln häufig einseitig abwertend als nachteilig oder verantwortungslos ausgelegt und rezipiert[113] – ohne allerdings hinreichend zu konkretisieren, welche Eigenschaften von Derivaten konkret als spekulativ interpretiert werden und weshalb diese als problematisch erachtet werden. Um eine konkrete Auseinandersetzung über die Spekulation führen zu können, wird im folgenden der Begriffskennzeichnung von Marshall aus dem Bereich der Finanzmärkte gefolgt. Danach ist die Spekulation „an effort to profit from a change in price levels by taking a net position“[114]. Somit wird diese Definition durch drei Merkmale konstituiert: Als erstes liegt dem spekulative Verhalten eine Gewinnerzielungsabsicht zugrunde. Das Spekulationsobjekt dient dem Besitzer also nicht (in erster Linie), um aus ihm einen Gebrauchsnutzen zu ziehen. Enge Auslegungen der Gewinnerzielungsabsicht gehen sogar so weit, Anlage- bzw. Kreditmotive als Grundlagen der Spekulation vollständig auszuschließen und nur die kurzfristige Preisvolatilität des Vermögensgegenstandes als Gegenstand der Spekulation anzusehen[115]. Schuldeninstrumente, die primär der Deckung des staatlichen Kreditbedarfs dienen, haben demnach grundsätzlich keinen spekulativen Charakter, unabhängig von ihrer Ausgestaltung. Zweitens soll der Gewinn durch die Ausnutzung zeitlich verschiedener Preise des Gutes erzielt werden. Dies ist stets nur dann möglich, wenn der Terminpreis des Gutes bei Abschluß des spekulativen Geschäfts nicht bekannt und somit im Gegenwartspreis nicht kapitalisiert ist. Eine Spekulation ist damit

113 Vgl. o.V., Handelsblatt vom 12.11.97, S.4
114 Marshall, J.F. (1989), S.406, vgl. auch Aschinger, G. (1995), S.17
115 Vgl. Aschinger, G. (1995), S.17

grundsätzlich risikobehaftet[116] und impliziert damit, daß zur Gewinnerzielung auch Verlustmöglichkeiten akzeptiert werden. Da alle Entscheidungen über nichtdeterminierte Ereignisse mit Risiken behaftet sind, ist drittens zur Begriffsabgrenzung von Bedeutung, daß mit dem spekulativen Engagement die Schaffung einer eigenständigen („net") Position verbunden ist. Sie ist nicht mit einer weiteren, einer bereits bestehenden oder einer antizipierten Position verknüpft. Vielmehr wird durch die Spekulation eine neues, ein über das inhärente hinausgehendes Risiko geschaffen bzw. das bestehende Risiko erhöht. In der Anwendung der oben verwendeten Risikobegriffe bedeutet dies, daß (ausgehend vom status quo ante) entweder die Varianz der Verteilung aller möglichen Ereignisse bzw. der maximal entstehbare Verlust zunimmt.

Bei der Untersuchung der Motive für den Einsatz von Derivaten wird die Spekulation in der Regel als Gegenpol zur Strategie des Hedging angesehen. Die Parallelen zwischen beiden Strategien stellen sich jedoch häufig deutlicher dar als ihre Divergenzen. So trifft die Mehrzahl der vorstehenden Merkmale für ein spekulatives Verhalten auch auf das Hedging zu. Insbesondere Working[117] hat herausgestellt, daß die Verfolgung einer Hedgingstrategie häufig nicht als bloße Absicherung von nicht einschätzbaren Risiken erfolgt, sondern die Folge einer gezielten Erwartungsbildung ist, der Erwartung einer ungünstigen Preisentwicklung des Basiswerts. Ein solches, von Working als Regel und nicht als Ausnahme der Absicherung angesehenes, diskretionäres Hedging[118] wird nur fallweise ein bestehendes Risiko absichern. Würde eine vorteilhafte Wertentwicklung erwartet, würde der Hedger möglicherweise sogar zusätzliche Risiken auf sich nehmen. Anders als für eine Absicherung häufig unterstellt, zielt ein diskretionäres Hedging damit nicht primär auf die Beseitigung von Risiken gegen die Zahlung einer Risikoprämie, sondern auf die Eliminierung von Verlusten bzw. eine Maximierung des erwarteten Gewinnes ab. Im Falle einer solchen Vorgehensweise erfüllt das Hedging die ersten beiden genannten Merkmale einer Spekulation: (1) es existierte eine Gewinnerzielungsabsicht über (2) die Nutzung zeitlich verschiedener Preise. Beide Anwendungen, sowohl das diskretionäre Hedging als auch die Spekulation, können dann quasi als „Wette" auf die Preisentwicklung des Underlyings interpretiert werden. Der einzige grundsätzlich verbleibende Unterschied zwischen den Begriffen ist darin zu finden, daß mit der Spekulation eine neue Risikoposition geschaffen wird, während sich die Risikoposition beim Hedging mit bestehenden Risiken aufhebt. Unter eine Spekulation können damit nur Maßnahmen gefaßt

---

116 Da davon ausgegangen werden kann, daß ein rational handelnder Spekulant Erwartungen über die Preisentwicklung bildet (vgl. Marshall, J.F. (1989), S.69), sei eine Entscheidungssituation unter Unsicherheit hier ausgeschlossen.

117 Vgl. Working, H. (1976), S.68ff

118 Vgl. Working, H. (1976), S.73

werden, die das Gesamtrisiko erhöhen, während das Hedging zu dessen Verminderung beiträgt. Mit dieser Abgrenzung wird deutlich, daß Hedging und Spekulation relative Konzepte sind, d.h., daß erst durch einen relativen Bezug zu einer Risikogröße festgestellt werden kann, ob eine Maßnahme absichernd oder spekulativ ist[119]. Beide Begriffe beziehen sich also stets auf die Veränderung gegenüber einem Referenzwert.

In der Schuldenstrukturpolitik kann eine spekulative Strategie prinzipiell sowohl mit traditionellen Schuldeninstrumenten als auch mit Derivaten verfolgt werden.

6.2.5 Spekulative Erhöhung von Risiken

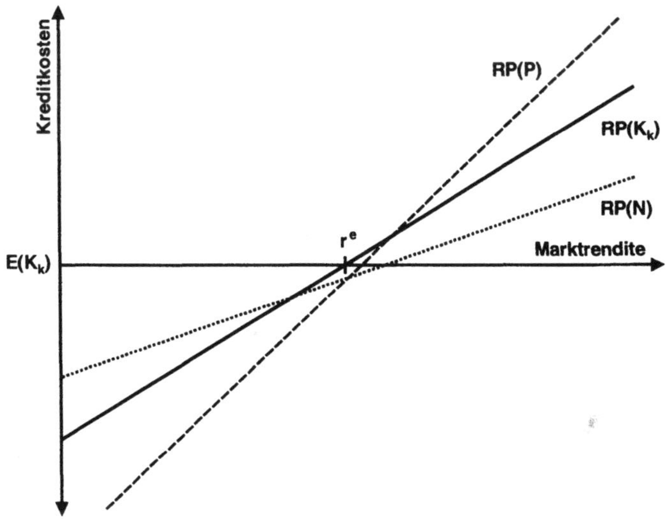

Ausgehend vom inhärenten Risikoprofil einer kurzfristigen Verschuldung ist eine Risikoerhöhung mit traditionellen Instrumenten theoretisch möglich, wenn trotz gedecktem Kapitalbedarf das Debt Management weiter kurzfristige Schuldtitel emittiert und im gleichen Umfang langfristige Titel gleicher Qualität erwirbt. Der Bund muß dann neben den „regulären“ Zinskosten, die auf der Kapitalbeschaffung gründen, in Zukunft weitere, unsichere Zinskosten tragen und erhält einen siche-

---

119 Beckers weist darauf hin, daß der Begriff Risiko selber in erster Linie als ein relatives Konzept aufzufassen ist. (vgl. Beckers, S. (1998), S.48) Stets bezieht sich das Risiko auf eine Benchmark, zu der die möglichen Ereignisse in Beziehung gesetzt werden. Selbst wenn die hier betrachteten Repräsentanten des Risikos, die Varianz und der maximale Verlust, in absoluten Werten meßbar sind, benötigen beide Maße einen Referenzwert, auf den sie sich als neutralen Zustand beziehen.

ren Ertrag aus den langfristigen Wertpapieren. In der Veranschaulichung über Risikoprofile führt die so erzielte Erhöhung des Risikos zu einem steileren Risikoprofil des Portfolios.

Das Risikoprofil der neuen Nettoposition RP(N) resultiert aus der Summe der Zinslasten aus den zusätzlich emittierten kurzfristigen Schuldtiteln und den Erträgen der erworbenen langfristigen Wertpapiere. Durch die vertikale Aggregation mit dem inhärenten Risikoprofil der kurzfristigen Verschuldung in Abb. 6.2.5 entsteht für das gesamte Portfolio ein neues Risikoprofil (RP(P)), das einer verstärkten Zinsabhängigkeit unterworfen ist. Die Gewinnerzielungsabsicht dieses spekulativen Geschäfts kann in erster Linie aus den niedrigeren Erwartungskosten von RP(P) herausgelesen werden. In der hier gewählten Konstruktion der Nettoposition ist enthalten, daß die empfangenen Zinserträge der langfristigen Verschuldungsform höher sind als die gezahlten Zinsen auf die kurzfristigen Wertpapiere. Während beim Hedging davon gesprochen wurde, daß das Debt Management für die Risikoabsicherung eine Prämie zu leisten hat, liegt hier der exakt umgekehrte Fall vor: Für die Aufnahme von Risiken wird das Debt Management durch den Erhalt einer Risikoprämie entschädigt[120].

Für den Einsatz von Derivaten ist interessant, daß faktisch das gleiche Ergebnis durch den Verkauf eines Swaps oder durch isolierte Käufe von Forwards oder Futures generierbar ist. In allen Fällen würde der Bund Zinsänderungsrisiken auf sich laden, die nicht im direkten Zusammenhang mit seiner Kreditmittelbeschaffung stehen, sondern von anderen Marktteilnehmern übernommen werden. Speziell das Swapgeschäft kann als exaktes Spiegelbild der beschriebenen Nettoposition, also des Erwerbs langfristiger Wertpapiere und der Emission kurzfristiger Wertpapiere, angesehen werden, wenn ihm als notional principles die in der Nettoposition enthaltenen festverzinslichen Wertpapiere zugrunde liegen. Der einzige Unterschied zwischen der Nutzung von Swaps und traditionellen Instrumenten liegt darin, daß bei den Swaps die Schuldtitel nicht real den Besitzer wechseln müßten. Ein derartiger Schritt wird vom Debt Management ohnehin nicht angestrebt, da der Erwerb eines Basiswerts nicht Ziel der spekulativen Maßnahme ist. Aus diesem Grund würde sich ebenso bei der Nutzung von Forwards und Futures ein Cash Settlement ihres rechnerischen Wertes statt einer Lieferung des Basiswerts anbieten. In jedem Fall kann der geringere Aufwand, mit dem eine identische Schuldenstruktur hinsichtlich der Risiko-Kosten-Kombination erzielt werden

---

[120] Freilich wäre auch jede andere risikoerhöhende Konstruktion, d.h. ohne den Erhalt oder sogar unter Leistung einer Risikoprämie aus Sicht des Debt Managements als spekulativ zu bezeichnen. In diesen Fällen kann eine Gewinnerzielungshoffnung nur aus möglichen Kostenersparnissen infolge vorteilhafter Zinsentwicklungen geschöpft werden.

kann, als Vorteil der Derivate gegenüber den traditionellen Schuldeninstrumenten angesehen werden.
Wie vielfältig Derivate zu Spekulationszwecken eingesetzt werden können, zeigt sich weiter bei der Nutzung von Zinsoptionen. Mit der Separierbarkeit von Risiken kann das Debt Management beispielsweise die Wirkung vorteilhafter Zinsentwicklungen einseitig verstärken, indem es eine Call-Option, also das bis zur Fälligkeit der Option geltende Recht auf den Kauf eines festverzinslichen Wertpapiers zu festgelegten Bedingungen, erwirbt. Isoliert kann der Call als Wette auf fallende Zinsen (bzw. steigende Wertpapierkurse) angesehen werden. Die zu zahlende Optionsprämie entspricht dabei einem Wetteinsatz und begrenzt das Verlustpotential dieser Wette, während die Gewinnmöglichkeiten durch die Kursgewinne der Option determiniert werden. Wie in Abb. 6.2.6 gut erkennbar ist, werden also auch bei dieser spekulativen Maßnahme, die vollständig unabhängig von der Kreditbeschaffung ist, Verlustmöglichkeiten (im Falle steigender Zinsen) zur Erreichung erhöhter Gewinnchancen (d.h. niedrigerer Zinskosten) in Kauf genommen.

6.2.6 Spekulativer Kauf eines Calls

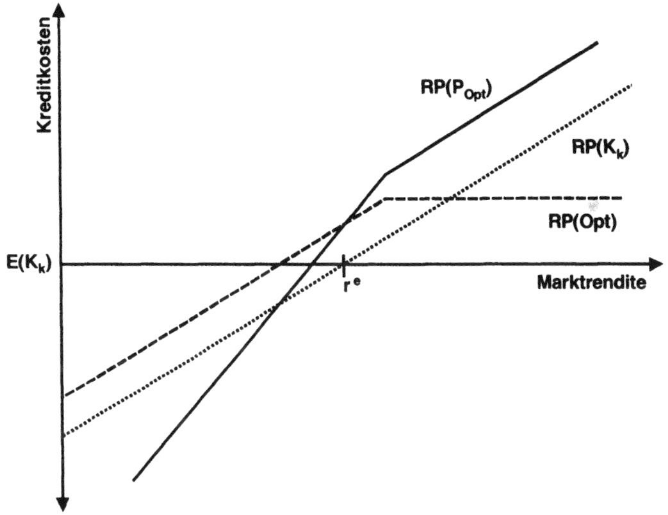

6.2.4 Schaffung neuer Gestaltungsfreiräume

Neben den absichernden und spekulativen Verwendungsmöglichkeiten von Derivaten, unter denen ihr Einsatz in der Regel analysiert wird, eröffnen die neuen

Finanzierungsinstrumente dem Debt Management zusätzlich neue schuldenstrukturpolitische Gestaltungsspielräume, die nicht unbedingt in die oben genannten Kategorien einzuordnen sind. So können innerhalb des fiskalisch ausgerichteten Debt Managements Risiko-Kosten-Kombinationen angestrebt werden, die so mit traditionellen Instrumenten nicht erreichbar sind.

Um zu verdeutlichen, welche große Zahl an Gestaltungsvarianten der Risikosteuerung mit Derivaten erreichbar ist, wird zuerst die spiegelbildliche Umkehrbarkeit von Risikoprofilen erörtert. Als Beispiel für eine derartige Möglichkeit möge die Umkehrung des inhärenten Risikoprofils einer kurzfristigen Verschuldung durch den Verkauf von Forwards dienen. Zu diesem Zweck verkauft das Debt Management doppelt soviele Forwards, wie gemäß Gleichung 6.2.4 für eine vollständige Risikoabsicherung benötigt würde. Die Summe der verkauften Forwards läßt sich damit aufspalten in eine Hälfte, die in einen Zusammenhang mit der Risikoabsicherung des inhärenten Risikos gestellt werden kann, und in eine weitere Hälfte, die als eigenständige Nettoposition zu betrachten ist.

Abb. 6.2.7 Umkehrung des inhärenten Risikos mit Forwards

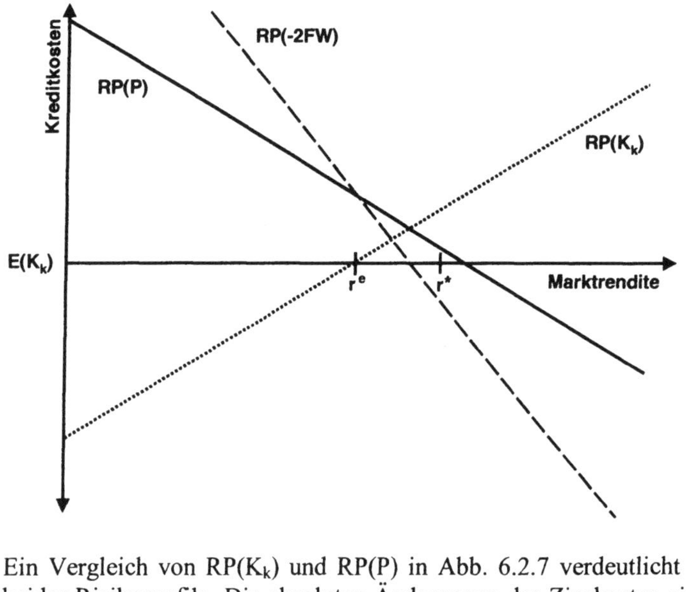

Ein Vergleich von $RP(K_k)$ und RP(P) in Abb. 6.2.7 verdeutlicht die Symmetrie beider Risikoprofile. Die absoluten Änderungen der Zinskosten sind im gleichen Maße von der Entwicklung der Marktrendite abhängig, jedoch in umgekehrter Weise. Während bei einer rein kurzfristigen Verschuldung die Zinskosten mit steigender Marktrendite zurückgehen, sind nach dem Einsatz der Forwards die

Zinskosten um so höher, je niedriger die Marktrendite ist. Gerade wenn also das Debt Management mit steigenden Marktzinsen rechnet, wäre diese Gestaltungsform darauf ausgerichtet, von der Zinsentwicklung zu profitieren – in vergleichbarer Weise, wie die Beibehaltung der inhärenten kurzfristigen Verschuldung auch nach der traditionellen Theorie zur Schuldenstrukturpolitik angezeigt ist, wenn sinkende Zinsen erwartet werden.

Aufgrund des Baukastensystems, das der Systematik der Derivate zugrunde liegt, ist diese Methode der Umkehrung von Risiken prinzipiell auf jedes andere erreichbare Risikoprofil anwendbar. Daß die Erweiterung des schuldenstrukturpolitischen Handlungsspielraums wie in dem hier dargestellten Fall eine Erhöhung der erwarteten Zinskosten trotz gleichbleibendem Risiko impliziert, kann dabei nicht verallgemeinert werden. Legt man der Entscheidung eine andere subjektive Renditeerwartung des Debt Managements zugrunde (beispielsweise r*), kann die Umstrukturierung sogar mit niedrigeren Erwartungskosten verbunden sein. Es kann deshalb nicht davon ausgegangen werden, daß das ursprüngliche Risikoprofil seiner Umkehrung grundsätzlich vorzuziehen ist.

Eine weitere besondere Möglichkeit der schuldenstrukturpolitischen Gestaltung ist in der Separierbarkeit von Risiken durch den Einsatz von Optionen enthalten. Bereits beim Hedging eröffneten die Eigenschaften von Optionen einen Weg, um die negativen Risiken selektiv handeln zu können. Eine selektive Steuerung der Zinsänderungsrisiken muß sich aber nicht auf diesen Bereich der Absicherung gegen unvorteilhafte Ereignisse beschränken. Ebenso kann ein Handel mit positiven Risiken für das Debt Management lohnenswert erscheinen, da diese Risiken einen Wert darstellen bzw. beinhalten, der über Optionen in eine sichere Zahlung transformiert werden kann, wie Abb. 6.2.8 veranschaulicht. Der Darstellung wird neben dem inhärenten Risikoprofil einer variablen Verschuldung der Verkauf eines Calls auf festverzinsliche Wertpapiere des Bundes zugrunde gelegt, wobei die Gestaltungsmerkmale der Option bzw. ihres Basiswerts hinsichtlich Laufzeit und Umfang auf den anstehenden Kreditbedarf des Bundes abgestellt werden.

Von einer Ausübung der Option zum Zeitpunkt ihrer Fälligkeit kann immer dann ausgegangen werden, wenn infolge niedriger Marktrenditen die vom Debt Management zu liefernden Wertpapiere für den Käufer eine vergleichsweise hohe Verzinsung (bzw. Kursgewinne) beinhalten. Der Bund erhält in diesem Fall für die zu liefernden Wertpapiere einen geringeren Gegenwert, als er zum gleichen Zeitpunkt auf dem Kassamarkt erzielen könnte. Oder anders formuliert: Es muß ein höherer Zinsdienst geleistet werden, als bei einer Kreditaufnahme über den Kassamarkt nötig wäre. In der Gesamtbetrachtung des Schuldenportfolios ($RP(P^{-c})$) läßt sich alternativ formulieren, daß bei niedrigen Marktrenditen der anstehende

Kreditbedarf in τ über die auf den Optionen basierende Wertpapierausgabe gedeckt wird und daher die vorteilhafte Zinsentwicklung nicht genutzt werden kann[121], da die Konditionen der Kreditbeschaffung durch die Optionsmerkmale (unter Berücksichtigung der Optionsprämie) bestimmt werden. Alle anderen Ereignisse mit Marktrenditen oberhalb des Strikepreises bewirken dagegen für das Debt Management eine Entlastung der Zinskosten in Höhe der erhaltenen Risikoprämie.

Abb. 6.2.8 Verkauf von positiven Risiken

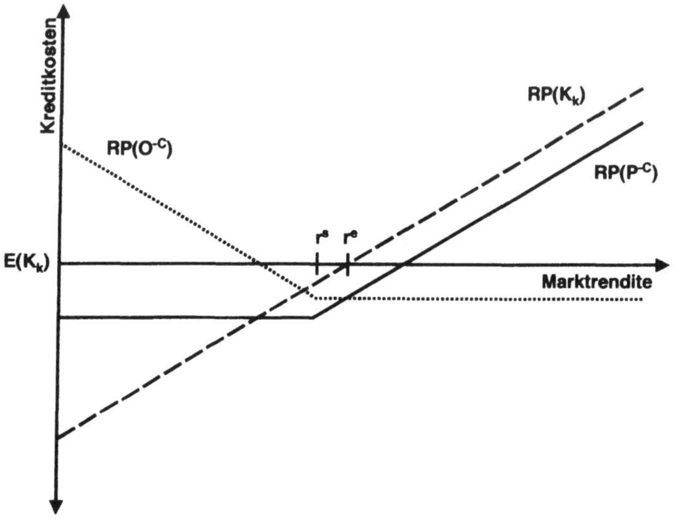

Um erkennen zu können, ob der Verkauf von positiven Risiken für das Debt Management eine vorteilhafte Alternative darstellen kann, ist der Gegensatz zu den traditionellen Instrumenten noch einmal hervorzuheben. Mit der Entscheidung zwischen einer langfristigen und einer kurzfristigen Verschuldung werden positive wie negative Risiken stets simultan verändert. Die Vermeidung (Belassung) von negativen Risiken durch eine langfristige (kurzfristige) Verschuldung führt gleichzeitig zum Wegfall (Erhalt) auch der positiven Risiken. Insbesondere Optionen bieten dagegen aufgrund ihrer asymmetrischen Eigenschaften die Möglichkeit, Risiken unabhängig voneinander zu steuern und entsprechend eine Einzelbetrachtung der isolierten Risiken vorzunehmen. So ist es etwa möglich, das Hedging mit Optionen als eigenständige Versicherung gegen ungünstige (Zins-) Er-

[121] Insofern entfallen hier jegliche weitere Maßnahmen der Kreditbeschaffung.

eignisse zu interpretieren, für die eine Versicherungsprämie (der Optionspreis) zu leisten ist. Der Umgang mit positiven Risiken ist daneben mit der Teilnahme oder Nichtteilnahme an einer Lotterie vergleichbar: Verzichtet das Debt Management auf den Verkauf der Risiken, leistet es in Form von Opportunitätskosten (einem Verzicht auf die Optionsprämie) einen Lotterieeinsatz und kann im Falle einer positiven Zinsentwicklung einen Lotteriegewinn in Form niedrigerer Zinskosten erhalten. Mit Optionen ist nach dieser Auslegung die Wahl, ob der Bund an dieser Form einer Zinslotterie teilnehmen sollte, unabhängig von der Entscheidung über eine Versicherung gegen negative Risiken gestaltbar. Es sind also neuartige strategische Einstellungen der Risikoprofile erreichbar, die mit traditionellen Instrumenten nicht möglich wären[122] und die möglicherweise eine Verbesserung der Zielerreichung bewirken können. Wie letztendlich ein Verkauf der positive Risiken bewertet wird und ob eine Ungleichbehandlung zu den negativen Risiken angestrebt wird, hängt erneut von den Renditeerwartungen und maßgeblich auch von der Risikoeinstellung des Bundes ab. In diesem Zusammenhang sei darauf hingewiesen, daß eine differenzierende Beurteilung unterschiedlicher Risiken (positiver wie negativer) durchaus plausibel ist. Besonders die sozialwissenschaftliche Risikoforschung weist darauf hin, daß neben reinen Wahrscheinlichkeitsvorstellungen eine Reihe weiterer psychologischer Faktoren auf die Bewertung von konkreten Risiken Einfluß haben können[123]. Wenn dadurch positive und negative Zinsänderungsrisiken für die Entscheider unterschiedliche Bedeutung haben oder verschieden rezipiert werden, sind also unterschiedliche Bewertungen der Risiken sehr gut möglich.

Gerade die beiden zuletzt veranschaulichten Gestaltungsmöglichkeiten verdeutlichen den Charakter der Derivate als Steuerungsinstrumente innerhalb des Debt Managements, die nicht einseitig als absichernd oder spekulativ unter fiskalischen Gesichtspunkten klassifiziert werden können. Für eine Entscheidung über ihren Einsatz ist im Einzelfall stets dieselbe Abwägung zugrunde zu legen, nach der sich bereits die Entscheidungen zwischen der Schuldenstrukturgestaltung über traditionelle kurz- oder langfristige Schuldeninstrumente bestimmen: der Abwägung zwischen Zinsänderungsrisiken und der Höhe der erwarteten Zinskosten. Vor diesem Hintergrund haben sich als systematische Stärken der Derivate nach den vorstehenden Erörterungen zum einen die Möglichkeiten zur Vereinfachung und Flexibilisierung von schuldenstrukturpolitischen Maßnahmen über eine synthetische Erzeugung traditioneller Risikoprofile dargestellt. Ein bestimmtes Zinsänderungsrisiko kann danach möglicherweise durch eine synthetische Umstrukturierung kostengünstiger erzeugt werden und damit zu risikoneutralen Kosteneinsparungen führen. Zum anderen erweitern die Derivate den Handlungs-

122 Vgl. Kohler, H.-P. (1992), S.31 und Galitz, L. (1994), S.260ff.

123 Vgl. Jungermann, H./Slovic, P. (1993), S.188ff.

spielraum der Schuldenstrukturpolitik durch die Konstruktionsfähigkeit neuer Risikoprofile, über die eine verbesserte Risikoallokation des öffentlichen Schuldners möglich ist. Insbesondere Optionen eröffnen aufgrund ihrer asymmetrischen Eigenschaften neuartige strategische Einstellungen des effektiven Risikoprofils, die bei ausschließlicher Nutzung von traditionellen Instrumenten nicht umsetzbar sind.

6.2.5 Neutralisierung von Zielkonflikten

Welche wirtschaftspolitische Bedeutung der erweiterte Gestaltungsspielraum haben kann, verdeutlicht sich, wenn man nicht mehr isoliert die fiskalische Komponente der Schuldengestaltung betrachtet, sondern zusätzlich andere Ziele der Schuldenstrukturpolitik berücksichtigt, wie sie aus der traditionellen Zieldiskussion oder über die Einbeziehung strategischer Gesichtspunkte im Rahmen der Positionierung auf dem europäischen Kapitalmarkt verdeutlicht werden. Über die Durchführung von Strukturierungsmaßnahmen mit Derivaten ist es dem Debt Management möglich, zwischen der fiskalischen Wirkungen und anderen realwirtschaftlichen Konsequenzen einer spezifischen Schuldenstruktur zu trennen und damit traditionelle Zielkonflikte zu neutralisieren oder zumindest deutlich abzumildern.

Ursächlich für die bisherigen Zielkonflikte war jeweils, daß mit einer schuldenstrukturpolitischen Maßnahme üblicherweise unterschiedliche Wirkungsbereiche zugleich berührt werden. Besonders das Musgrave/Rolph-Modell[124] macht die simultane Bedeutung der Laufzeitenzusammensetzung für die Stabilitätswirkungen und die Kreditkosten transparent. Es verdeutlicht, daß die fiskalische Wirkung der Schuldenstruktur als nachgeordnetes Ziel des Debt Managements im wesentlichen durch die stabilitätspolitischen Entscheidungen determiniert wird und selber kaum noch Gegenstand einer schuldenstrukturpolitischen Entscheidung ist. In ähnlicher Weise wäre es möglich, eine Verbindung zwischen strategischen Überlegungen zur Etablierung einer führenden Stellung des Bundes als Schuldner im Euro-Raum bzw. der Vertiefung und Verbreitung von bestimmten Marktsegmenten einerseits und den fiskalischen Folgen andererseits herzustellen. Wenn strategische Überlegungen im Zielsystem der Schuldenstrukturpolitik die höchste Priorität zugeordnet wird, ist auch hier bei ausschließlicher Nutzung von traditionellen Schuldeninstrumenten die Risiko-Kosten-Kombination des Schuldenportfolios lediglich eine Resultante der Optimierung spezifischerer wirtschaftspolitischer Ziele.

---

[124] Vgl. Kap. 4.2.2

Erst über den Einsatz von Derivaten wird das Debt Management in die Lage versetzt, eine aktivere Gestaltung des fiskalischen Komponente vorzunehmen, selbst wenn die Schuldenstrukturpolitik auf andere wirtschaftspolitische Ziele ausgerichtet bleibt. Ermöglicht wird dies über die Fähigkeit der Derivate, die fiskalische Sphäre der Schuldenstrukturpolitik von der wirtschaftspolitischen zu trennen. Als reine Gestaltungsinstrumente begründen Derivate keine Kreditbeziehung, selbst wenn ihnen Kreditverträge als Basiswerte zugrunde liegen bzw. sie bei Laufzeitende in Kreditbeziehungen münden. Insofern bleiben alle wirtschaftspolitischen Wirkungszusammenhänge, die sich auf spezifische kreditäre Verbindungen zwischen dem Bund und anderen Akteuren stützen, von einem Derivateinsatz unangetastet. Empfiehlt sich beispielsweise aus strategischen Gründen eine Emission langfristiger Wertpapiere, um die Benchmarkfunktion für dieses Marktsegments einzunehmen, besteht für das Debt Management über synthetische Umgestaltungen mit Derivaten die Möglichkeit, eine auf fiskalischer Ebene substantiell andere Schuldenstruktur zu erzeugen. Auf die beabsichtigte kapitalmarktpolitische Einflußnahme hat die synthetische Umgestaltung insofern keine Rückwirkung, als die Nachfrage nach bestimmten Kreditinstrumenten (quasi die nach außen sichtbare Schuldenstruktur) unverändert bleibt. Das Debt Management kann somit seine Kapitalmarktmaßnahmen unabhängig von der Optimierung der fiskalischen Zieldimension durchführen. Ein Restzusammenhang bleibt zwar bestehen, da die kapitalmarktpolitischen Maßnahmen mitentscheidend für den Umfang und die Art der zur synthetischen Umgestaltung einzusetzenden Derivate sind. Im Vergleich zu dem deterministischen Zusammenhang bei der ausschließlichen Nutzung traditioneller Instrumente ist diese Abhängigkeit aber als vernachlässigbar zu bezeichnen.

Auch hinsichtlich der Beziehung zwischen fiskalischem und stabilitätspolitischem Ziel kann über die Nutzung von Derivaten ein Ansatz entwickelt werden, mit dem die traditionellen Zielkonflikte tendenziell zu überwinden sind. Erneut kann über eine synthetische Umstrukturierung eine nach Stabilitätswirkungen ausgerichtete Schuldenstruktur zum Zwecke einer fiskalischen Optimierung verändert werden, ohne unmittelbar Einfluß auf die Liquiditätseffekte der emittierten Schuldformen zu nehmen. Allerdings ist die obige mitunter teilwirtschaftliche Perspektive der Verfolgung strategischer kapitalmarktpolitischer Ziele, die in Form einer isolierten Betrachtung einzelner Kapitalmarktsegmente Folgewirkungen des Derivateinsatzes ausblenden kann, nicht auf den gesamtwirtschaftlichen Anspruch der stabilitätspolitischen Ziele übertragbar. Die Behauptung der Trennbarkeit von schuldenstrukturpolitischen und fiskalischen Zielen kann daher nicht stehen bleiben, ohne die gesamtwirtschaftlichen Rückwirkungen, die von Derivaten selber ausgehen, zu berücksichtigen. So ist vor allem zu beachten, daß in gleicher Weise wie die Derivate eine synthetische Veränderung des öffentlichen Schuldenportfolios bewirken, sie zugleich auf der Seite der Schuldner Einfluß auf die Vermögenszusammensetzung unter Risiko- und Ertragsgesichtspunkten nehmen. Und auch unter dem Gesichtspunkt der Liquidität nimmt eine synthetisch konstruierte Anlageform die gleichen Eigenschaften an wie ein vergleichbares originäres Verschuldungsinstrument[125]. Eine über das Debt Management erzeugte Liquiditätsversorgung der Volkswirtschaft wird also von den Gläubigern durch die Nutzung von Derivaten ohne weitere geldpolitische Eingriffe transformiert. Der Umfang der öffentlichen Aktiva mit (potentieller) Zahlungsmittelfunktion wird demnach nicht mehr allein durch die verfügbaren traditionellen Schuldeninstrumente bestimmt, sondern ist daneben von der synthetischen Transformierbarkeit der Aktiva in liquide Vermögensgegenstände abhängig[126]. Für das Debt Management stellt sich somit die Frage, ob es im Falle der Nutzung von Derivaten nicht selber die Instrumente bereit stellt, mit denen eine angestrebte Liquiditätsausstattung konterkariert wird. Eine eindeutige Beantwortung dieser Frage erscheint allerdings nur schwer möglich, da es zwei unterschiedliche Gesichtspunkte zu beachten gilt. Auf der einen Seite wird mit jedem abgeschlossenen Derivatgeschäft des Bundes ein Instrument geschaffen, das auch auf der Seite der Gläubiger den Charakter des Schuldenverhältnisses synthetisch verändert. Wird mit einem Schuldner eine langfristige Kreditbeziehung begründet und mit demselben Schuldner ein Swapvertrag zur Erzeugung abgeschlossen, besteht für beide Seiten kein Unterschied zu einer originären kurzfristigen Schuld. Die synthetische Umgestaltung schlägt sich somit stets auf beiden Vertragseiten, bei Schuldner und Gläubiger, nieder. Auf der anderen Seite ist zu bedenken, daß es für die Fähigkeit des Gläubigers, über die Nutzung von Derivaten eine Veränderung der Liquiditätseigenschaften seines Portfolios zu erreichen, nicht unbedingt erforderlich ist, daß sich der Bund dieser Instrumente bedient. So wird allein der Existenz von Derivaten – unabhängig von ihrer Nutzung durch staatliche Institutionen – ein Einfluß auf die Geldnachfrage des privaten Sektors, auf die Funktionsweise der Finanzmärkte sowie auf geldpolitischen Transmissionsmechanismen zugeschrieben[127]. Eine Konterkarierung der stabilitätspolitischen Maßnahmen muß also nicht unmittelbar eine Folge der Derivatnutzung durch den Bund sein. Ist primär die grundsätzliche Verfügbarkeit von synthetischen Gestaltungsinstrumenten für die Liquiditätsversorgung entscheidend, kann eine synthetische, fiskalisch motivierte Umstrukturiertung des Schuldenportfolios erfolgen, ohne mit dem stabilitätspolitischen Ziel in Konflikt zu treten.

125 Vgl. Deutsche Bundesbank Monatsbericht 11/94, S.55

126 Vgl. Deutsche Bundesbank Monatsbericht 11/94, S.55

127 Vgl. insbesondere Issing, O./ Bischofsberger, K. (1996), S.116ff.

6.3 Grenzen und Leitlinien für die Derivatnutzung durch den Bund

Um die in den vorstehenden Kapiteln erörterten Gestaltungsmöglichkeiten nutzen zu können, muß der Bund überprüfen, inwiefern die Implementierung von Derivaten in sein Debt Management (rechtlich) zulässig ist und gemäß seiner Zielsetzung geboten sein könnte. Unmittelbare Einschränkungen ergeben sich für den Bund vor allem aus der Notwendigkeit, den Einsatz jedes Finanzinstruments zu legitimieren. Da Derivate als neue Instrumente in der Reichsschuldenordnung (RSchO), der für die Abgrenzung der Kreditaufnahme des Bundes zentralen Rechtsgrundlage[128], naturgemäß keine Berücksichtigung finden, müssen andere Legitimierungswege beschritten werden, mit denen Nutzungseinschränkungen verbunden sein können. In einem zweiten Schritt hat das Debt Management zu prüfen, inwiefern die möglichen Gestaltungsvarianten auch risikopolitisch mit seiner Zielsetzung im Einklang stehen. Um darüber ein Urteil fällen zu können und damit auch zu einer ökonomischen Beurteilung der Derivate zu kommen, wird es notwendig sein, Leitlinien zu entwickeln, an denen die schuldenstrukturpolitischen Maßnahmen zu messen sein werden.

6.3.1 Rechtliche Voraussetzungen

Nach der gegenwärtigen Rechtslage stehen dem Debt Management für den Nachweis der Legitimität einer Derivatnutzung grundsätzlich zwei Wege zu Verfügung: Zum einen können in der Schuldenstrukturpolitik alle Instrumente genutzt werden, deren Einsatz durch ein Gesetz explizit für zulässig erklärt worden ist[129]. Eine ständige Aufnahme der Derivate in das kreditpolitische Instrumentarium des Debt Managements würde allerdings eine strukturelle Überarbeitung der RSchO erforderlich machen. Um auf kurze Sicht diese Instrumente nutzbar zu machen, könnten alternativ über das periodische Haushaltsgesetz Einzelermächtigungen für die Derivate erteilt werden, wie erstmals mit den 1998 in begrenztem Umfang zugelassenen Swapgeschäften praktiziert. Bei einer Ermächtigung über ein Haushaltsgesetz ist stets zu beachten, daß sich der Abschluß von Derivatgeschäften ausschließlich auf die betreffende Periode und die im Haushaltsgesetz bezeichneten Derivatformen erstrecken darf. Solange die Derivate den traditionellen Kreditformen im Haushaltsrecht als dauerhafte Schuldeninstrumente nicht gleichgestellt sind, müssen also alle Derivatformen, deren Einsatz in der bezeichneten Periode geplant ist, im Haushaltsgesetz einzeln erfaßt werden. Dementsprechend sind die Einsatzmöglichkeiten von Derivaten in diesem Fall instrumentell und quantitativ begrenzt. Zu welchen Zwecken und in welchen Kombinationen die Derivate eingesetzt werden können, wird aber durch das Haushaltsgesetz nicht explizit vorge-

---

[128] Vgl. Dreißig, W. (1981), S.66

[129] Vgl. Kewenig, W.A./Schneider, H. (1990), S.6

geben. Die Anzahl der schuldenstrukturpolitischen Gestaltungsvarianten ist daher hoch und wird nur noch durch die allgemeineren Grundsätze der Haushaltsführung bestimmt.

Zum anderen kann eine Ermächtigung für die Nutzung von Derivaten indirekt über eine *Annexkompetenz* des Bundesfinanzministers hergeleitet werden: Infolge des §3 Abs.1 RSchO i.V.m. Art.124 GG steht dem Bundesfinanzminister allein die Kompetenz zu, die öffentliche Kreditbeschaffung zu gestalten und, damit verbunden, alle zur Gestaltung hilfreichen Instrumente einzusetzen. Als anerkannte und bereits etablierte Instrumente einer Portfoliogestaltung können die Derivate daher im Rahmen derartigen Gestaltungsfreiheit selbst dann vom Debt Management genutzt werden, wenn sie keine eigene, explizite Erwähnung in einem der haushaltsrechtlich relevanten Gesetze finden[130]. Über die Annexkompetenz kann jedoch nicht jede beliebige Derivatnutzung gerechtfertigt werden. Die für eine derartige Legitimierung herangezogene Argumentation setzt voraus, daß ein Derivateinsatz ausschließlich im Zusammenhang mit schuldenstrukturpolitischen Gestaltungsmotiven steht. Um einen solchen Zusammenhang für die das Debt Management kontrollierenden Instanzen erkennbar zu machen, erachten es Kewenig/Schneider für notwendig, daß bei Derivatgeschäften eine Konnexität zwischen den eingesetzten Derivaten und einem konkreten Kreditgeschäft hergestellt werden kann. Abgesehen von der kaum nachprüfbaren Annahme einer reinen Gestaltungsabsicht bedeutet dies, daß der Derivateinsatz stets auf einen bestimmten Kredit zurechenbar sein muß und nach Möglichkeit auch auf diesen bezogen dokumentiert werden kann.[131] Durch die Voraussetzung einer Konnexität zu einem Kredit soll sichergestellt werden, daß der Derivateinsatz von seiner wirtschaftlichen Funktion her nicht selbständig ist[132] und infolgedessen insbesondere rein spekulative Geschäfte im Sinne der obigen Definition unmöglich gemacht werden[133]. Wenn also beispielsweise eine Call-Option gekauft wird, kann als dessen Basiswert nur ein Finanzinstrument dienen, das sich erkennbar auf ein bereits existierendes Schuldengeschäft des Bundes bezieht. Insbesondere ist eine Übereinstimmung der Zinsausstattungen erforderlich, und das Optionsgeschäft darf weder eine längere Laufzeit noch einen höheren Bezugsbetrag als das Kreditgeschäft aufweisen. Der Call würde damit ein Recht auf einen (anteiligen) Rückkauf eines konkreten, bereits emittierten Wertpapiers begründen und als rein gestalterische Maßnahme des Debt Managements ausgelegt werden können.

---

[130] Vgl. Kewenig, W.A./Schneider, H. (1990), S.6ff.
[131] Vgl. Kewenig, W.A./Schneider, H. (1990), S.9f.
[132] Vgl. Kewenig, W.A./Schneider, H. (1990), S.9
[133] Vgl. Bücker, T. (1992), S.123

Für die Zielverfolgung im Debt Management bedeutet die Bedingung eines gegenständlichen Bezugs freilich, daß die Nutzungsmöglichkeiten von Derivaten erheblich eingeschränkt werden. Hinsichtlich der Wahl eines geeigneten derivativen Instruments wird es fast unmöglich, standardisierte Derivate einzusetzen. So ist ein gegenständlicher Bezug im wesentlichen nur dann gegeben, wenn (wie im angeführten Beispiel) die Ausstattungsmerkmale von Kredit und Basiswert einander entsprechen. Infolgedessen wird für die Herstellung einer Konnexität entweder eine einschränkende Anpassung der Kreditgestaltung an existierende standardisierte Derivate notwendig, oder (und dies dürfte der Regelfall sein) es müßten die Derivate über OTC-Abschlüsse an den Kreditbestand angepaßt werden. Ebenfalls problematisch infolge der Konnexitäts-Bedingung wird die Durchführung von bestimmten Steuerungsmethoden des Kreditportfolios sein. So schließt die Notwendigkeit der Zurechenbarkeit von Derivatgeschäften zu einer konkreten Kreditposition aus, daß das Portfolio als Gesamteinheit behandelt werden kann, obwohl die öffentliche Kreditbeschaffung als Ganzes Gegenstand der Schuldenstrukturpolitik ist und nicht bloß einzelne Portfolioelemente. Ein Makrohedge, der die im Kreditportfolio bestehenden Risikokorrelationen berücksichtigen kann, ist damit nicht zulässig. Statt dessen kann eine Risikoabsicherung ausschließlich über eine Reihe von Mikrohedges durchgeführt werden, wodurch mitunter eine aufwendigere Risikoabsicherung, d.h. eine Einbeziehung einer größeren Anzahl von Derivaten, erforderlich wäre als über einen Makrohedge. Durch die geforderte Konnexität würde dem Debt Management somit die wirtschaftlichere Absicherungsmöglichkeit versperrt sein, selbst wenn die dem Bundesfinanzminister zugesprochene Gestaltungskompetenz durch einen Makrohedge inhaltlich nicht überschritten würde. Gleichfalls unzulässig infolge fehlender Konnexität ist ein mitunter wünschenswertes antizipatives Hedging einer geplanten Kreditbeschaffung. Selbst wenn die Annexkompetenz keinen zeitlichen Bezug zwischen Kredit- und Derivatgeschäft erfordert[134], so dürften die Ausstattungsmerkmale selbst einer sicher absehbaren Kreditaufnahme zum Zeitpunkt des antizipativen Hedgings nicht hinreichend eindeutig definiert sein, um eine gegenständliche Verbindung zwischen beiden Geschäften eindeutig belegen zu können. Der oben besonders herausgestellte Vorteil einer intertemporalen Schuldenstrukturgestaltung mit Derivaten gegenüber den traditionellen Schuldeninstrumenten würde damit nicht mehr erzielbar sein. Im Fall einer ausschließlichen Legitimierung über die Annexkompetenz des Bundesfinanzministers würden damit eine Reihe von Gestaltungsoptionen, die der innovative Charakter der Derivate eröffnet, dem Debt Management verschlossen bleiben, während der Umfang der nutzbaren Derivate lediglich indirekt durch die zu steuernden traditionellen Schuldformen bestimmt wird.

[134] Vgl. Kewenig, W.A./Schneider, H. (1990), S.9

6.3.2 Risikopolitische Normen

Auch wenn die Klärung der grundsätzlichen Rechtmäßigkeit eine wichtige Voraussetzung für einen Derivateinsatz im Debt Management des Bundes darstellt, so gibt sie noch keinerlei Hinweis, ob und in welcher Weise Derivate bei der schuldenstrukturpolitischen Zielverfolgung ökonomisch sinnvoll sein können. Die Beantwortung der Frage nach der Eignung von Derivaten für die schuldenstrukturpolitische Zielverfolgung aber ist angesichts der nachgezeichneten Entwicklung im Debt Management des Bundes, also der zunehmenden Setzung der Priorität auf fiskalische Ziele unter Einbeziehung von Zinsänderungsrisiken, schwierig. Wie obige Modellierung des Prozesses zur Kreditkostenoptimierung verdeutlicht hat, liegt das Hauptproblem der Einfügung von Risiken in das Entscheidungskalkül des Debt Managements nicht in der finanzmathematischen Erfassung von Risikomaßen. Vielmehr stellt die Beantwortung der Frage, wie das Debt Management die mit der Schuldenaufnahme verbundenen Risiken in Relation zu den erwarteten Zinskosten bewerten sollte, ob also die aufgezeigten neuen Risikoprofile relevante Handlungsalternativen für die Schuldenstrukturpolitik darstellen, die größte Herausforderung dar. Für die notwendige Abwägung zwischen den Erwartungskosten und Risiken der verfügbaren Alternativen, ob also beispielsweise ein Hedging oder eine (eventuell sogar spekulative) Risikoerhöhung vorgenommen werden soll, fehlen allgemein akzeptierte Wertmaßstäbe, nach denen sich das Debt Management richten könnte[135]. Im Gegensatz zu den privaten Haushalten, deren (Risiko-)Entscheidungen letztlich immer auf eine individuelle Präferenzordnung zurückgeführt werden können, kann sich der Staat nicht auf ein nutzengelenktes Selektionsverfahren stützen, da er keine eigenen Präferenzen besitzt. Vielmehr sind seine Entscheidungen Kollektiventscheidungen, und die Risiken, denen u.a. auch das Debt Management gegenüber steht, sind als gesellschaftliche Risiken zu fassen. Um im Sinne einer Sozialen Wohlfahrtsfunktion eine gesellschaftliche Risiko-Nutzen-Funktion zu konstruieren, wäre es entsprechend notwendig, die individuellen (Risiko-) Präferenzen aller Betroffenen zu aggregieren. Ein derartiger Ansatz dürfte jedoch nicht nur als unpraktikabel für das Debt Management des Bundes angesehen werden. Dem bekannten Unmöglichkeitstheorem von K.J. Arrow[136] folgend, demzufolge es ausgeschlossen ist, daß sich unterschiedliche individuelle Präferenzen zu einer kollektiven Präferenzordnung aggregieren lassen, die nicht gegen einfache und plausible Normen einer widerspruchsfreien Aggregation verstößt, kann auch aus theoretischer Perspektive die Schaffung eines normativen, allgemein akzeptierten Regelwerks zur Risikobewertung durch öffentliche Institutionen verworfen werden.

---

135 Vgl. Evers, A. (1993), S.364
136 Vgl. Arrow, K.J. (1963)

Ersatzweise kann, wie bei allen gesellschaftlichen Entscheidungen, die trotz der Unmöglichkeit einer widerspruchsfreien Aggregation individueller Präferenzen gefällt werden müssen, eine Legitimierung des staatlichen Handelns unter Risiko über demokratische Entscheidungsprozesse konstruiert werden[137]. Wie das für die gesellschaftliche Risikoforschung typische Beispiel der Nutzung von Atomenergie besonders deutlich belegt, sind kollektive Risiken durchaus Gegenstand expliziter demokratischer Entscheidungsprozesse, die ihrerseits die staatlichen Institutionen zu entsprechendem Handeln anleiten. Von der Problematik der finanziellen Risiken infolge eines Einsatzes von Derivaten durch das Debt Management ist das Beispiel der Nutzung von Atomenergie dabei weniger weit entfernt, als es auf den ersten Blick erscheint, wenn man von den unterschiedlichen Wirkungsebenen (physische Folgen der Atomnutzung in Gegensatz zu den fiskalischen Folgen der Derivate) abstrahiert. In beiden Fällen steht die Nutzung von „Techniken" zur Diskussion, deren gesellschaftliche Folgewirkungen nicht mit Sicherheit abschätzbar sind. Die Diskussion zwischen den politischen Parteien des Bundestages im Rahmen der Ermächtigung des Derivathandels durch den Haushaltsplan 1998 zeigt auch, daß auch fiskalische Risiken der Haushaltsführung durchaus Gegenstand expliziter demokratischer Auseinandersetzungen sind. In Ermangelung anderer realistischer Alternativen zur Ermittlung von Normen öffentlichen Risikoverhaltens sollen die in demokratischen Prozessen entwickelten Entscheidungen und politische Vorgaben daher im folgenden als legitime Ausdrücke gesellschaftlicher Auffassungen interpretiert werden.

Bezogen auf die Schuldenstrukturpolitik als Teil der öffentlichen Haushaltswirtschaft können vor diesem Hintergrund vor allem die haushaltsrechtlichen Grundsätze als demokratisch geschaffene und dauerhaft fixierte Normen und Ausdruck gesellschaftlicher Wertungen angesehen werden. Obwohl die gegenwärtigen haushaltsrechtlichen Bestimmungen seinerzeit weder dezidiert vor dem Hintergrund schuldenstrukturpolitischer Risikoentscheidungen noch unter Kenntnis der Funktionen von Derivaten geschaffen worden sein dürften, können aus ihnen implizit Leitlinien bezüglich der Gestaltungszwecke aller Haushaltsinstrumente, und auch im Hinblick auf den risikopolitischen Einsatz von Derivaten im Debt Management abgeleitet werden. Vor allem aus drei grundlegenden Vorschriften des HGrG und der BHO können risikopolitische Richtlinien für die Schuldenstrukturpolitik u.a. des Bundes abgeleitet werden, die maßgebliche Aussagen für die Bewertung des Einsatzes von Derivaten beinhalten: aus dem Wirtschaftlichkeitsgrundsatz, aus der Bedarfsdeckungsfunktion und aus dem Grundsatz der Notwendigkeit der Ausgaben.

---

[137] Vgl. Binswanger, H.C. (1990), S.115

6.3.2.1 Grundsatz der Wirtschaftlichkeit

Der Grundsatz, der wohl am häufigsten im Zusammenhang mit ökonomischen Entscheidungen staatlicher Institutionen hervorgehoben wird, ist der Grundsatz der Wirtschaftlichkeit und Sparsamkeit[138]. In den Ausprägungen als Minimal- oder als Maximalprinzip gebietet der Wirtschaftlichkeitsgrundsatz[139], daß bei allen öffentlichen Maßnahmen „die günstigste Relation zwischen verfolgtem Zweck und einzusetzenden Mitteln anzustreben ist"[140]. Aufgrund der unterschiedlichen Möglichkeiten der Interpretation, was der „verfolgte Zweck" einer Maßnahme ist, ist dieser Grundsatz facettenreicher und seine Eignung als Leitlinie für staatliches Handeln geringer, als auf den ersten Blick erkennbar. Bereits das fiskalische Ziel der Schuldenstrukturpolitik selber entspringt einer Auslegung dieses Grundsatzes in der Form des Minimalprinzips: als Ziel, den öffentlichen Kreditbedarf zu minimalen Kosten zu decken. Aufgrund der Erweiterung des Kostenbegriffs um den Risikoaspekt und der bereits erörterten Problematik, eine einzige Kombination aus Risiko und Erwartungskosten als kostenminimal im Sinne des fiskalischen Ziels zu identifizieren, wird es notwendig, den Wirtschaftlichkeitsgrundsatz enger auf die risikopolitische Entscheidungssituation anzuwenden: Faßt man die Erreichung eines bestimmten Risikos (bzw. dessen Absenkung auf ein gewähltes Maß beim Hedging) als Zweck einer risikopolitischen Maßnahme, so ist eine Schuldenstruktur dann als wirtschaftlich zu bezeichnen, wenn das angestrebte Risikoniveau zu minimalen Erwartungskosten erreicht wird. Formal betrachtet hält der Wirtschaftlichkeitsgrundsatz damit das Debt Management an, die relativ günstigste Entscheidungsalternative (Finanzierungsform) zu wählen, nachdem eine Entscheidung über den anzustrebenden Zweck (das anzustrebende Risikoniveau) gefallen ist[141]. Spätestens an dieser Stelle wird deutlich, daß der Wirtschaftlichkeitsgrundsatz keine eigene Zielfunktion, sondern in erster Linie eine notwendige Nebenbedingung darstellt. Er entspricht nicht zwingend einer eigenständigen Bewertungsnorm[142], mit der eine Güterabwägung zwischen Risiken und Erwartungsnutzen vorgenommen werden kann, sondern stellt lediglich ein formales Verfahrensprinzip dar[143]. Für das Debt Management bleibt also durch den Wirtschaftlichkeitsgrundsatz die Frage, wie es eine Wahl zwischen unterschiedlichen Risikoniveaus

[138] Vgl. §6 HGrG und §7 BHO

[139] In der Regel wird der Grundsatz der Sparsamkeit entweder lediglich als Unterfall des Wirtschaftlichkeitsgrundsatzes ausgelegt oder diesem nachgeordnet (vgl. von Arnim, H.H. (1988), S.49f. und etwas differenzierter Piduch, E.A. (1998), §7 Rn.2), weshalb im folgenden die alleinige Betrachtung der Wirtschaftlichkeit vertretbar erscheint.

[140] Heller, R.F. (1998), S.117

[141] Vgl. von Arnim, H.H. (1988), S.33

[142] Wie die fiskalische Zielformulierung zeigt, kann der Wirtschaftlichkeitsgrundsatz aber prinzipiell zu einer Bewertungsnorm erhoben werden.

[143] Vgl. von Arnim, H.H. (1988), S.39

zu treffen hat, vollständig unbeantwortet. Wie bereits die mit der Annexkompetenz verbundenen Einschränkungen beweisen, läßt sich noch nicht einmal formulieren, daß alle wirtschaftlichen Risikoprofile auch zulässig sind. Vielmehr müssen die Risikoprofile innerhalb des durch andere Vorschriften definierten Handlungsrahmens der Wirtschaftlichkeit so nah wie möglich kommen.

Die geringe normative Funktion der Wirtschaftlichkeitsgrundsatzes spiegelt sich auch schlüssig in dessen juristischer Einordnung als unbestimmten Rechtsbegriff wider, der den verantwortlichen Verwaltungsorganen einen eigenen Bewertungsspielraum einräumt[144]. Nach der gegenwärtigen Rechtssprechung sind derartige diskretionäre Entscheidungsspielräume infolge unbestimmter Rechtsbegriffe insbesondere dann einem Verwaltungsorgan zuzugestehen, wenn komplexe Prognoseentscheidungen zu fällen sind, deren Ergebnisse von individuellen Einschätzungen abhängig, also kaum objektivierbar sind[145]. Eben diese Voraussetzung kann für das Debt Management als mustergültig erfüllt angesehen werden, da eine Prognose von Zinsentwicklungen in Ermangelung objektivierbarer Prognosemodelle ganz wesentlich von dem unvermeidbar subjektiven Fachwissen der Debt Manager abhängt. Es ist deshalb davon auszugehen, daß das Debt Management in seiner Entscheidung zwischen alternativen Risikoprofilen durch den Grundsatz der Wirtschaftlichkeit kaum eingeengt wird.

Nach diesen Ausführungen ergeben sich aus dem Grundsatz der Wirtschaftlichkeit keine elementaren Vorbehalte gegen den Einsatz von Derivaten im Debt Management des Bundes. Allein der Wirtschaftlichkeitsvergleich zwischen traditionellen und derivativen Schuldenstrukturmaßnahmen ist entscheidend für die Wahl, welches Instrument einzusetzen ist. Vor allem auf Basis der jeweiligen Marktpreise ist daher zu prüfen, mit welchem Instrument eine angestrebte und mit beiden Instrumentengruppen gleichermaßen generierbare Risikostruktur günstiger erreicht werden kann. Selbst wenn Arbitragemöglichkeiten annahmegemäß nicht existieren, kann es aufgrund unterschiedlicher Transaktionen oder geringer Preisdifferenzen möglich sein, daß nicht unerheblich ist, mit welchem Instrument die angestrebte Risikostruktur verwirklicht werden wird. Ein Derivateinsatz ist dementsprechend dann sinnvoll und sogar geboten, wenn eine beabsichtigte Risikostruktur nur durch diese Instrumente wirtschaftlich erzeugt werden kann. Daß diese Konstellation in praxi von Bedeutung für das Debt Management sein kann, wird angesichts der insbesondere im Zusammenhang mit einem Hedging aufgezeigten Möglichkeit einer synthetischen Umstrukturierung des Portfolios mit Derivaten, die als weniger aufwendig gekennzeichnet wurde als eine Risikoabsicherung mit

---

144 Vgl. Bücker, T. (1992), S.133f.

145 Vgl. Tettinger, P.J. (1989), 422f.; Lediglich die Methoden und Grundlagen der Prognoseerstellung unterliegen dann der gerichtliche Kontrolle (vgl. Tettinger, P.J. (1989), S.427)

traditionellen Instrumenten, deutlich[146]. Weitergehende Aussagen, die das Debt Management zu einem konkreten risikopolitischen Verhalten oder unmittelbar zu einem bestimmten Umgang mit Derivaten anleiten, sind dagegen aus dem Gebot zur Wirtschaftlichkeit nicht ableitbar.

6.3.2.2 Bedarfsdeckungsfunktion

Ein konkreterer Bewertungsmaßstab für Risiken kann aus §2 Satz 1 HGrG und §2 Satz 1 BHO abgeleitet werden, auf die bereits bei der Formulierung des Oberziels des Schuldenstrukturpolitik des Bundes verwiesen worden ist. Entsprechend der in diesen Gesetzesabschnitten u.a. niedergelegten *Bedarfsdeckungsfunktion* sind alle haushaltswirtschaftlichen Maßnahmen dahingehend auszurichten, daß die Erfüllung der im Haushaltsgesetz festgestellten Aufgaben stets gewährleistet ist[147]. Das Haushaltsgesetz selber stellt damit einen unverrückbaren Bewertungsmaßstab dar, der das Ergebnis einer demokratischen Entscheidungsfindung abbildet. Da der Prozeß der kollektiven Entscheidungsfindung mit der Verabschiedung des Gesetzes abgeschlossen ist, stellt sich nicht mehr die Frage nach weiteren Zielen – vielmehr gilt es lediglich, das beschlossene Leistungspaket umzusetzen. Eine anderweitige Zielverfolgung, die die Erfüllung der öffentlichen Aufgaben auch nur ansatzweise verhindert, wird damit für die öffentliche Haushaltswirtschaft als nicht zulässig erachtet[148]. Dasselbe dürfte für eine bloße Gefährdung der Aufgabenerfüllung gelten: Kein Nebenziel kann so bedeutend sein, daß seine Verfolgung die Umsetzung des in einer lexikographischen Rangordnung höherwertigen Leistungspakets – des verabschiedeten Haushalts – in Frage stellen dürfte.

Auf die risikopolitischen Entscheidungen im Debt Management kann dieser Zusammenhang übertragen werden, indem die Bedeutung der Zinsänderungsrisiken für den Bundeshaushalt betrachtet wird. Für den Bund stellen die Zinsänderungsrisiken im Extremfall *Bedingungsrisiken* dar, d.h., daß ungünstige Zinsentwicklungen zu unplanmäßigen Ausgaben führen können, welche die Durchführung geplanter Haushaltsmaßnahmen verhindern[149]. Selbst wenn man über die verabschiedeten (normalerweise) einjährigen Haushaltsgesetze hinaus eine mehrperiodige Betrachtung der Bedingungsrisiken anstellt, wie es für das Debt Management sinnvoll erscheint, da die Folgewirkungen unsicherer Zinsentscheidungen primär

[146] Freilich würden solche Kostenvorteile nur eine notwendige, nicht aber eine hinreichende Bedingung für den Einsatz von Derivaten darstellen. So sind darüber hinaus auch die Kosten der Implementierung und Aufrechterhaltung des derivativen Instrumentariums im Debt Management sowie (wie bereits erwähnt) die tatsächlichen Marktpreise mitentscheidende Faktoren für das Ergebnis des Wirtschaftlichkeitsvergleichs.

[147] Vgl. Heller, R.F. (1998), S.85

[148] Vgl. Heller, R.F. (1998), S.85

[149] Vgl. Bergmann, E./Kastrop, C./Steinheuer, W. (1990), S.7f.

in der Zukunft kassenwirksam werden, bleibt diese Argumentation aufrecht erhalten. Auch ohne die Legitimierung über die periodischen Haushaltsgesetze kann davon gesprochen werden, daß jede außerordentlich hohe Zinslast den staatlichen Handlungsspielraum unangemessen einschränken würde. Zwar kann nicht grundsätzlich davon ausgegangen werden, daß jedes überplanmäßige Anwachsen der Zinskosten eine Gefährdung von Haushaltsmaßnahmen bedeutet. So belegt gerade die bereits in Kapitel 4.1 angesprochene Zinsrobustheit der öffentlichen Schuldner deren Bereitschaft und Fähigkeit, mitunter auch im Falle ungünstiger Marktentwicklungen der Zinsen keine Reduzierung anderer Haushaltsausgaben vorzunehmen, sondern gegebenenfalls eine neue bzw. zukünftig erhöhte Kreditaufnahme in Kauf zu nehmen. Wenn aber die Zinskosten derart kräftig steigen, daß der Bund an eine Grenze der Kreditaufnahme stößt – unabhängig davon, ob es sich hierbei um eine rechtliche, politische oder ökonomische Grenze handelt – , kann die Durchführung der im Haushaltsgesetz als notwendig festgestellten Aufgaben des Staates ernsthaft in Frage stehen. Die Folgewirkungen einer unvorteilhaften Zinsentwicklung hängen dabei maßgeblich einerseits davon ab, wie angespannt sich die jeweilige Haushaltslage bereits darstellt, und andererseits davon, wie hoch der Schaden infolge der unvorteilhaften Entwicklung ist. Das Debt Management leistet daher dann einen Beitrag zur sicheren Durchführung der im Haushaltsgesetz festgelegten Maßnahmen sowie zur Sicherung der zukünftigen öffentlichen Auf-

Abb. 6.3.1 Die Bedeutung der Obergrenze für die Strategiewahl

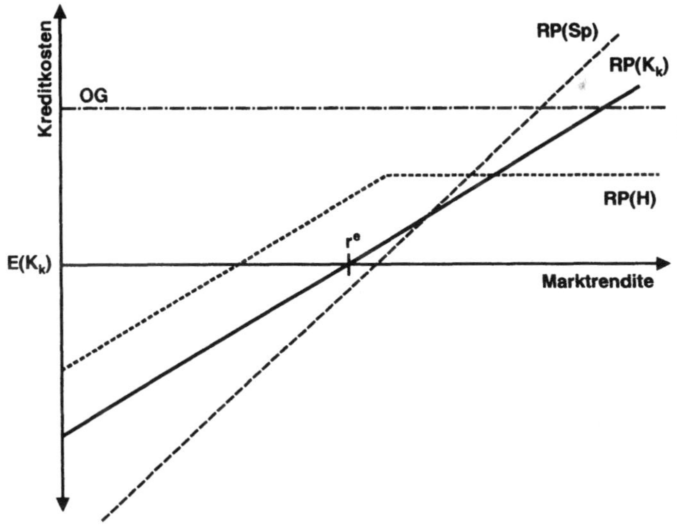

gabenerfüllung, wenn es das Schuldenportfolio so strukturiert, daß selbst extreme Zinsentwicklungen sich nicht vollständig in den Zinskosten niederschlagen können. Ist dem Debt Management die Schwelle bekannt, ab der die Zinslasten haushaltsgefährdend wirken, kann eine derartige risikopolitische Strategie in Form der Einbeziehung einer Obergrenze für das tragbare Risiko in das Modell der Schuldengestaltung umgesetzt werden.

Die Schwelle, ab der die Zinskosten haushaltsgefährdend wirken, wird in Abb. 6.3.1 veranschaulicht, im Zusammenhang mit dem inhärenten Risikoprofil einer variablen Verschuldung sowie zweier alternativer Risikoprofile, die durch den Einsatz von Derivaten gestaltet werden können. Neben die traditionelle Verschuldung über kurzfristige Titel (RP(K_k))werden zwei alternative Risikoprofile gestellt, die jeweils über einen Einsatz von Derivaten generiert wurden – zum einen eine spekulative Risikoerhöhung (RP(Sp)) und zum anderen ein selektives Hedging der negativen Zinsänderungsrisiken (RP(H)).

Die Herleitungen der Risikoprofile RP(Sp) und RP(H) wurden bereits im Zusammenhang mit Abb. 6.2.4 und Abb. 6.2.5 erläutert. Die nun zusätzlich eingeführte Parallele zur Abszisse kennzeichnet die Obergrenze (OG), mit deren Überschreitung die Zinsverpflichtungen derart hoch werden, daß der Bund nicht mehr den festgestellten Ausgabebedarf decken kann. Die Obergrenze stellt hier ein lexikographisches Kriterium dar, das einer extrem risikoaversen Haltung in dem betrachteten Bereich gleichkommt[150]. Alle Ereignisse oberhalb von OG sind daher unbedingt zu vermeiden, da sie eine Gefährdung der öffentlichen Aufgabenerfüllung beinhalten.

Vergleicht man im Beispiel die drei dargestellten Risikoprofile, so ist erkennbar, daß RP(Sp) und RP(K_k) jeweils die Obergrenze überschreitende Ereignisse beinhalten, wobei durch die spekulative Gestaltungsvariante diese Grenze früher, d.h. mit einer größeren Wahrscheinlichkeit, erreicht wird. Im Vergleich zu dem Risikoprofil einer kurzfristigen Verschuldung als Beschreibung des inhärenten Risikos der Verschuldungssituation folgt aus der spekulativen Maßnahme eine erhöhte Gefährdung der öffentlichen Aufgabenerfüllung, und die Maßnahme ist daher abzulehnen. Selbst Schuldner, die sich heute weit entfernt von einer unüberbrückbaren Grenze der Verschuldung befinden, können über die Hebelwirkung von Derivaten bei ungünstigen Zinsentwicklungen diese Grenze vergleichsweise schnell erreichen. Doch auch für die traditionelle kurzfristige Verschuldung kann aufgrund der unterstellten Normalverteilung der Marktrendite eine positive Wahrscheinlichkeit festgestellt werden, die Obergrenze zu überschreiten. In welcher Höhe bzw. ob im Falle einer anderen Wahrscheinlichkeitsverteilung überhaupt ein

150 Vgl. Sinn, H.W. (1980), S.66ff.

solches Bedingungsrisiko besteht, hängt auch hier von der finanziellen Angespanntheit des betrachteten Haushalts ab. Im Gegensatz dazu ist über die dargestellte Absicherung von Zinsänderungsrisiken mithilfe einer gekauften Put-Option gewährleistbar, daß keine Überschreitung der Obergrenze erfolgt. Im Fall der Existenz von Bedingungsrisiken bei einer variablen Verschuldung ist es dem Debt Management also über den in RP(H) abgebildeten Einsatz von Optionen möglich, einen Beitrag zur Erfüllung der Bedarfsdeckungsfunktion des öffentlichen Haushalts zu leisten, und deshalb ist RP(H) den anderen Risikoprofilen nach der Bedarfsdeckungsfunktion vorzuziehen.

Konsequenzen für die Wahl des schuldenstrukturpolitischen Instrumentariums können aus dieser Betrachtung insofern abgeleitet werden, als alle Strukturierungsmaßnahmen, mit denen neue Bedingungsrisiken geschaffen bzw. bestehende erhöht werden, ungeeignet erscheinen. Eine konkrete und systematische Ablehnung von Derivaten als Gestaltungsinstrumente ist dagegen nicht erkennbar. Da über die Bedarfsdeckungsfunktion keinerlei Aussage über die Schuldenstrukturgestaltung *unterhalb* der Obergrenze verbunden ist, kommt nahezu jede der dargestellten besonderen Gestaltungsmöglichkeiten mit Derivaten für diesen Bereich in Betracht. Ein Beispiel für einen zulässigen intensiven Gebrauch von Derivaten wird in Abb. 6.3.2 aufgegriffen.

Abb. 6.3.2 Butterfly-Spread mit Derivaten

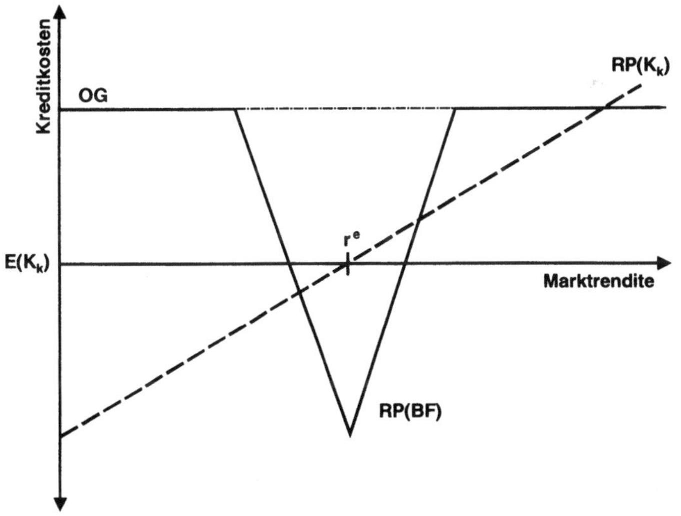

Das hier dargestellte und dem mit kombinierten Optionen erreichbaren Butterfly-Spread[151] nachempfundene Risikoprofil RP(BF) veranschaulicht, wie stark Risiken mit Derivaten transformiert werden können, ohne daß damit eine substantielle Gefährdung der Bedarfsdeckungsfunktion des Haushalts verbunden wäre. Der Butterfly Spread kombiniert eine Risikoerhöhung im Bereich negativer Risiken mit dem Verkauf positiver Risiken bis hin zu einer Umkehrung des inhärenten variablen Risikoprofils in diesem Bereich. Dennoch kann durch die Möglichkeit zur selektiven Absicherung über Optionen in keinem Fall die Obergrenze überschritten werden. Mit diesem Beispiel verdeutlicht sich, daß es für die Erfüllung der Bedarfsdeckungsfunktion unerheblich ist, über welche Mechanismen die Bedingungsrisiken eliminiert werden. Entsprechend wäre auch über eine traditionelle langfristige Verschuldung eine solche Absicherung möglich, mit ihr verändert sich aber stets in analoger Weise auch der Charakter der Schuldenstruktur unterhalb der Obergrenze – obwohl in diesem Bereich keine Ereignisse liegen, die eine Gefährdung des Haushalts darstellen. Die Absicherungswirkung von traditionellen Schuldeninstrumenten erstreckt sich stets auf das gesamte Risikoprofil und nicht nur selektiv auf den kritischen Bereich der negativen Risiken, aus dem die Bedingungsrisiken erwachsen. Welche Form der Absicherung letztendlich vorzuziehen ist, bestimmt sich vor allem durch die Erwartungskosten – ein Aspekt, der bei einer ausschließlichen Beurteilung nach der Bedarfsdeckungsfunktion grundsätzlich unberücksichtigt bliebe, da allein die lexikographische Höherwertigkeit der Durchsetzung des verabschiedeten Haushaltsgesetzes gegenüber anderen Gestaltungsmotiven Gegenstand dieser Funktion ist. Erst wenn die Existenz von Bedingungsrisiken ausgeschlossen ist, erlangen die Erwartungskosten eine Bedeutung als Entscheidungsgröße, indem die (für den öffentlichen Haushalt ungefährlichen) Risiken und Erwartungskosten einander gegenübergestellt werden.

6.3.2.3 Notwendigkeit der Ausgaben

Sowohl mit der Bedarfsdeckungsfunktion als auch dem Wirtschaftlichkeitsgrundsatz im Zusammenhang stehend, stellt der haushaltsrechtliche Grundsatz der Notwendigkeit der Ausgaben[152] eine weitere zu beachtende Leitlinie für den Einsatz von Derivaten im Debt Management dar. Nach diesem Grundsatz sind von der öffentlichen Haushaltswirtschaft nur solche Ausgaben in der Planung zu veranschlagen und in der Durchführung zu leisten, die zur Erfüllung der staatlichen Aufgaben zwingend erforderlich sind[153]. In der Übertragung auf Aktivitäten der haushaltswirtschaftlichen Organe bedeutet dies, daß alle mit Ausgaben verbunde-

[151] Vgl. Marshall, J.F. (1989), S.570f.
[152] Vgl. §5 HGrG, §6 BHO
[153] Vgl. Heller, R.F. (1998), S.102f.

nen Maßnahmen, die zur öffentlichen Aufgabenerfüllung nicht notwendig sind, zwingend zu unterbleiben haben.

Welche Bedeutung der Grundsatz der Notwendigkeit der Ausgaben für die risikopolitische Ausrichtung des Debt Managements hat, ist davon abhängig, wie der in den Gesetzestexten verwendete Ausgabenbegriff interpretiert wird. In seiner engen Auslegung im Sinne der betriebswirtschaftlichen Kosten- und Leistungsrechnung sind die Ausgaben als Abnahme des Geldvermögens innerhalb einer betrachten Periode (in der Regel das Haushaltsjahr) abgegrenzt[154]. Unabhängig von ihrer Wirkungsweise ist die Beurteilung risikopolitischer Instrumente daher nach dem Grundsatz der Notwendigkeit der Ausgaben von ihrer Kassenwirksamkeit abhängig. Besonders für den Kauf von Optionen kann sich diesbezüglich eine Diskriminierung gegenüber anderen Instrumenten ergeben. Greift man das oben dargestellte Bestreben des Debt Managements auf, sich gegen Bedingungsrisiken abzusichern, um der Bedarfsdeckungsfunktion zu entsprechen, stellt der Grundsatz der Notwendigkeit der Ausgaben ein Kriterium dar, mit dem unterschiedliche Absicherungsmethoden bewertet werden können.

Zu diesem Zweck werden in Abb. 6.3.3 drei Hedgingprofile einander gegenüber gestellt, von dem $RP(H_1)$ und $RP(H_2)$ jeweils selektive Hedging-Prozesse über den Kauf von Put-Optionen repräsentierten, während $RP(H_3)$ eine Verschuldung über langfristige Schuldtitel darstellt. Alle drei Hedgingvarianten gewährleisten, daß die geplanten Haushaltsausgaben getätigt werden können und es wird unterstellt, daß alle unterschiedlichen Risikokonstellationen wirtschaftlich sind. Im Gegensatz zu der Absicherung über langfristige Wertpapiere ist aber mit den über Optionen generierten Risikoprofilen die Zahlung eines Optionspreises an den Verkäufer (als Risikoprämie für die Aufnahme der einseitigen Verpflichtung) verbunden. Dem Bund entstünden daher mit den beiden Alternativen $RP(H_1)$ und $RP(H_2)$ unmittelbar kassenwirksame Ausgaben, die gemäß dem Grundsatz der Notwendigkeit der Ausgaben nur dann zulässig wären, wenn sie für die staatliche Aufgabenerfüllung als zwingend erforderlich erachtet würden. Diese Voraussetzung für den Einsatz der Optionen ist hier aber eindeutig nicht erfüllt: Da ein zur Sicherung der Bedarfsdeckungsfunktion erforderliches Hedging offensichtlich ebenso über eine langfristige Verschuldung möglich ist, die kaum zu unmittelba-

[154] Vgl. Haberstock, L. (1998), S.16f.; Im Gegensatz zu dieser Abgrenzung werden nach Schmalen die Ausgaben als Erweiterung der Auszahlungsbegriffs um Schuldenzugänge definiert (vgl. Schmalen, H. (1999), S.584), wodurch die Auszahlungen, anders als bei Haberstock, stets eine reine Teilmenge der Ausgaben darstellen. Beiden Definitionen ist aber gemein, daß sie klar vom *Werteverbrauch* innerhalb einer Periode unterscheiden, wie er in Aufwand- und Kostengrößen erfaßt wird, so daß für die folgende Argumentation diese Differenzen weitgehend unerheblich sind.

ren Nettoausgaben führt, sind die kassenwirksamen Ausgaben für eine anderweitige Absicherung von Risiken nicht notwendig im Sinne des Haushaltsrechts[155].

Abb. 6.3.3 Vergleich alternativer Absicherungsvarianten

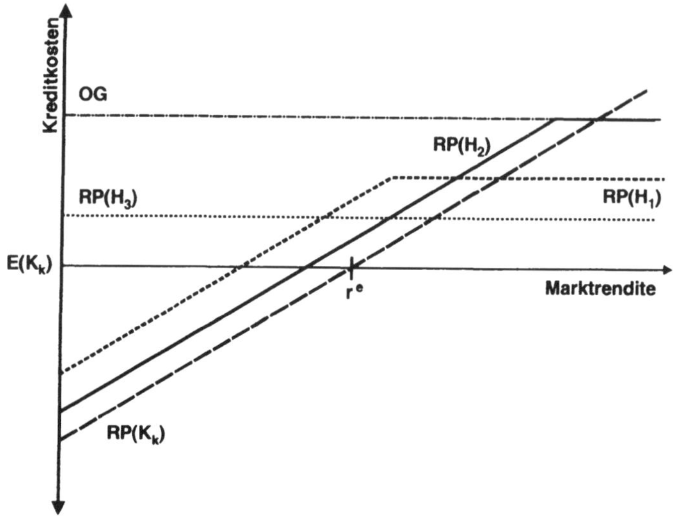

Daß bei einem Hedging über Optionen die Schuldenstruktur weitgehend den Charakter einer variablen Verschuldung erhält und aus diesem Grund eine langfristig ausgerichtete Schuldenaufnahme schuldenstrukturpolitisch völlig anders zu bewerten ist, ist in diesem Zusammenhang unerheblich[156]. Nach dem Grundsatz der Notwendigkeit der Ausgaben in seiner engen Auslegung sind jene Ausgaben, die im Zusammenhang mit risikopolitischen Gestaltungen stehen und sich ausschließlich den Verlauf unterhalb der Obergrenzen beeinflussen, nicht notwendig, da sie keine Bedeutung für die Absicherung der Aufgabenerfüllung des Staates haben.

Eine deutlich andere Bedeutung gewinnt der Grundsatz der Notwendigkeit der Ausgaben, wenn man den Ausgabenbegriff erweitert und die Notwendigkeit eines staatlichen Ressourcenverzehrs verstärkt an Kostengrößen beurteilt. Die damit verbundene Berücksichtigung der Wertveränderungen von Bestandsgrößen ist zwar nicht unmittelbar über den Wortlaut der §§5 HGrG, 6 BHO zu rechtfertigen,

155 Zwar ist damit zu rechnen, daß in der Zukunft höhere Zinszahlungen für die langfristige Verschuldung zu leisten sind, diese Risikoprämien schlagen sich in der betrachteten Periode aber ausschließlich in erhöhten Bewertungen der Schuldtitel nieder, sind also nicht kassenwirksam.

156 Es sei denn, die schuldenstrukturpolitische Gestaltung ist ihrerseits unmittelbar Gegenstand bzw. Instrument der Aufgabenerfüllung.

folgt aber vollständig den gegenwärtigen Entwicklungen in der Haushaltswirtschaft, ausgedrückt in dem Gesetz zur Fortentwicklung des Haushaltsrechts[157]. Mit dieser aktuellen Überarbeitung des Haushaltsgrundsätzegesetzes verbindet sich in erster Linie das Bestreben nach einer verstärkten Steuerung der öffentlichen Haushaltswirtschaft über betriebswirtschaftliche Kriterien[158]. Nach dem neuen §6 Abs. 3 HGrG (als Bestandteil des fortentwickelten Wirtschaftlichkeitsgrundsatzes) sollen haushaltswirtschaftliche Maßnahmen soweit wie möglich auf der Grundlage von Kosten- und Leistungsvergleichen bewertet werden. Unter anderem aufgrund der weiterhin kameralistischen Buchführung in der öffentlichen Haushaltswirtschaft, mit der keine Bestandswertveränderungen erfaßt werden, sind derartige betriebswirtschaftliche Kostenvergleiche in vielen Bereichen bisher zwar kaum möglich, sofern aber neben den Ausgaben auch Kostengrößen ermittelt werden können, sind letztere nach der Intention des neuen §6 Abs. 3 HGrG in den Haushaltsentscheidungen des Bundes mit zu berücksichtigen[159].

Zu welchen anderen Ergebnissen hinsichtlich des Debt Managements eine Interpretation des §5 HGrG im Sinne der Notwendigkeit von Kosten gegenüber der formaleren Orientierung an den Zinsausgaben führen kann, mag in Abb. 6.3.3 anhand der Unterstellung einer risikoneutralen Einstellung[160] des Bundes demonstriert werden: Infolge der Risikoneutralität läßt sich der Zinskostenbegriff zum Zeitpunkt der Schuldenstrukturplanung auf die Erwartungskosten reduzieren. Anhand der Orientierung an der erwarteten Marktrendite ist damit in der Abbildung ohne weiteres erkennbar, daß die günstigste Form einer Absicherung der Bedarfsdeckungsfunktion über $RP(H_2)$ möglich ist. Die anderen Absicherungsmöglichkeiten sind dagegen mit höheren Kosten verbunden, die nicht notwendig im Sinne des §5 HGrG sind, selbst wenn diese mit geringeren Zinsänderungsrisiken verbunden sind. Wenn davon ausgegangen werden kann, daß mit steigender Risikoabsicherung auch die Zinskosten steigen, kann der Grundsatz der Notwendigkeit der Ausgaben deshalb als Norm interpretiert werden, die eine „Überversicherung" des Bundes verhindert.

Vor allem Optionen sind bei solch einer Orientierung der Absicherungsentscheidung an Kostengrößen in einem neuen Licht zu sehen. Gerade ihr Einsatz als Instrument selektiver Risikosteuerung bietet dem Debt Management in diesem Zusammenhang die Chance, gezielt eine Trennung von essentiellen und vertretbaren Risiken vorzunehmen. Dadurch ist es anders als mit traditionellen Absicherungs-

---

157 Vgl. Gesetz zur Fortentwicklung des Haushaltsrechts (1997), S.3251

158 Vgl. Heller, R. (1998), S.97

159 Vgl. Deutscher Bundestag Drucksache 13/8293

160 Zur Erinnerung: Diese Risikoeinstellung wurde von Tobin für die staatliche Entscheidung als angemessen erachtet (vgl. Kap. 4.3 bzw. Tobin, J. (1963), S.428).

instrumenten prinzipiell möglich, kostenträchtige Risikoabsicherungen unterhalb der Obergrenze, die nicht auf die Gewährleistung der öffentlichen Aufgabenerfüllung ausgerichtet und daher im Sinne des HGrG sind, zu vermeiden. Anders als die Bedarfsdeckungsfunktion, mit der als starke Regelungsnormen bestimmte Risikoprofile ausgeschlossen werden, ist der Grundsatz der Notwendigkeit der Ausgaben ähnlich wie der Wirtschaftlichkeitsgrundsatz in erster Linie ein Verfahrensprinzip. Selbst wenn man davon ausgeht, daß jede zusätzliche Absicherung gegen Risiken die Leistung von Absicherungsprämien erfordert, ist aus diesem Grundsatz nicht ableitbar, daß das Risikoprofil mit der minimal notwendigen Absicherung der Bedingungsrisiken (RP(H_2) in Abb. 6.3.3) auch am kostengünstigsten ist. Vor allem eine risikoaverse Risiko-Nutzen-Funktion des Bundes kann dazu führen, daß stärkere Absicherungsmechanismen vom Debt Management ex-ante als vorteilhafter angesehen werden. Insofern ist es ohne die Kenntnis des vom Debt Management gewählten risikopolitischen Entscheidungsverfahrens, insbesondere ohne die Kenntnis über den Grad der Risikoneigung, nicht einfach möglich, Derivate als Instrumente für die beschriebenen Absicherungsprozesse zu verwerfen oder zu favorisieren. Bestenfalls ist aufgrund der mit Derivaten einhergehenden quantitativen Erhöhung der zu Absicherungszwecken zur Verfügung stehenden Instrumente hier eine Chance zu sehen, unabhängig von der konkreten Risikoeinstellung, auch qualitativ bessere Absicherungsmethoden zur Verfügung zu haben.

Kapitel 7 Resümee

Im Rückblick auf die angestellten Betrachtungen über die Ziele der Schuldenstrukturpolitik und den Einsatz von Derivaten wird deutlich, daß ein verallgemeinerndes Urteil über die Nutzung dieser „neuen" Instrumenten nicht einfach ist. Wie anhand der traditionellen Theorie zur Schuldenstrukturpolitik und der neu formulierten Ziele verdeutlicht werden konnte, steht das Debt Management nicht nur im Spannungsverhältnis zwischen mehreren Zielen mit unterschiedlichen Wertigkeiten. Zusätzlich können sich die relativen Wertigkeiten im Zeitablauf verschieben, so daß das für eine Beurteilung von Instrumenten und Maßnahmen erforderliche System von Zielen und Bewertungsnormen nur eine geringe Stabilität aufweist. Die im folgenden hervorgehobenen Schlüsse und vorgenommenen Bewertungen sind deshalb als Momentaufnahme anzusehen und wären unter anderen Rahmenbedingungen auch einer neuerlichen Überprüfung zu unterwerfen. Entsprechend wird auch die zukünftige Auseinandersetzung mit diesem Themenbereich stets von der Einbettung in das dann relevante Umfeld abhängig sein.

7.1 Zusammenfassung der Ergebnisse und Schlußfolgerungen

Als Ergebnis dieser Arbeit kann festgehalten werden, daß die Durchsetzung von stabilitätspolitischen Zielen, wie sie von den Vertretern der traditionellen Theorie noch mehrheitlich befürwortet worden ist, gegenwärtig sehr problematisch erscheint. Insbesondere die Zusammenführung ehemals nationaler Finanzmärkte konnte als eine zentrale Ursache für einen Zielwandel identifiziert werden, da durch sie die relative Bedeutung des Bundes als Schuldner auf dem Kapitalmarkt sinkt bzw. gesunken ist. Da hierdurch zugleich die Möglichkeiten einer Einflußnahme auf die gesamtwirtschaftliche Liquiditäts- und Zinssteuerung über eine Schuldenstrukturgestaltung geringer werden, nimmt die Fähigkeit des Debt Managements ab, eine stabilitätspolitische Steuerung zu betreiben. Wie anhand der Zielentwicklungen in den Debt Managements von Deutschland, Frankreich und Großbritannien belegt werden konnte, rücken deshalb andere, als erreichbar eingestufte Ziele stärker in den Vordergrund. Neben kurzfristigen Überlegungen bezüglich der strategischen Positionierung auf dem europäischen Kapitalmarkt ist so vor allem eine deutliche Verlagerung der Zielausrichtung auf eine Zinskostenminimierung zu erwarten und zum Teil bereits zu beobachten.

Trotz der weitgehenden Verdichtung des Zielsystems auf die fiskalische Dimension ist der Komplexitätsgrad der schuldenstrukturpolitischen Entscheidungssituation aber nicht unbedingt geringer geworden. Spätestens seitdem mit zunehmenden Zinsvolatilitäten auf den globalisierten Finanzmärkten gerechnet werden muß, ist der bisher in der Theorie zur Schuldenstrukturpolitik verwendete, auf sicheren

Erwartungen beruhende Zinskostenbegriff als unrealistisch und unbefriedigend zu bezeichnen. Als neues Argument ist deshalb in dieser Arbeit das Zinsänderungsrisiko in das Zinskostenkriterium eingefügt worden, wodurch im Ergebnis die Wahl der kostenminimalen Schuldenzusammensetzung z.T. zu einer risikopolitischen Aufgabenstellung wird.

Besonders auf diesen risikopolitischen Aspekt der Schuldenstruktur beziehen sich die speziellen Nutzungsmöglichkeiten von Derivaten im Vergleich zu den traditionellen Schuldeninstrumenten, die für eine Verfügbarkeit der neuen Instrumente in der Schuldenstrukturpolitik des Bundes sprechen. Ausgehend von den privatwirtschaftlichen Motiven einer Derivatnutzung konnte veranschaulicht werden, inwiefern die vielfältigen derivativen Gestaltungsvarianten für eine risikobewußte, fiskalisch ausgerichtete Schuldenstruktur von Vorteil sein können. Erstens ist es denkbar, daß neue Risikoprofile (als Abbilder einer spezifischen Risikokonstellation) erzeugbar werden, die allen traditionell generierbaren Risikoprofilen vorzuziehen wären. Besonders die Möglichkeit einer selektiven Risikosteuerung über Optionen stellt in diesem Zusammenhang eine völlig neue Perspektive für die Schuldenstrukturpolitik dar. Im Vergleich zu der bisherigen Wahl zwischen einer begrenzten Zahl von risikoärmeren (langfristiger) und risikoreicheren (kurzfristigen) Verschuldungsformen bieten Derivate daher die Chance zu weitaus differenzierteren Gestaltungsvarianten, die eine risikopolitische Maßschneiderung der Schuldenstruktur auf die Ziele des Bundes ermöglichen. Zweitens ist es über Derivate potentiell möglich, Umstrukturierungsmaßnahmen kostengünstiger als über traditionelle Instrumente durchzuführen. Selbst wenn von Gelegenheiten zur Arbitrage infolge differierender Marktpreise abgesehen wird, können komparative Kostenvorteile oder geringere Transaktionskosten einer Umstrukturierung insgesamt einen Kostenvorteil der Derivate zur Folge haben. Die besondere Fähigkeit der Derivate, eine traditionelle Schuldenstrukturmaßnahme synthetisch exakt nachzuempfinden, eröffnet solche Einsparpotentiale. Damit verbunden ist zusätzlich eine größere Flexibilität der Schuldenstruktur, da sich mit sinkenden Kosten einer Umstrukturierungsmaßnahme auch die Wirtschaftlichkeit derartiger Transformationen erhöht. Inwiefern die theoretisch als denkbar herausgestrichenen Kostenvorteile in praxi von Bedeutung sind, bestimmt sich vor allem über die existierenden (Markt-)Preise der Finanzinstrumente. Entsprechend der primären Orientierung am fiskalischen Zielkriterium ist die Kenntnis der Preise der Derivate also unverzichtbar für deren unmittelbare schuldenstrukturpolitische Bedeutung. Selbst wenn in dieser Arbeit die systematischen Vorteile und Grenzen der Derivatnutzung für das Debt Management des Bundes explizit betont worden sind, wird deshalb ein Einsatz dieser Instrumente im Einzelfall stets neu zu überprüfen sein. Das dritte Hauptargument, das für die Verfügbarkeit von Derivaten spricht, bezieht sich auf den Zusammenhang des fiskalischen Ziels mit anderen Zielkomponenten.

Da es mit Derivaten möglich ist, eine gewünschte Risikostruktur unabhängig von der Zusammensetzung des zugrundeliegenden Portfolios zu erzeugen, können Konflikte zwischen fiskalischen und anderen Zielen abgemildert oder gar aufgehoben werden. Während also bei der Wahl der kreditären Schuldformen bspw. darauf abgestellt werden kann, daß der Bund seine Benchmarkfunktion auf dem europäischen Kapitalmarkt aufrecht erhält, kann über Derivate parallel eine synthetische Kreditkostenoptimierung betrieben werden. Gerade weil das Zielsystem des Debt Managements als dynamisches Gebilde gekennzeichnet wurde, infolgedessen sich im Zeitablauf die relative Bedeutung aller Zieldimensionen wieder ändern kann, ist dieser Aspekt nicht zu unterschätzen.

Neben den Vorteilen einer Nutzung von Derivaten gegenüber dem traditionellen Instrumentarium ist aber auch festzuhalten, daß ihrem Einsatz bestimmte Grenzen gesetzt sind bzw. bestimmte Grenzen beachtet werden sollten. Über die direkten rechtlichen Grenzen, die sich daraus ergeben, daß der Einsatz jedes Schuldeninstruments zu legitimieren ist, wird die Nutzung von Derivaten gegenwärtig sowohl qualitativ als auch quantitativ beschränkt. Qualitativ insofern, als im Fall einer Legitimierung über die Annexkompetenz nur bestimmte Verwendungen von Derivaten zulässig ist, quantitativ, da bei einer Einzelermächtigung per Haushaltsgesetz die Menge der einsatzfähigen Derivate unmittelbar begrenzt wird. Die direkten Grenzen haben sich jedoch kaum als Normen erwiesen, aus denen für das Debt Management eine Handlungsanleitung bezüglich des Einsatzes von Derivaten abzuleiten ist. Statt dessen ist es möglich gewesen, das Haushaltsrecht im Hinblick auf risikopolitische Leitlinien zu interpretieren, aus denen sich dann – in sehr unterschiedlicher Weise – Regeln für den Umgang mit Risiken ableiten lassen, die auf die Verwendung von Derivaten zu übertragen sind. Eine starke Verhaltensvorgabe läßt sich danach ausschließlich aus der Bedarfsdeckungsfunktion ableiten. Über sie kann für das Debt Management eine Verpflichtung zur Absicherung gegen existierende, den Haushalt bedrohende Zinsereignisse erkannt werden. Unabhängig von der Festlegung der Obergrenze begründet die Bedarfsdeckungsfunktion damit vollständig ein risikoaverses Verhalten des Debt Managements jenseits dieser Grenze. Der Grundsatz der Notwendigkeit der Ausgaben ist in diesem Zusammenhang bedeutsam, da durch ihn offensichtlich wird, daß die verbleibenden Risiken nicht um jedem Preis abzuwenden sind, daß sich die strikt risikoaverse Haltung also nicht als grundsätzliche Verhaltensregel ansehen läßt. Eine konkretere Handlungsanweisung für eine Risikoeinstellung des Bundes ist aus diesem Grundsatz aber nicht ableitbar. Speziell die Bezugnahme auf die Kosten (in der weiten Auslegung des Grundsatzes der Notwendigkeit der Ausgaben) löst nicht die Frage nach risikopolitischen Vorgaben für das Debt Management, sondern sie wirft die Frage ein weiteres Mal auf, da die Kosten in der Entscheidungsphase risikobehaftet sind und somit ihre Bewertung selber von der Risikoeinstellung abhängig ist. Weitgehend ohne Aussage für das risikopolitische Verhalten des Debt Managements bleibt der Wirtschaftlichkeitsgrundsatz als formales Verfahrensprinzip. Zwar stellt er ein zentrales Kriterium dar, nach dem auch die Notwendigkeit von Ausgaben zu überprüfen ist, aufgrund seiner Unbestimmtheit sind aus ihm aber keine bindenden Regeln hinsichtlich des Umgangs mit Risiken ableitbar. In Ermangelung weiterer eindeutiger Vorschriften ist damit festzustellen, daß die Schuldenstrukturpolitik des Bundes im Bereich unterhalb der Obergrenze keinen festen risikopolitischen Handlungsschranken von rechtlicher Seite unterliegt. Für das Debt Management verbleibt damit ein deutlicher Gestaltungsspielraum, den es weitgehend eigenständig ausfüllen kann: Bei der Bewertung alternativer Risikoprofile und bei der Selektion, welches Risikoprofil ex-ante für den Bund am kostengünstigsten ist, fällt ihm die maßgebliche Verantwortung zu, weitere Entscheidungskriterien und –verfahren zu bestimmen bzw. diese zu operationalisieren.

7.2 Ausblick

Daß den Debt Managern nach den oben gezogenen Schlüssen weitreichende eigenständige Entscheidungsbefugnisse zugestanden werden, steht durchaus im Einklang mit den gegenwärtigen Regeln und der Praxis der Schuldenstrukturpolitik. Sowohl nach der über das Grundgesetz herstellbaren Gestaltungsverantwortung des BMF und der ihm zugeordneten Organe als auch nach der Fortentwicklung des Haushaltsrechts, die eine stärkere Eigenverantwortlichkeit der einzelnen Haushaltsbewirtschafter befördert[1], sind derartige diskretionäre Spielräume, welche die Debt Manager eigenständig ausgestalten können, legitim. Denn obwohl das Debt Management vergleichsweise frei in der Wahl der Konkretisierung seines Entscheidungsverfahrens ist, läßt sich daraus nicht folgern, daß auch jede beliebige Schuldenstruktur gerechtfertigt werden könnte.

Aus politischer Perspektive stellt sich jedoch die Frage, ob nicht noch weitere risikopolitische Kriterien zu entwickeln wären, mit denen die Handlungsspielräume des Debt Managements auf ein „gewünschtes“ Maß reduziert (oder ggf. erweitert) werden sollten. Vor allem die vielfältigen Befürchtungen bezüglich einer zu risikoreichen oder gar spekulativen Verwendung von Derivaten sind immer wieder mit Forderungen verbunden, daß an die Neuartigkeit der derivativen Finanzinstrumente auch ihr Regelungs- und Kontrollrahmen anzupassen sei[2]. Wie aber die bisher hierzu geführte Diskussion gezeigt hat, wird es naturgemäß schwierig

---

[1] Vgl. Heller, R.F. (1998), S.96f.

[2] Vgl. o.V., Börsenzeitung vom 30.01.1997 S.4, o.V., FAZ vom 6.11.1996, S.21 und Freiling, A. (1998a), S.7

sein, in einer politischen Diskussion über neue Grenzen eines tragbaren Risikos zu konkreten Aussagen zu kommen. So wurde in den existierenden Beiträgen bezüglich der Nutzung von Derivaten im Debt Management in der Regel davon gesprochen, daß Risiken nicht „unangemessen“[3] oder „unvertretbar“[4] sein dürften, oder es wurde die Forderung nach einer konservativen Schuldenstrukturpolitik[5] gestellt. Die in dieser Arbeit vorgenommene differenzierte Darstellung der Kosten und Risiken einer Schuldenstruktur mag in diesem Zusammenhang ein Ansatzpunkt sein, über den eine ausgewogenere Diskussion möglich wird. Es fällt dabei auf, daß sich die Kritik an Derivaten häufig nicht einmal an Sachverhalten entzündet, die allein für Derivate typisch sind. So ist die Erläuterung des bloßen Zusammenhangs, daß infolge einer Fehleinschätzung der Marktentwicklung Verluste entstehen können, die zu Lasten der Allgemeinheit gingen[6], nicht ausreichend als Einwand gegen eine Derivatnutzung. Wie anhand der Darstellung über Risikoprofile verdeutlicht werden kann, existiert auch bei einer ausschließlichen Nutzung traditioneller Schuldeninstrumente in vergleichbarer Weise die Gefahr von Fehlurteilen, die den Haushalt belasten würden. Dieser Verantwortung, Irrtümern zu unterliegen, stellt sich das Debt Management seit jeher, und diese Gefahr ist nicht allein an einem einzelnen, ausgewählten Finanzinstrument festzumachen, sondern folgt aus der gesamten Risikokonstellation. Allein der leverage-effect infolge des geringen Kapitaleinsatzes zur Steuerung von Risiken kann bei Derivaten dazu führen, daß das von der Schuldenstruktur ausgehende Risiko gegenüber dem status quo anwächst.

Im Endeffekt sollte sich die politische Diskussion über die Gestaltungsfreiräume das Debt Managements weit weniger auf die kritische Betrachtung einzelner Schuldeninstrumente konzentrieren. Statt dessen ist die Zulässigkeit bestimmter Risikoprofile und insbesondere die Festlegung einer Obergrenze für Zinsänderungsrisiken von zentraler Bedeutung. Sofern demokratisch legitimiert, bildet gerade die Konkretisierung dieser Elemente in kontrollierbarer Form die Voraussetzung dafür, daß Derivate sachlich den anderen Gestaltungsinstrumenten gleichgestellt werden können. Ob die Obergrenze dabei über politische Vorgaben festgelegt wird oder einer rechtlichen Manifestierung bedarf, sei an dieser Stelle dahingestellt. Vor allem vor dem aufgezeigten Hintergrund der beobachtbaren Zielanpassungen in der Zeit, die in vergleichbarer Weise auf die Risikopolitik übertragen werden können, wird es immer notwendig bleiben, diskretionäre Handlungsspielräume der politischen Entscheidungsträger zu erhalten.

---

3 Vgl. Freiling, A. (1998a), S.7
4 Vgl. z.B. o.V., Handelsblatt vom 29.01.1997, S.8
5 Vgl. o.V., Handelsblatt vom 12.11.1997, S.4
6 Vgl. Meister, E. (1997), S.106

Anhang 1

Tab. 5.1
Die Entwicklung der relativen quantitativen Bedeutung des Bundes für den deutschen Kapitalmarkt von 1970 bis zur Europäischen Währungsunion

Jahr	Verschuldung des Bundes [1]	Bruttoabsatz festverzinslicher Wertpapiere [1) 2)]	Potentielle Kapitalmarktbelastung [3)]		Tatsächliche Kapitalmarkt-belastung [4)]
			RLZ 8 Jahre	RLZ 5 Jahre	
1970	56512	20816	33,94%	54,30%	8,95%
1971	58071	30767	23,59%	37,75%	9,97%
1972	61641	48142	16,00%	25,61%	8,80%
1973	67424	45960	18,34%	29,34%	12,48%
1974	77529	51020	18,99%	30,39%	12,94%
1975	113680	76080	18,68%	29,88%	18,13%
1976	133262	73757	22,58%	36,14%	21,77%
1977	153921	80512	23,90%	38,24%	27,12%
1978	180647	95422	23,66%	37,86%	19,87%
1979	205523	106493	24,12%	38,60%	17,18%
1980	232320	137453	21,13%	33,80%	15,29%
1981	273114	186244	18,33%	29,33%	13,63%
1982	309064	211623	18,26%	29,21%	17,54%
1983	341444	226655	18,83%	30,13%	15,75%
1984	367297	227394	20,19%	32,30%	17,68%
1985	392356	261153	18,78%	30,05%	18,97%
1986	415390	257125	20,19%	32,31%	25,19%
1987	440476	245370	22,44%	35,90%	30,91%
1988	475169	208952	28,43%	45,48%	33,39%
1989	490541	253262	24,21%	38,74%	25,42%
1990	542189	428698	15,81%	25,29%	26,65%
1991	586493	442089	16,58%	26,53%	24,43%
1992	611099	572767	13,34%	21,34%	16,79%
1993	685283	733126	11,68%	18,69%	19,37%
1994	712488	627331	14,20%	22,71%	14,26%
1995	756834	620120	15,26%	24,41%	20,48%
1996	839883	731992	14,34%	22,95%	19,28%
1997	905892	846567	13,38%	21,40%	23,53%
1998	957983	1030827	11,62%	18,59%	21,26%

1) Angaben in Mio DM
2) Bruttoabsatz festverzinslicher Wertpapiere in Detschland
3) Potentielle durchschnittliche Beanspruchung des börsenfähigen Kapitalmarkts durch den Bund bei einer durchschnittlichen Restlaufzeit (RLZ) von 8 bzw. 5 Jahren
4) Tatsächliche Beanspruchung des börsenfähigen Kapitalmarkts

Quelle: eigene Berechnungen nach diversen Monatsberichten der Deutschen Bundesbank

Literaturverzeichnis

1. Aufsätze und Monographien

Abken, Peter A. (1992), Beyond Plain Vanilla: A Taxonomy of Swaps, in: Robert W. Kolb, Financial Derivatives Reader, 1992, Miami, S.264-281

Adams, Henry C. (1887), An Essay in the Science of Finance, 10. Aufl., 1887, New York

Andel, Norbert (1969), Zur These von der unsozialen Verteilungswirkung öffentlicher Schulden, in: Public Finance, Vol.24, 1969, S.68-79

Andel, Norbert (1976), Kredit- versus Steuerfinanzierung, in: Georg Bruns/Karl Häuser (Hrsg.), Öffentliche Verschuldung und Kapitalmarkt, Schriftenreihe des Instituts für Kapitalmarktforschung an der J. W. Goethe-Universität, Frankfurt am Main, Band 13, 1976, S.7-28

Andel, Norbert/Kostitsis, Nikolaus (1982), Debt Management, in: Willi Albers u.a. (Hrsg.), HdWW, Band 9, 1982, Stuttgart u.a., S.735-748

Anker, Peter (1993), Zinsstruktur und Zinsprognose, 1993, Pfaffenweiler, zugl.: Diss., Univ., 1992, Giessen

Arditti, Fred D. (1967), Risk and Required Return on Equity, in: Journal of Finance, Vol. 22, March 1967, S.19-36

Arnim, Hans Herbert von (1988), Wirtschaftlichkeit als Rechtsprinzip, 1988, Berlin

Arrow, Kenneth J. (1963), Social Choice and Individual Value, 2. Aufl., 1963, New York

Arrow, Kenneth J. (1981), Future Markets: Some theoretical Aspects, in: The Journal of Futures Markets, 1981, Vol.1, Nr.2, S.107-115

Aschinger, Gerhard (1995), Börsenkrach und Spekulation, 1995, München

Bastable, C.F. (1922), Public Finance, 3. Aufl., 1922, London

Beckers, Stan (1998), A Survey of Risk Measurement, Theory and Practice, in: Carol Alexander (Hrsg.), Risk Management and Analysis, Vol.1, 1998, Chichester u.a.

Bender, Helga (1988), Die Auswirkungen staatlicher Schuldenstrukturpolitik auf die Funktionsfähigkeit des deutschen Kapitalmarktes, 1988, ohne Ort, zugl.: Diss., Univ., 1988, Mannheim

Bergmann, Eckhard/Kastrop, Christian/Steinheuer, Wilfried (1990), Öffentliche Haushalte und Risiko, 1990, Opladen

Bernstein, Peter L. (1996), The Slow-Growth Soup and Unintended Consequences, in: Association for Investment Management and Research (Hrsg.), Risk Management, 1996, ohne Ort

Binswanger, Hans Christoph (1990), Neue Dimensionen des Risikos, in: ZfU, 2/1990, S.103-118

Black, Fischer (1976), The Pricing of Commodity Contracts, in: Journal of Financial Economics, 3, 1976, S.167-179

Black, Fischer/Scholes, Myron (1992), The Pricing of Options and Corporate Liabilities, in: Robert W. Kolb (Hrsg), Financial Derivatives Reader, 1992, Miami, S.157-174

BMF (2000), Fakten zur Finanzwissenschaft, Monatsbericht 08/2000

Bohnet, Armin (1999), Finanzwissenschaft: Grundlagen staatlicher Verteilungspolitik, 2. Aufl., 1999, München u.a.

Bonß, Wolfgang (1995), Vom Risiko, 1995, Hamburg

Braun, Thomas (1990), Hedging mit fixen Termingeschäften und Optionen, 1990, Heidelberg, zugl.: Diss., Univ., 1990, Passau

Bücker, Thomas (1992), Finanzinnovationen und kommunale Schuldenwirtschaft, 1993, Baden-Baden, zugl.: Diss., Univ., 1992, Frankfurt/Main

Büschgen, Hans E. (1988), Zinstermingeschäfte, 1988, Frankfurt/Main

*Campbell, John Y. (1995),*Some Lessons from the Yield Curve, 1995, Cambridge, NBER Working Paper 5031

Caspritz, Klaus (1972), Debt Management als Instrument monetärer Stabilisierungspolitik, 1972, Hamburg, zugl.: Diss., Univ., 1972, Hamburg

Chance, Don M. (1991), An Introduction to Options and Futures, 2. Aufl. 1991, Orlando, Fort Worth

Culbertson, John M. (1957), The Term Structure of Interest Rates, in: The Quarterly Journal of Economics, Vol. 71, Nov. 1957, Nr.4, S.485-517

*Deutsche Bundesbank (1988),*40 Jahre Deutsche Mark, Monetäre Statistiken 1948-1987, 1988, Frankfurt/Main

Deutsche Bundesbank, Geschäftsbericht 1986

Kapitalmarktstatistik 02/1998

Die Wirtschaftslage in der Bundesrepublik Deutschland um die Jahreswende 1986/1987, in: Monatsbericht 02/1987

Geldpolitische Implikationen der zunehmenden Verwendung derivativer Finanzinstrumente, in: Monatsbericht 11/1994

Finanzmarktvolatilität und ihre Auswirkungen auf die Geldpolitik, in: Monatsbericht 04/1996

Die Entwicklung der Kapitalmarktzinsen seit Anfang der neunziger Jahre, in: Monatsbericht 11/1996

Strukturveränderungen am deutschen Kapitalmarkt im Vorfeld der Europäischen Währungsunion, in: Monatsbericht 04/1998

Deutscher Bundestag, Drucksache 13/979 vom 29.03.1995
Drucksache 13/1530 vom 31.05.1995
Drucksache 13/8293 vom 24.07.1997

Dreißig, Wilhelmine (1981), Die Technik der Staatsverschuldung, in: Fritz Neumark (Hrsg.), HdF, Band 3, 3. Aufl., 1981, Tübingen

Dybwig, Philip H./Ross, Stephen A. (1989), Arbitrage, in: John Eatwell u.a. (Hrsg.), The New Palgrave, First American Edition, 1989, New York, S.57-71

Eichhorn, Peter (1974), Liquiditätsplanung und Gelddispositionen in öffentlichen Haushalten, 1974, Baden-Baden

Elton, Edwin J./Gruber, Martin J./Rentzler, Joel (1984), Intra-Day Tests of the Efficiency of the Treasury Bill Futures Market, in: The Review of Economics and Statistics, Vol. 66, Feb. 1984, S.129-137

Evers, Adalbert (1993), Zum Umgang mit Unsicherheit: Zur sozialwissenschaftlichen Problematisierung einer sozialen Herausforderung, in: Gotthard Bechmann (Hrsg.), Risiko und Gesellschaft, 1993, Opladen

Fay, Stephen (1997), The Collapse of Barings, 1997, London

Fiebach, Günter (1994), Risikomanagement mit Zins-Futures und Futures-Options, 1994, Bern u.a.

Finnerty, John D. (1992), Financial Engineering in Corporate Finance: An Overview, in: Robert W. Kolb (Hrsg.), Financial Derivatives Reader, 1992, Miami, S.25-44

Fisher, Irving (1930), The Theory of Interest, 1930, New York

Freiling, Andreas (1998b), Derivate Finanzgeschäfte der öffentlichen Hand, in: Zeitschrift für Kommunalfinanzen, 1998, 48. Jg., Nr. 12, S.272-275

Friedman, Milton (1965), A Program for Monetary Stability, 4.Aufl., 1965

Friedman, Richard Martin (1959), Principles of Debt Management: Comment, in: AER, 49, 1959, S.401-403

Gablers Banklexikon (1995), 11. Aufl., 1995, Wiesbaden

Gaines, T.C. (1962), Techniques of Treasury Debt Management, 1962, New York

Galitz, Lawrence (1994), Financial Engineering, 1994, London

Gandenberger, Otto (1970), Öffentlicher Kredit und Einkommensverteilung, in: Finanzarchiv N.F., Band 29, 1970, S.1-16

Gandenberger, Otto (1977), Ziele und Strategien der staatlichen Schuldenpolitik, in: Finanzarchiv N.F., Band 36, 1977, S.162-175

Gesetz zur Fortentwicklung des Haushaltsrechts (1997), Gesetz zur Fortentwicklung des Haushaltsrechts vom 22.12.1997, BGBl. Teil I 1997, Nr. 88, S.3251

Gottheiner, Hans Georg (1982), Der Rentenmarkt im Wandel, in: Georg Bruns/Karl Häuser (Hrsg.), 30 Jahre Kapitalmarkt in der Bundesrepublik Deutschland, Schriftenreihe des Instituts für Kapitalmarktforschung an der J. W. Goethe-Universität Frankfurt am Main, 2. Aufl., 1982, S. 30-53

Haberstock, Lothar (1998), Kostenrechnung I, 10. Aufl., bearbeitet von Volker Breithecker, 1998, Hamburg

Hansmeyer, Karl-Heinrich (1984), Der öffentliche Kredit I, 3. Aufl., 1984, Frankfurt/Main

Hansmeyer, Karl-Heinrich/Mackscheidt, Klaus (1970), Die fiskalische Komponente einer Politik des Debt Managements, in: Kredit und Kapital, 3. Jg., 3/1970, S.241-259

Häuser, Karl (1982), Die Rolle des Staates auf dem Kapitalmarkt, in: Georg Bruns/Karl Häuser (Hrsg.), 30 Jahre Kapitalmarkt in der Bundesrepublik Deutschland, Schriftenreihe des Instituts für Kapitalmarktforschung an der J. W. Goethe-Universität Frankfurt am Main, 2. Aufl., 1982, S. 95-122

Haushaltsgesetz 1998, Bundeshaushaltsgesetz 1998 vom 22.12.1997, BGBl. Teil I 1997, Nr. 88

Haverkamp, Tom (1992), Ein Zweifaktormodell der Zinsstruktur, 1993, Bern u.a., zugl.: Diss., Hochschule St. Gallen, 1992

Heller, Robert F. (1998), Haushaltsgrundsätze für Bund, Länder und Gemeinden, 1998, Heidelberg

Hügle, Bernd (1966), Debt Management und Geldpolitik, 1966, Karlsruhe, zugl.: Diss., Univ., 1966, Karlsruhe

Hull, John C. (2000), Options, Futures and other Derivatives, 4. Aufl., 2000, London u.a.

Illing, Gerhard (1997), Theorie der Geldpolitik – Eine spieltheoretische Einführung, 1997, Berlin u.a.

Irmler, Heinrich (1977), Einige Gedanken zum Debt Management, in: ZfgK, 2/1977, 30. Jg., S.62-68

Issing, Ottmar/Bischofsberger, Karlheinz (1996), Derivate und Geldpolitik, in: Dieter Duwendag (Hrsg.), Finanzmärkte, Finanzinnovationen und Geldpolitik, Schriften des Vereins für Socialpolitik, Band 242, 1996, Berlin, S.111-138

Jentzsch, Stefan J. (1990), Kapitalmarkt-Swaps, 2.Aufl., 1990, Bern u.a.

Jorion, Philippe (1995), Big Bets Gone Bad, 1995, San Diego

Jungermann, Helmut/Slovic, Paul (1993), Die Psychologie der Kognition und Evaluation von Risiko, in: Gotthard Bechmann (Hrsg.), Risiko und Gesellschaft, 1993, Opladen, S.167-208

Jurke, Gisela (1971), Grundlagen des Debt Managements, 1972, Berlin, zugl.: Diss. Univ., 1971, Bochum

Kaplan, Stanley/Garrick, B. John (1993), Die quantitative Bestimmung von Risiko, in: Gotthard Bechmann (Hrsg.), Risiko und Gesellschaft, 1993, Opladen, S.91-124; Nachdruck aus: Risk Analysis, Vol.1, Nr.1, S.11-17

Kewenig, Wilhelm A./Schneider, Hannes (1990), Swap-Geschäfte der öffentlichen Hand in Deutschland, in: Wertpapier-Mitteilungen, 3. Jg., 1990, Sonderbeilage 2, S.2-18

Kilger, Joachim/Schmidt, Karsten (1997), Insolvenzgesetze KO/VglO/GesO, 17. Aufl., 1997, München

Knabenhans, Walter/Christen, Peter (1993), Finanzderivate zur Absicherung von Marktrisiken, in: io Management Zeitschrift, 1993, 62. Jg., Nr.4, S.84-87

Koch, Walter A.S. (1971), Die Gläubigerstruktur als Ansatzpunkt für ein staatliches Debt Management, 1972, Meisenheim am Glan, zugl.: Diss. Univ., 1971, Kiel

Köhler, Claus (1987), Zunehmende Freizügigkeit des internationalen Kapitalverkehrs: Herausforderung für die Börsen, in: ZfgK, 18/1987, S.820-823

Köhler, Claus (1989), Der deutsche Kapitalmarkt im internationalen Zinszusammenhang, in: Georg Bruns/Karl Häuser, Strukturwandel am deutschen Kapitalmarkt, Schriftenreihe des Instituts für Kapitalmarktforschung an der J. W. Goethe-Universität, Frankfurt am Main, Nr. 31, 1989, S. 93-110

Köller, Karsten von (1997), Die Pfandbriefstrategie für weltweite Kapitalmärkte: Standardisierung und Internationalisierung, in: Der Langfristige Kredit, 1997, Nr. 16+17, S.514-516

Kohler, Hans-Peter (1992), Grundlagen der Bewertung von Optionen und Optionsscheinen, 1992, Wiesbaden

Kolb, Robert W./Chiang, Raymond (1992), Improving Hedging Performance Using Interest Rate Futures, in: Robert W. Kolb, Financial Derivatives Reader, 1992, Miami, S.516-523

Kratz, Karlheinz (1994), Finanzmarktvolatilität und monetäre Unsicherheit, 1994, Hamburg

Kynaston, David (1997), LIFFE: A Market and its Makers, 1997, Cambridge

Lahnstein, Manfred (1981), Zum Kredit-Management des Bundes, in: Diethard B. Simmert/ Kurt-Dieter Wagner (Hrsg.), Staatsverschuldung kontrovers, 1981, Köln, S.317-327

Laird, William E. (1963), The Changing Views on Debt Management, in: Quarterly Review of Economics and Business, Vol. 3, 1963, Nr.3, S.7-17

Lee, Peter (1992), How to exorcise Derivatives Demons, in: Euromoney, September 1992, S.36-48

Leibfritz, Willi (1980), Staatliche Schuldenstrukturpolitik, Zum Gutachten des wissenschaftlichen Beirats beim BMF, in: Zeitschrift für empirische Wirtschaftsforschung, 26.Jg, 1980, S.241-251

Lerner, Abba P. (1962), The Economics of Control, 1962, New York

Loistl, Otto (1994), Kapitalmarkttheorie, 3. Aufl., 1994, München

Malkiel, Burton G. (1964), The Term Structure of Interest Rates, in: AER, Vol. 54, 1964, S.532-543

Markowitz, Harry M. (1991), Portfolio Selection: Efficient Diversification of Investments, 2. Aufl., 1991, Cambridge u.a.

Marshall, John F. (1989), Futures and Option Contracting, 1989, Cincinnati

Marshall, John F./Kapner, Kenneth R. (1993), The Swaps Market, 2. Aufl., 1993, Miami

Meister, Edgar (1997), Moderne Finanzinstrumente – Risiken und Grenzen, in: Udo Müller (Hrsg.), Haushaltsreform und Finanzkontrolle, 1997, Baden-Baden, S.97-110

Milbradt, Georg H. (1975), Ziele und Strategien des debt management, 1975, Baden-Baden

Modigliani, Franco/Sutch, Richard (1966), Innovations in Interest Rate Policy, in: AER, Vol. 56, 1966, S.164f.

Müller-Möhl, Ernst (1995), Optionen und Futures, 3. Aufl., 1995, Stuttgart

Musgrave, Richard A. (1958), Theorie der öffentlichen Schuld, in: Fritz Neumark/W. Gerloff (Hrsg.), HdF, Band 3, 2. Aufl., 1958, Tübingen, S.68-137

Musgrave, Richard A. (1959), The Theory of Public Finance, 1959, New York u.a

Neumann, Manfred (1960), Probleme der öffentlichen Schuldenpolitik – Debt Management, in: Der Langfristige Kredit, 31. Jg., Heft 11, 1960, S.336-343

OECD (1983), Government Debt Management, Vol. II, Debt Instruments and Selling Techniques, 1983, Paris

OECD (1993), Government Securities and Debt Management in the 1990s, 1993, Paris

OECD (1996), Government Debt Management, in: Gerald J. Miller, Handbook of Debt Management, 1996, New York, S.657-692

o.V. (1997), Auswirkungen des Euro auf international anlegende Rentenfonds, in: Der Langfristige Kredit, 1997, Heft 16+17, S.563

Pampel, Ralf (1993), Finanzinnovationen im Debt Management, 1993, Wiesbaden, zugl.: Diss., TH., 1992, Darmstadt

Piduch, Erwin Adolf (1998), Bundeshaushaltsrecht, 2. Aufl., Loseblattsammlung 36. Lieferung, 1998, Stuttgart u.a.

Protokoll EZB (1992), Protokoll über die Satzung Europäisches System der Zentralbanken und der Europäischen Zentralbank, Fassung vom 03.02.1992

Rendleman, Richard J./Carabini, Christopher E. (1979), The Efficiency of the Treasury Bill Futures Market, in: The Journal of Finance, 1979, Vol. 34, Nr. 4, S.895-914

Rickert, Bernd/Müller, Walter (1996), Neue Instrumente für das Schuldenmanagement der öffentlichen Hand?, in: Wirtschaftsdienst, 1996/VIII, S.431-440

Rittershausen, Heinrich (1966), Finanzwirtschaft, in: Karl Hax/ Theodeor Wessels (Hrsg.), Handbuch der Wirtschaftswissenschaften, Band 1, 2. Aufl., 1966, Köln u.a.

Rolph, Earl R. (1957), Principles of Debt Management, in: AER, Vol. 47, 1957, S.302-320

Rolph, Earl R. (1959), Principles of Debt Management: Reply, in: AER, Vol. 49, 1959, S.404-405

Ross, Stephan A. (1976), The Arbitrage Theory of Capital Asset Pricing, in: Journal of Economic Theory, Vol. 13, 1976, S.341-360

Rubinstein, Mark (1992), Derivatives Assets Analysis, in: Robert W. Kolb (Hrsg.), Financial Derivatives Reader, 1992, Miami, S.45-65

Scheven, Gerhard von (1989), Bemerkungen zum Debt Management des Bundes, in: Der Langfristige Kredit, 40. Jg., 1989, Heft 16, S.516-522

Schlotmann, Olaf (1998), Die deutsche Zeitstruktur der Zinssätze im Lichte der Wicksellschen Kredittheorie, 1998, Frankfurt/Main

Schmalen, Helmut (1999), Grundlagen und Probleme der Betriebswirtschaft, 11. Aufl., 1999, Bachem

Schmölders, Günther (1970), Finanzpolitik, 3. Aufl., 1970, Berlin u.a

Schwedes, Horst (1972), Der Bund am Kapitalmarkt, 1972, Berlin

Simons, H. (1944), On Debt Policy, in: The Journal of Political Economy, Vol. 52, Nr. 4, 1944, S.85-89

Sinn, Hans-Werner (1980), Ökonomische Entscheidungen unter Ungewissheit, 1980, Tübingen

Smith, Clifford W./Smithson, Charles W./Wilford, D. Sykes (1992), Managing Financial Risk, in: Robert W. Kolb (Hrsg.), Financial Derivatives Reader, 1992, Miami, S.3-24

Smith, Warren L. (1966), Debt Management in the United States, in: Joseph Scherer/James A. Papke (Hrsg.), Public Finance and Fiscal Policy, 1966, Boston, S.417-434

Standard&Poors (1997), Sovereign List, August 1997

Stein, Herbert (1958), Managing the Federal Debt, in: The Journal of Law and Economics, Vol. 1, 1958, S.97-104

Süchting, Joachim (1989), Zur Funktionsfähigkeit des deutschen Kapitalmarkts, in: Georg Bruns/Karl Häuser (Hrsg.), Strukturwandel am deutschen Kapitalmarkt, Schriftenreihe des Instituts für Kapitalmarktforschung an der J. W. Goethe-Universität, Frankfurt am Main, Nr. 31, 1989, S.155-170

Tettinger, Peter J. (1982), Überlegungen zu einem administrativen „Prognosespielraum", in: DVBl, 97. Jg., 1982, S.421-433

Thormählen, Thies (1983), Staatliche Schuldenplanung im Rahmen der Finanzplanung, in: WiSt, Nr.6, Juni 1983, 12.Jg., S.283-290

Tobin, James (1963), An Essay on the Principles of Debt Management, in: J. Tobin, Essays in Economics, Vol. 1, S.378-455, 2.Aufl., 1976, New York, Nachdruck aus: Commission on Money and Credit, Fiscal and Debt Management Policies, S.143-218, 1963, Englewood Cliffs

Tucker, Alan L. (1991), Financial futures, options and swaps, 1991, St. Paul

Valdez, Stephen (1997), An Introduction to Global Financial Marktes, 2. Aufl., 1997, Houndsmill u.a.

Vertrag zur EG (1992), Vertrag zur Gründung der Europäischen Gemeinschaft (EG), Fassung vom 07.02.1992

Wall, Larry D./Pringle, John J. (1992), Interest Rate Swaps: A Review of the Issues, in: Robert W. Kolb (Hrsg.), Financial Derivatives Reader, 1992, Miami, S.282-300

Wallich, Henry C. (1946), Debt Management as an Instrument of Economic Policy, in: AER, Vol. 34, 1946, S.292-310

Weber, H.H. (1982), Institutionelle Einflüsse des Staates auf den Kapitalmarkt, in: Die Bank, 6/1982, S.262

Wissenschaftlicher Beirat beim BMF (1979), Gutachten zur Schuldenstrukturpolitik des Staates, 1979, Bonn

Working, Holbrook (1976), Futures Trading and Hedging, in: B.A. Goss/B.S. Yamey (Hrsg.), The Economics of Futures Trading, 1976, London, S.68-82, Nachdruck aus AER, 1953, Vol. 63, S.314-343

2. Zeitungsbeiträge

Fox, Klaus-Peter (1995), Auch die öffentliche Hand sollte verstärkt derivative Instrumente einsetzen, in: Handelsblatt vom 21.09.1995, S.B4

Freiling, Andreas (1998a), Mindestanforderungen an den Einsatz derivativer Finanzgeschäfte durch die öffentliche Hand, in: Blick durch die Wirtschaft, Beilage zur FAZ vom 18.05.1998, S.7

Kaißer, Rolf-Dieter (1998), Europäische Renten ante portas, in: FAZ vom 19.05.1998, S.B6

Kloepfer, Inge (1997), Einen Hunderter bräucht' ich noch, in: FAZ vom 01.03.1997, S.15

Steltzner, Holger (1998), Der Zinsrutsch am langen Ende geht weiter, in: FAZ vom 13.08.1998, S.22

Tartler, Jens (1996), Waigels Schuldenhändler in der Kritik, in: Handelsblatt vom 06.11.1996, S.8

Tartler, Jens (1998), Der Markt straft härter als der Stabilitätspakt, in: Handelsblatt vom 16.04.1998. S.9

o.V., München darf swappen, in: Börsen-Zeitung vom 25.10.94, S.8

o.V., Die Bundesbank warnt vor Derivatgeschäften der öffentlichen Hand, in: FAZ vom 06.11.1996, S.21

o.V., Staat soll Derivate vorsichtig einsetzen, in: Handelsblatt vom 29.01.1997, S.8

o.V., Den Derivateinsatz des Staates begrenzen, in: Börsen-Zeitung vom 30.01.1997, S.4

o.V., Minister Waigel plant Zins-Swaps, in: FAZ vom 08.11.1997, S.13

o.V., Waigels Zins-Swaps: Riskant und nicht etatreif, in: Handelsblatt vom 12.11.1997, S.4

o.V., Zinsswaps bergen die Gefahr einer Verschiebung von Belastungen, in: FAZ vom 14.11.1997, S.19

o.V., Mögliche Lieferprobleme für den Bund-Future erhitzen die Gemüter, in: FAZ vom 27.08.1998, S.25

o.V., Geballter Widerstand gegen Eichels neue Schuldenpolitik, in: Handelsblatt vom 16.03.2000, S.8

3. Internetabfragen

BMF Pressemitteilungen, Vom 02.12.1997
Vom 04.12.1997
Vom 08.07.1998
Vom 16.02.2000
http://www.bundesfinanzministerium.de/scripts/scr_presse/doc_show.asp

Deutscher Bundestag, Drucksache 13/979 vom 29.03.1995, http://www.dip.bundestag.de/btd/13/07/130979.asc vom 30.06.2000
Drucksache 13/1530 vom 31.05.1995, http://www.dip.bundestag.de/btd/13/015/131530.asc vom 30.06.2000
Drucksache 13/8293 vom 24.07.1997, http://www.dip.bundestag.de/btd/13/082/138293.asc vom 30.06.2000

Forum Finanzplatz Deutschland beim BMF (1997), Finanzplatz Deutschland, Eine Standortbestimmung vor der Einführung des Euro, Juli 1997, http://www.bundesfinanzministerium.de/scripts/f_dokumentationen.asp vom 08.07.1997

HM Treasury (1996a), Report of the Debt Management Review, Internetabfrage http://www.hm-treasury.gov.uk/pub/html/debt95/review.txt vom 02.02.1996

HM Treasury (1996b), Debt Management Report 96/97, Internetabfrage http://www.hm-treasury.gov.uk/pub/debt/1996.main.html

HM Treasury (2000), Internetabfrage, ohne Titel, http://www.dmo.gov.uk/ overview.htm vom 26.01.2000

Tresor de France (1997), Der ECU-Markt und die Vorbereitung der Einführung einer einheitlichen Währung, Internetabfrage http://www.tresor-finances.fr/ oat/de/ cht.html vom 14.10.1997

FINANZWISSENSCHAFTLICHE SCHRIFTEN

Band 1 Werner Steden: Finanzpolitik und Einkommensverteilung. Ein Wachstums- und Konjunkturmodell der Bundesrepublik Deutschland. 1979.

Band 2 Rainer Hagemann: Kommunale Finanzplanung im föderativen Staat. 1976.

Band 3 Klaus Scherer: Maßstäbe zur Beurteilung von konjunkturellen Wirkungen des öffentlichen Haushalts. 1977.

Band 4 Brita Steinbach: "Formula Flexibility" - Kritische Analyse und Vergleich mit diskretionärer Konjunkturpolitik. 1977.

Band 5 Hans-Georg Petersen: Personelle Einkommensbesteuerung und Inflation. Eine theoretisch-empirische Analyse der Lohn- und veranlagten Einkommensteuer in der Bundesrepublik Deutschland. 1977.

Band 6 Friedemann Tetsch: Raumwirkungen des Finanzsystems der Bundesrepublik Deutschland. Eine Untersuchung der Auswirkungen der Finanzreform von 1969 auf die Einnahmenposition der untergeordneten Gebietskörperschaften und ihrer regionalpolitischen Zieladäquanz. 1978.

Band 7 Wilhelm Pfähler: Normative Theorie der fiskalischen Besteuerung. Ein methodologischer und theoretischer Beitrag zur Integration der normativen Besteuerungstheorie in der Wohlfahrtstheorie. 1978.

Band 8 Wolfgang Wiegard: Optimale Schattenpreise und Produktionsprogramme für öffentliche Unternehmen. Second-Best Modelle im finanzwirtschaftlichen Staatsbereich. 1978.

Band 9 Hans P. Fischer: Die Finanzierung des Umweltschutzes im Rahmen einer rationalen Umweltpolitik. 1978.

Band 10 Rainer Paulenz: Der Einsatz finanzpolitischer Instrumente in der Forschungs- und Entwicklungspolitik. 1978.

Band 11 Hans-Joachim Hauser: Verteilungswirkungen der Staatsverschuldung. Eine kreislauftheoretische Inzidenzbetrachtung. 1979.

Band 12 Gunnar Schwarting: Kommunale Investitionen. Theoretische und empirische Untersuchungen der Bestimmungsgründe kommunaler Investitionstätigkeit in Nordrhein-Westfalen 1965-1972. 1979.

Band 13 Hans-Joachim Conrad: Stadt-Umland-Wanderung und Finanzwirtschaft der Kernstädte. Amerikanische Erfahrungen, grundsätzliche Zusammenhänge und eine Fallstudie für das Ballungsgebiet Frankfurt am Main. 1980.

Band 14 Cay Folkers: Vermögensverteilung und staatliche Aktivität. Zur Theorie distributiver Prozesse im Interventionsstaat. 1981.

Band 15 Helmut Fischer: US-amerikanische Exportförderung durch die DISC-Gesetzgebung. 1981.

Band 16 Günter Ott: Einkommensumverteilungen in der gesetzlichen Krankenversicherung. Eine quantitative Analyse. 1981.

Band 17 Johann Hermann von Oehsen: Optimale Besteuerung. *(Optimal Taxation)*. 1982.

Band 18 Richard Kössler: Sozialversicherungsprinzip und Staatszuschüsse in der gesetzlichen Rentenversicherung. 1982.

Band 19 Hinrich Steffen: Zum Handlungs- und Entscheidungsspielraum der kommunalen Investitionspolitik in der Bundesrepublik Deutschland. 1983.

Band 20 Manfred Scheuer: Wirkungen einer Auslandsverschuldung des Staates bei flexiblen Wechselkursen. 1983.

Band 21 Christian Schiller: Staatsausgaben und crowding-out-Effekte. Zur Effizienz einer Finanzpolitik keynesianischer Provenienz. 1983.

Band 22 Hannelore Weck: Schattenwirtschaft: Eine Möglichkeit zur Einschränkung der öffentlichen Verwaltung? Eine ökonomische Analyse. 1983.

Band 23 Wolfgang Schmitt: Steuern als Mittel der Einkommenspolitik. Eine Ergänzung der Stabilitätspolitik? 1984.

Band 24 Wolfgang Laux: Erhöhung staatswirtschaftlicher Effizienz durch budgetäre Selbstbeschränkung? Zur Idee einer verfassungsmäßig verankerten Ausgabengrenze. 1984.

Band 25 Brita Steinbach-van der Veen: Steuerinzidenz. Methodologische Grundlagen und empirisch-statistische Probleme von Länderstudien. 1985.

Band 26 Albert Peters: Ökonomische Kriterien für eine Aufgabenverteilung in der Marktwirtschaft. Eine deskriptive und normative Betrachtung für den Allokationsbereich. 1985.

Band 27 Achim Zeidler: Möglichkeiten zur Fortsetzung der Gemeindefinanzreform. Eine theoretische und empirische Analyse. 1985.

Band 28 Peter Bartsch: Zur Theorie der längerfristigen Wirkungen 'expansiver' Fiskalpolitik. Eine dynamische Analyse unter besonderer Berücksichtigung der staatlichen Budgetbeschränkung und ausgewählter Möglichkeiten der öffentlichen Defizitfinanzierung. 1986.

Band 29 Konrad Beiwinkel: Wehrgerechtigkeit als finanzpolitisches Verteilungsproblem. Möglichkeiten einer Kompensation von Wehrungerechtigkeit durch monetäre Transfers. 1986.

Band 30 Wolfgang Kitterer: Effizienz- und Verteilungswirkungen des Steuersystems. 1986.

Band 31 Heinz Dieter Hessler: Theorie und Politik der Personalsteuern. Eine Kritik ihrer Einkommens- und Vermögensbegriffe mit Blick auf die Leistungsfähigkeitstheorie. 1994.

Band 32 Wolfgang Scherf: Die beschäftigungspolitische und fiskalische Problematik der Arbeitgeberbeiträge zur Rentenversicherung. Eine Auseinandersetzung mit der Kritik an der lohnbezogenen Beitragsbemessung. 1987.

Band 33 Andreas Mästle: Die Steuerunion. Probleme der Harmonisierung spezifischer Gütersteuern. 1987.

Band 34 Günter Ott: Internationale Verteilungswirkungen im Finanzausgleich der Europäischen Gemeinschaften. 1987.

Band 35 Heinz Haller: Zur Frage der zweckmäßigen Gestalt gemeindlicher Steuern. Ein Diskussionsbeitrag zur Gemeindesteuerreform. 1987.

Band 36 Thomas Kuhn: Schlüsselzuweisungen und fiskalische Ungleichheit. Eine theoretische Analyse der Verteilung von Schlüsselzuweisungen an Kommunen. 1988.

Band 37 Walter Hahn: Steuerpolitische Willensbildungsprozesse in der Europäischen Gemeinschaft. Das Beispiel der Umsatzssteuer-Harmonisierung. 1988.

Band 38 Ulrike Hardt: Kommunale Finanzkraft. Die Problematik einer objektiven Bestimmung kommunaler Einnahmemöglichkeiten in der gemeindlichen Haushaltsplanung und im kommunalen Finanzausgleich. 1988.

Band 39 Jochen Michaelis: Optimale Finanzpolitik im Modell überlappender Generationen. 1989.

Band 40 Bernd Raffelhüschen: Anreizwirkungen der sozialen Alterssicherung. Eine dynamische Simulationsanalyse. 1989.

Band 41 Berend Diekmann: Die Anleihe- und Darlehenstransaktionen der Europäischen Gemeinschaften. 1990.

Band 42 Helmut Kaiser: Konsumnachfrage, Arbeitsangebot und optimale Haushaltsbesteuerung. Theoretische Ergebnisse und mikroökonometrische Simulation für die Bundesrepublik Deutschland. 1990.

Band 43 Rüdiger von Kleist: Das Gramm-Rudman-Hollings-Gesetz. Ein gescheiterter Versuch der Haushaltskonsolidierung. 1991.

Band 44 Rolf Hagedorn: Steuerhinterziehung und Finanzpolitik. Ein theoretischer Beitrag unter besonderer Berücksichtigung der Hinterziehung von Zinserträgen. 1991.

Band 45 Cornelia S. Behrens: Intertemporale Verteilungswirkungen in der gesetzlichen Krankenversicherung der Bundesrepublik Deutschland. 1991.

Band 46 Peter Saile: Ein ökonomischer Ansatz der Theorie der intermediären Finanzgewalten – Die Kirchen als Parafisci. 1992.

Band 47 Peter Gottfried: Die verdeckten Effizienzwirkungen der Umsatzsteuer. Eine empirische allgemeine Gleichgewichtsanalyse. 1992.

Band 48 Andreas Burger: Umweltorientierte Beschäftigungsprogramme. Eine Effizienzanalyse am Beispiel des "Sondervermögens Arbeit und Umwelt". 1992.

Band 49 Jeanette Malchow: Die Zuordnung verteilungspolitischer Kompetenzen in der Europäischen Gemeinschaft. Eine Untersuchung aufgrund einer Fortentwicklung der ökonomischen Theorie des Föderalismus. 1992.

Band 50 Barbara Seidel: Die Einbindung der Bundesrepublik Deutschland in die Europäischen Gemeinschaften als Problem des Finanzausgleichs. 1992.

Band 51 Ralph Wiechers: Markt und Macht im Rundfunk. Zur Stellung der öffentlich-rechtlichen Rundfunkanstalten im dualen Rundfunksystem der Bundesrepublik Deutschland. 1992.

Band 52 Klaus Eckhardt: Probleme einer Umweltpolitik mit Abgaben. 1993.

Band 53 Oliver Schwarzkopf: Die Problematik unterschiedlicher Körperschaftsteuersysteme innerhalb der EG. 1993.

Band 54 Thorsten Giersch: Bergson-Wohlfahrtsfunktion und normative Ökonomie. 1993.

Band 55 Li-Fang Chou: Selbstbeteiligung bei Arzneimitteln aus ordnungspolitischer Sicht. Das Beispiel der Bundesrepublik Deutschland. 1993.

Band 56 Harald Schlee: Einkommensteuerliche Behandlung von Transferzahlungen. Zur Neuordnung der Familienbesteuerung sowie der Besteuerung von Versicherungsleistungen und Sozialtransfers. 1994.

Band 57 Alexander Spermann: Kommunales Krisenmanagement. Reaktionen baden-württembergischer Stadtkreise auf steigende Sozialhilfekosten und Einnahmenausfälle (1980-92). 1993.

Band 58 Otto Roloff / Sibylle Brander / Ingo Barens / Claudia Wesselbaum: Direktinvestitionen und internationale Steuerkonkurrenz. 1994.

Band 59 Claudia Wesselbaum-Neugebauer: Internationale Steuerbelastungsvergleiche. 1994.

Band 60 Stephanie Miera: Kommunales Finanzsystem und Bevölkerungsentwicklung. Eine Analyse des kommunalen Finanzsystems vor dem Hintergrund der sich abzeichnenden Bevölkerungsentwicklung am Beispiel Niedersachsens unter besonderer Berücksichtigung des Landkreises Wolfenbüttel und seiner Gemeinden. 1994.

Band 61 Wolfgang Scherf: Die Bedeutung des kaldorianischen Verteilungsmechanismus für die gesamtwirtschaftlichen Wirkungen der staatlichen Neuverschuldung. 1994.

Band 62 Rainer Volk: Vergleich der Vergünstigungseffekte der verschiedenen investitionsfördernden Maßnahmen. 1994.

Band 63 Hans-Georg Napp: Kommunale Finanzautonomie und ihre Bedeutung für eine effiziente lokale Finanzwirtschaft. 1994. 2., unveränderte Auflage 1994.

Band 64 Bernd Rahmann / Uwe Steinborn / Günter Vornholz: Empirische Analyse der Autonomie lokaler Finanzwirtschaften in der Europäischen Gemeinschaft. 1994.

Band 65 Carsten Kühl: Strategien zur Finanzierung der Altlastensanierung. 1994.

Band 66 Stephan Boll: Intergenerationale Umverteilungswirkungen der Fiskalpolitik in der Bundesrepublik Deutschland. Ein Ansatz mit Hilfe des Generational Accounting. 1994.

Band 67 Karl Justus Bernhard Neumärker: Finanzverfassung und Staatsgewalt in der Demokratie. Ein Beitrag zur konstitutionellen Finanztheorie. 1995.

Band 68 Christian Haslbeck: Zentrale versus dezentrale Internalisierung externer Effekte bei unvollständiger Information. 1995.

Band 69 Regina Müller: Horizontale oder vertikale Transfers zur Durchsetzung eines horizontalen Finanzausgleichs. 1995.

Band 70 Christian Hockenjos: Öffentliche Sportförderung in der Bundesrepublik Deutschland. Darstellung und finanztheoretische Analyse. 1995.

Band 71 Manfred Rosenstock: Die Kontrolle und Harmonisierung nationaler Beihilfen durch die Kommission der Europäischen Gemeinschaften. 1995.

Band 72 Christian Rüsch: Wohnungsbau- und Wohneigentumspolitik im Rahmen der Einkommensteuer. Eine Analyse unter steuersystematischen, verteilungspolitischen und fiskalischen Aspekten. 1996.

Band 73 Stephan Winters: Die kollektive Vorsorge für den Pflegefall im Alter. Eine Untersuchung am Beispiel der gesetzlichen Pflegeversicherung in den Niederlanden. 1996.

Band 74 Knut Blind: Allokationsineffizienzen auf Sicherheitsmärkten: Ursachen und Lösungsmöglichkeiten. Fallstudie: Informationssicherheit in Kommunikationssystemen. 1996.

Band 75 Barbara Petrick-Rump: Ökonomische Wirkungen von Steueramnestien. Untersuchung konkreter Erfahrungen ausgewählter Länder mit dem Einsatz von Steueramnestien anhand eines effizienten Steueramnestieprogramms. 1996.

Band 76 Georg Hirte: Effizienzwirkungen von Finanzausgleichsregelungen. Eine Empirische Allgemeine Gleichgewichtsanalyse für die Bundesrepublik Deutschland. 1996.

Band 77 Ulrike Kirchhoff: Die rheinland-pfälzischen Gemeinden im System des Finanzausgleichs. 1996.

Band 78 Kerstin Keil: Der soziale Mietwohnungsbau: Mängel und Alternativen. 1996.

Band 79 Bernhard Manzke: Kinderlastenausgleich versus verstärkte Einwanderung. Alternative Ansätze zur langfristigen Sicherung der Gesetzlichen Rentenversicherung. 1997.

Band 80 Hariolf M. Wenzler: Institutionenökonomik und öffentliche Finanzkontrolle. Eine Analyse am Beispiel der Europäischen Union. 1997.

Band 81 Joachim Nagel: Supply-Side Policy in den USA. Eine theoretische und empirische Analyse der angebotsorientierten Wirtschaftspolitik Reagans unter besonderer Berücksichtigung steuerlicher Aspekte. 1997.

Band 82 Heinz Lampert: Krise und Reform des Sozialstaates. 1997.

Band 83 Monika Hanswillemenke / Bernd Rahmann: Zwischen Reformen und Verantwortung für Vollbeschäftigung. Die Finanz- und Haushaltspolitik der sozial-liberalen Koalition von 1969 bis 1982. 1997.

Band 84 Berthold Fürst: Die Maastrichter Budgetkriterien im Konflikt mit der Verschuldungsautonomie der deutschen Gebietskörperschaften. 1997.

Band 85 Burkhard Pahnke: Einkommensorientierte Förderung des sozialen Mietwohnungsbaues. Bestandsaufnahme und Kritik. 1998.

Band 86 Judith Safford: Staatsverschuldung im Vereinigten Königreich. Die öffentliche Verschuldung unter der Konservativen Regierung von 1979-1994. Ursachen und Auswirkungen. 1998.

Band 87 Ralf Oberheide: Die Bekämpfung der Steuerumgehung. 1998.

Band 88 Achim Truger: Die neue Finanzwissenschaft zwischen Realitätsferne und Irrelevanz der Annahmen. Eine methodologische Analyse potentieller Verteidigungsstrategien der neuen Finanzwissenschaft gegen den Vorwurf der Realitätsferne ihres entscheidungstheoretischen Fundamentes. 1998.

Band 89 Karin Bickel: Familienbezogene Elemente im System der gesetzlichen Rentenversicherung. Unter besonderer Berücksichtigung von Ein-Eltern-Familien. 1999.

Band 90 Wolfgang Scherf: Schlüsselzuweisungen und Kreisumlage. Die Problematik der Finanzierung der Landkreise am Beispiel des kommunalen Finanzausgleichs von Rheinland-Pfalz. 1998.

Band 91 Sandra Ehmann: Familienpolitik in Frankreich und Deutschland – ein Vergleich. 1999.

Band 92 Hendrik Suermann: Einkommensteuerliche Behandlung von Währungsgewinnen und -verlusten. Eine finanzwissenschaftliche Analyse des Steuerrechts in den USA und in Deutschland. 1999.

Band 93 Rolf Bösinger: Die Neuordnung des bundesstaatlichen Finanzausgleichs 1995. Eine theoretische und empirische Analyse unter Berücksichtigung von allokationstheoretischen und polit-ökonomischen Gesichtspunkten. 1999.

Band 94 Ulrich Ermschel: Finanzwirtschaftliche Konsequenzen beim Übergang auf das Ursprungslandprinzip im Europäischen Binnenmarkt. Eine Untersuchung am Beispiel des unvollkommenen oligopolistischen Neufahrzeugmarktes. 1999.

Band 95 Ute Hansen: Überwälzte Leistungen der Administration. Eine empirische und theoretische Analyse. 2000.

Band 96 Hans-Werner Seiler: Zur Durchsetzung der Einmalbesteuerung deutscher Körperschaftsgewinne. Strategien zur Vermeidung der im deutschen Körperschaftsteuersystem angelegten Benachteiligung ausländischer Anteilseigner. Eine finanzwissenschaftliche Analyse. 2000.

Band 97 Steffen Meyer: Zwischenstaatliche Finanzzuweisungen im zusammenwachsenden Europa. Zur Gestaltung eines Finanzausgleichs für die Europäische Union. 2000.

Band 98 Marion Hübner: Ökodumping? Umweltpolitik in internationalen Oligopolmärkten. 2000.

Band 99 Christhart Bork: Steuern, Transfers und private Haushalte. Eine mikroanalytische Simulationsstudie der Aufkommens- und Verteilungswirkungen. 2000.

Band 100 Norbert Eichler: Die Probleme des Gemeindefinanzausgleichs im Kooperativen Föderalismus. Eine ökonomische Analyse am Beispiel des Bundeslandes Nordrhein-Westfalen. 2000.

Band 101 Wolfgang Scherf: Der Länderfinanzausgleich in Deutschland. Ungelöste Probleme und Ansatzpunkte einer Reform. 2000.

Band 102 Stefan Dietrich Josten: Staatsverschuldung, intertemporale Allokation und Wirtschaftswachstum. Eine theoretische Analyse staatlicher Verschuldungspolitik in Modellen exogenen und endogenen Wachstums. 2000.

Band 103 Axel Breitbach: Steuerhinterziehung und Schattenwirtschaft aus gesamtwirtschaftlicher Sicht. 2000.

Band 104 Alexander Spermann: Negative Einkommensteuer, Lohnsubventionen und Langzeitarbeitslosigkeit. 2001.

Band 105 Michael Broer: Der kommunale Finanzausgleich in Hessen. Historische Darstellung und ökonomische Analyse unter besonderer Berücksichtigung der Schlüsselzuweisungen. 2001.

Band 106 Jan-Paul Ritscher: Der Einsatz von Finanzderivaten unter einer modernisierten Schuldenstrukturpolitik des Bundes. 2002.

Anna-Maria Herfeld

Reformansätze zur Alterssicherung in Deutschland und intergenerationelle Gerechtigkeit

Frankfurt/M., Berlin, Bern, Bruxelles, New York, Oxford, Wien, 2001.
371 S., zahlr. Abb. u. Tab.
Volkswirtschaftliche Analysen. Bd. 8
Verantwortlicher Herausgeber: Christian Scheer
ISBN 3-631-37199-3 · br. DM 98.– / € 50.10*

Die deutsche Gesetzliche Rentenversichung folgt dem Umlageverfahren. Dieses Finanzierungsverfahren und die damit verbundene Ausgestaltung des Generationenvertrages stehen in der Kritik. Politik und Wissenschaft müssen beantworten, wie eine zukunftssichere und gerechte Rentenreform aussehen soll. Als Beitrag zur Beantwortung dieser Frage werden unterschiedliche Reformen im Rahmen eines allgemeinen Gleichgewichtsmodells analysiert. Im Vordergrund stehen die intertemporalen Wohlfahrtswirkungen auf unterschiedliche Generationen. Die Reformübergänge werden auf ihre intergenerationellen Belastungswirkungen und mit Hilfe von Gerechtigkeitsprinzipien auf ihre ethischen Eigenschaften verglichen. Für eine umfassende Bewertung wird so die notwendige Verbindung von Inzidenz *und* Ethik hergestellt.

Aus dem Inhalt: Alterssicherung als Generationenvertrag · Konzepte von Generationenverträgen · Ethische Konzeptionen des Gesellschaftsvertrages · Die Gesetzliche Rentenversicherung in Deutschland · Reformvorschläge zur Alterssicherung · Dynamische Inzidenzanalyse · Simulationsergebnisse und Bewertung der Reformvorschläge

MIX
Papier | Fördert
gute Waldnutzung
FSC® C083411

Kolibri 360 GmbH
Ferdinand-Jühlke-Straße 7
99095 Erfurt, Deutschland
produktsicherheit@kolibri360.de

Druck:
CPI Druckdienstleistungen GmbH
im Auftrag der
Kolibri 360 GmbH
Ferdinand-Jühlke-Str. 7
99095 Erfurt